丁忠明 · 等著

中国公司董事会治理研究

合肥工业大学出版社

图书在版编目(CIP)数据

中国公司董事会治理研究/丁忠明等著．—合肥：合肥工业大学出版社，2009.7

ISBN 978-7-81093-984-3

Ⅰ．中… Ⅱ．丁… Ⅲ．公司—董事会—管理体制—研究—中国 Ⅳ．F279.246

中国版本图书馆 CIP 数据核字(2009)第 104793 号

中国公司董事会治理研究

丁忠明　等著　　责任编辑　疏利民　　特约编辑　许日春

出　版	合肥工业大学出版社	版　次	2009 年 7 月第 1 版
地　址	合肥市屯溪路 193 号	印　次	2009 年 7 月第 1 次印刷
邮　编	230009	开　本	710 毫米×1010 毫米　1/16
电　话	总编室：0551—2903038	印　张	17.25
	发行部：0551—2903198	字　数	228 千字
网　址	www.hfutpress.com.cn	印　刷	安徽江淮印务有限责任公司
E-mail	press@hfutpress.com.cn	发　行	全国新华书店

ISBN 978-7-81093-984-3　　定价：28.00 元

前　言

20世纪90年代以后，随着公司治理研究的深入，公司董事会治理受到理论界的密切关注。本世纪初，安然、世通公司事件后，公司董事会治理更是被认为是公司治理的核心，西方学者对此进行了大量研究和探讨。国外董事会治理研究是基于完善的法规制度、成熟的资本市场、高效的人力资本市场等条件进行的，尽管这些研究都能够从不同的方面对董事会治理状况进行客观评价，但其研究成果相对于外部治理环境极不完善、资本市场不太成熟、公司治理水平差异较大的我国来说，并不完全适用。最有效的监督来自外部，但我国目前外部监督机制（资本市场、经理市场等）缺乏，公司就更需要依靠以董事会为代表的内部控制机制来监督和约束管理者。在研究国外董事会治理研究理论和经验的同时，结合我国的法律、制度、文化等环境因素以及我国上市公司治理的实际状况，分析影响中国公司董事会治理效率的因素，系统构建中国公司董事会治理效率评价指标体系，以提升中国公司董事会治理水平，进而提高公司价值，对于全面深化中国公司改革，对于规范和校正中国公司董事会成员的决策行为，对于实施正确的激励措施，对于科学衡量董事会的业绩，对于投资者制定投资决策，对于政府实施有效监管都具有重要的理论和现实意义。

本书的主要内容和创新点有：

(1)对公司董事会治理的内涵进行了研究，并将其按照治理范围、治理目标、治理过程进行了分类研究。董事会治理就是董事会通过一整套正式或非正式的制度安排，确保其科学决策与监督机制的实现，目的是实现董事会决策的科学化和利益相关者价值的最大化。为了确保董事会治理的有效性，通常要规定董事会的责任与义务，并要求董事会认真履行。

为了确保董事会责任与义务的履行，通常要求董事会具备一定的规模、结构以及独立性，并给予董事一定的激励与约束。本研究所指的董事会治理正是这一层次上的含义。

(2)对美英国家、德日国家、以俄罗斯为代表的转轨经济国家、东南亚家族公司等的公司治理的一般范式及公司董事会治理的一般特点分别进行了分析研究，同时还分别用案例研究方法分析了美国通用汽车、德意志银行的董事会治理情况。对公司董事会治理有较大影响的国际组织有关公司董事会治理的要求进行了归纳分析，探讨了国外公司董事会治理的发展趋势。

(3)研究并总结了中国国有公司董事会治理的特征：更为复杂的治理关系、国家股东的治理特征、员工参与治理的传统、董事选择的非市场化、新老“三会”并存、公司文化构建的中国特色。对中国国有公司董事会治理分别用描述统计分析和回归分析方法进行了实证分析。通过分析研究，发现：董事会规模与公司绩效指标具有较弱的正相关性，说明董事会规模在一定程度的扩大有助于公司绩效的提高。但当董事会规模超过一定的限度后，公司绩效反而会随董事会规模的增加而下降，所以规模较大时，减少董事会人数可能会提高公司绩效；独立董事比例与公司绩效基本为负相关关系；就国有公司来看，在股权激励设计不够完善的情况下，原有的提升与解聘不失为较好的激励办法，否则股权激励不仅不能提高公司绩效，反而会适得其反；董事会年度会议次数以及独立董事参会比例与公司绩效的关系并不确定。

(4)研究了公司董事会治理效率的内涵，提出公司董事会治理效率是指公司董事会治理收益与治理成本之比这一观点，并进行了简要分析。同时将影响公司董事会治理效率的因素分为两类：一类是外部因素，包括社会环境、法规制度、文化背景、产权市场、资本市场、经理市场、产品市场、股权结构等；另一类是内部因素，包括董事会结构、董事会运行、董事会独立性、董事的激励、董事的约束、董事会文化等六个方面。

(5)提出了中国公司董事会治理效率评价的三大目标，即：加强外部监督，提高公司董事会治理水平，为投资者提供投资判断依据。论述了中国公司董事会治理效率评价的主体、客体，认为中国公司董事会治理效率评价的主体，理论上应该是公司股东大会，但不具有现实可操作性，从现实和客观公正的角度来看，应该选择独立的第三方社会中介机构。而公司董事会治理效率评价的客体应该是董事会整体。提出了中国公司董事会治理效率评价指标设计的六个原则：科学性、系统性、可比性、规范性、现实性、简洁性。设计了中国公司董事会治理效率评价指标体系，提出以包含6个一级指标、26个二级指标、37个三级指标的指标体系作为评价公司董事会治理效率的指标体系。

(6)针对提高中国国有公司董事会治理效率从六个方面提出了相关对策及措施。首先从法规建设的角度提出要进一步完善法规制度，改善法治环境。针对提高公司董事会治理效率，提出要进一步细化规范有关法规，从制度上保证董事会治理的有效性；要进一步规范政府职能，改善公共治理；进一步理顺国有公司管理体制，理顺公司与政府、公司董事会与党委的关系，在充分考虑公司治理内在的机理和中国国情的前提下，进一步明确公司党委在公司事务中的地位与作用。其次，通过不断深化改革，完善市场环境。不断优化公司股权结构，逐步实现股权多元化、分散化、法人化，形成合理的股权结构，通过优化公司股权结构，规范公司董事会委托人的行为；改革公司的外部环境，加快竞争性市场建设，提高外部治理效率，充分发挥市场机制在公司治理中的作用；强化外部监管。第三，不断优化董事会结构，提升董事会的决策效率。要合理确定董事会规模，增设职工董事，扩大外部董事比例；不断优化董事专业和年龄结构。第四，不断规范董事会运行，增强董事会独立性。顺应加强董事会独立性的世界潮流，通过进一步明确董事会职责，提升董事会的战略决策能力；组织开好董事会会议，提高董事会会议的决策效率；妥善处理各方面关系，增强董事会的协调性；完善董事会的信息传导机制，建立清晰的对董事会的信息报告制度；加强对董事的学习与培训；规范独立董事制度执行；健全董事会的组织架构，充分发挥董事会委员会作用；切实实施两职分离。第五，创新董事激励，强化董事约束。按照激励有效、约束严明、结构匹配的要求，构建物质与精神激励相结合、短期与中长期激励相结合、激励与保障相结合的长效激励机制。健全监督机制，既要完善董事会自身内部的监督机制，也要加强对董事会的外部监督力量；要发挥股东大会、监事会的监督作用，积极探索监事会有效的监督方式，加大监督力度，不断强化监事会的独立监督职能。加强董事考核，积极探索对董事的考核评价办法，明确评价标准和程序；建立符合公司特点的董事的福利保障制度；让董事适当持股，促使公司董事更加关心关注公司价值的最大化；进一步明确独立董事的法律责任，强化独立董事的法律约束。第六，加强董事会文化建设，推进公司科学发展。按照科学发展、和谐发展的要求建立公司董事会文化，忠诚、勤勉是董事会文化的基本规则。加强制度文化建设，健全董事会运作制度，确保董事会规范运行；切实强化风险文化建设，树立全面风险管理理念，不断地提升风险管理能力，做好风险战略定位；尽快变革公司经营文化，加速从同质同类的竞争走向差异化、个性化、特色化的竞争；积极推进民主和谐文化建设，董事会要积极主动与公司党委(党组)、工会、职代会及妇女和青年团体沟通联系；根据金融业创新最为活跃的行业特点，构建不断学习、勇于创新的文化，形成持续的自主创新能力。

作者

2009 年 4 月 8 日

MU LU 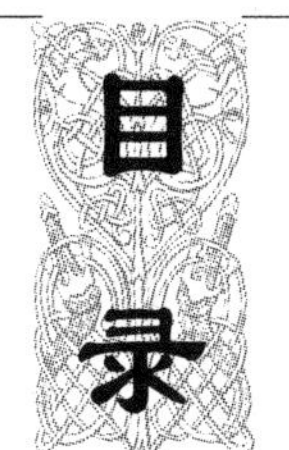

目录

第1章 导 论

1.1 问题的提出

1.1.1 研究原因

自从 Berle 和 Means 于 1932 年发表论文《现代公司与私人财产》指出现代公司的核心特征即所有权与控制权分离以来，董事会在公司治理中的作用日益凸显。Fama 将董事会视为公司的最高控制系统，并认为拥有良好董事会的公司将比董事会质量较差的公司更能够持续创造出较好的业绩[①]。1997 年，美国《商业周刊》组织了一个由股票专家、养老基金经理人员和公司治理专家组成的调查小组，对 50 家公司的董事会质量进行了调查，结果发现，董事会的质量是决定一个公司未来业绩好坏和股权回报高低的重要指标。亚洲金融危机后，投资者在评估亚洲投资潜力时，认为董事会行为质量比财务问题更重要和同等重要的占 75%[②]。事实上，始于 20 世纪 90 年代的公司治理改革的主要目标就是强化公司董事会治理。

1.1.2 研究价值

国外董事会治理研究是基于完善的法规制度、成熟的资本市场、高效的人力资本市场等条件进行的，尽管这些研究都能够从不同的方面对董事会治理状况进行客观评价，但其研究成果相对于外部治理环境极不完善、资本市场不太成熟、公司治理水平差异较大的我国来说，并不完全适用。

最有效的监督来自外部，但我国目前外部监督机制（资本市场、经理市场等）缺乏，公司就更需要依靠以董事会为代表的内部控制机制来监督和约束管理者。在研究国外董事会治理研究理论和经验的同时，结合我国的法律、制度、文化等环境因素以及我国上市公司治理的实际状况，分析影响中国公司董事会治理效率的因素，系统构建中国公司董事会治理效率评价指标体系，以提升中国公司董事会治理水平，进而提高公司价值，对于全面深化中国公司改革，对于规范和校正中国公司董事会成员的决策行为，对于实施正确的激励办法，对于科学衡量董事会的业绩，对于投资者的投资决策，对于政府实施有效监管都具有重要的理论和现实意义。

1.2 国内外研究现状述评

1.2.1 国外的研究

（一）关于董事会性质的研究

20 世纪 90 年代之后，随着公司治理研究的深入，公司董事会治理日益成为人们重点关注的领域。但是董事会的作用从来没有像现在这样如此至关重要，但又如此模糊不清，这不但导致了理论研究上的无进展，而且也使实务者们陷于迷茫[③]。造成这种状况的重要原因之一是董事会的作用定位不清。有学者认为，公司董事会是公司的外生变量。大多数国家的公司法都要求公司必须设立董事会，并且有诸如以下的要求：董事会人数、专业委员会的设置、会议次数等。董事的法律责任通常由一国的公司法所规定，即董事的职责是服从于公司和必须考虑公司现有和潜在股东的利益。因此，不少人认为董事会只不过是规制的产物[④]。

但另外一些学者对此提出了不同的观点，他们认为，董事会是股东的信任托管机构，是公司制企业的必然产物，是公司的内生变量。因为，全世界的赢利性和非赢利性组织中，有控制权的董事会制度非常盛行；最为重要的是，有控制权的董事会先于这些规制要求而出现。因此，许多学者从不同的理论视角对公司董事会的存在性质进行理论研究，并且形成了不同的观点，概括起来主要有三类研究：一是经济学的研究，主要包括委托代理理论、利益相关者理论、资源依赖理论；二是管理学的研究，主要包括现代管家理论（受托责任理论）、替代性假说、现代组织理论和经理层霸权论；三是社会学的研究，即阶级霸权理论。（第 2 章将给予详细介绍）

（二）关于董事会规模的研究

董事会规模是指董事会成员人数。关于董事会规模的研究起源于 Lipton and Lorsch（1992）、Jensen（1993）的论文，他们都认为董事会规模与公司绩效呈负相关关系，即规模小的董事会比规模大的更有效，因为，随着董事会的规模扩大，董事会成员之间诸如搭便车等代理问题就会出现，董事会将更具象征性（所谓“花瓶”）。后来 Yermack（1996）、Gertner & Kaplan（1996）的研究也有同样结论。Lipton & Lorsch（1992）认为公司董事会的人员数量应该被限制在 10 人之内，最好是 8～9 人。董事会规模超过 10 人，将逐渐缺乏效率，因为协调和组织过程的效率耗散超过人数增加所带来的收益，也更容易为公司经理所控制。Jensen（1993）完全接受 Lipton & Lorsch 的说法，他认为“在现代公司的董事会里，礼貌和儒雅代替了求真和坦诚”，并且主张“当董事会的成员数量超过 7 个或 8 个人的时候，董事会就不太可能有效地发挥作用，而且很容易被 CEO 控制”。Yermack（1996）通过对美国 1984－1991 年间 452 家公司的观察，发现董事会规模大多数位于 6～24 人之间，平均规模为 12.5 人，他还发现规模较小的董事会对公司经理更具有积极性的监督，小规模董事会对不称职的 CEO 更具有罢免能力。Eisenberg 等（1997）选择对芬兰大约 900 家未上市的中小型公司在 1992—1994 年间的数据所组成的样本进行研究，发现董事会规模和公司资产回报率的行业调整值呈现明显的负相关关系，在本质上与大型公司的情况相似。Singh & Davidson（2003）也通过实证研究证实了小型董事会有利于提高公司绩效，并且规模越小越好，因为小型董事会能公正、毫无偏见地讨论，快速地进行决策。

一些经验研究发现了董事会规模和公司规模之间有显著正相关关系的证据。Denis & Sarin 的研究表明，在美国，相关系数为 0.37。Stapledon & Lawrence 发现，在澳大利亚这一系数为 0.58。近年来，越来越多的美国公司，尤其是经过内部调整或重组过的公司，逐步缩小了董事会的规模，以此作为提高公司绩效的一种手段。GE、IBM、Occidental Petroleu、Scott Paper、W. R. Grace、Time Warner、Westinghouse Electric 等公司都采用了小规模董事会结构。

（三）关于董事会内部构成的研究

董事会内部构成的研究主要集中在董事会构成的重要性和外部董事保护股东利益的重要作用上。由于外部董事独立于管理层的影响，因此被认为比内部董事能更好地保护股东的利益免受管理机会主义（managerial opportunism）的损害，一些学者认为外部董事更有利于公司治理效率的提升。外部董事通常被认为在董事会中发挥两个基本作用：指导作用和监督作用。Mace（1971）就十分强调外部董事的指导作用，他相信外部董事能够带给公司威望、帮助设计公司的长期战略、建立个人关系等。Fama & Jensen（1983）也高度强调外部董事在执行公司决策控制功能时发挥的重要作用。一些实证研究也证实了外部董事对公司的价值，如 Hermalin & Weisbach（1988）的研究表明当公司业绩不好或者行将退出一个行业时，董事会倾向于吸收更多的外部董事来进行指导。外部董事的第二个作用是监督作用，Fama（1980）、Fama & Jensen（1983）认为外部董事人力资本具有良好的作用，原因之一仍是因为他们具有树立自己作为决策控制专家声誉的个人动机。一些关于公司股价对于董事会决策反应的经验研究表明，美国市场对外部董事比例占优势的董事会的决策反应相对较好，市场对内部人控制的董事会的决策表示怀疑（Rosenstein & Wyat，1990）。

对此持相反观点的学者认为，外部董事在公司治理中并不比内部董事更有效。比如，一些学者指出，美国公司的 CEO 经常决定着董事的提名过程，这样 CEO 就可以提名支持自己决策的外部董事。公司之间相互兼任董事也会减弱外部董事的独立性。如果 CEO 兼任公司董事，外部董事可能害怕报复而决定不去弹劾 CEO（Mace，1986；Lorsch & Maclver，1989）。董事会在制定合理的报酬水平上是无效的，因为外部董事由 CEO 提名，并且可以被 CEO 撤换，这可能导致报酬合约对于公司而言不是最优的（Crystal，1991）。Yermack（1996）发现，外部董事的比例与公司绩效之间并不存在联系。Bhagat & Black（1997）发现，来自美国证券市场的数据并不支持外部董事影响未来公司绩效的观点。Kline（1999）检验了董事会的存在是否会影响公司业绩这一观点，结果发现几乎没有证据表明由外部董事居于支配地位的监督委员会会对公司业绩产生影响，存在由内部董事所主导的投资委员会的公司更有可能表现出较好的业绩。

（四）关于董事会领导结构的研究

董事会领导结构是指董事长、总经理是由一人兼任还是两职分置，董事长是由内部董事还是外部董事担任。在所有权与经营权分离产生的影响中，研究者们格外关注权力分置与合一对公司绩效的影响。从科层角度看，两职合二为一，组织可以适应瞬息万变的市场环境，有效提高组织运行效率；但是将董事长与总经理两职合一，则失去了监督约束层级，经理的自利性和有限性有可能损害股东及相关主体的利益，从而降低董事会监督职能。

Jensen（1993）认为两职合一，缺失了公司治理结构下的公司经理层级，从而会降低董事会监督高级经理人员的有效性；Berg 和 Smith、Rechner 和 Dalton 分别选用《财富》杂志 200 和 500 家公司为研究样本，都发现两职合一的公司投资报酬率（ROI）低。Cannella & Lubatkin、Mallette & Fowler 分别在两篇非专题性研究的论文中指出，两职合一与净资产收益率具有弱的正相关性。目前，研究者在对领导权结构与公司绩效之间的关系进行研究时，引入环境变量。Boyd 在引入了环境变量的基础上提出：对处在高度变化的行业中的两职合一与经营绩效正相关；对于处在动态性较弱行业中的公司而言，两职合一与经营绩效负相关。

在实践中，美国大型公司大部分采取两职合一的做法。上世纪 90 年代末，在美国大公司中，有 93%的 CEO 兼董事长。2002 年，CEO 兼董事长的比例在美国所有公司中已下降到 2/3，但在标准普尔 500 家中仍高达 3/4。这说明公司越大，CEO 兼董事长的比例越高（何家成，2004）。

（五）关于董事会行为的研究

董事会行为研究包括董事持股比例、董事报酬计划、董事会会议频率等与公司绩效关系的研究。董事持股比例是指公司董事股本占公司总股本的比例。Morck、Shliefer 和 Vishny（1998）研究了董事会成员持股如何影响公司绩效。他们发现，当董事会成员的持股保持在一个合适的水平时，公司的托宾 Q 值最高。Hermalin & Welsbach（1991）也发现了类似的结果。美国的全美公司董事联合会（National Association of Corporate Directors，NACD）也认为董事拥有相当数量的所有权份额可在董事、股东和管理者之间形成一种更强的利益联盟。Morck（1988）等提出的证据说明，当董事会成员所有权比例在 0～5%之间时，公司绩效随之上升；当比例超过 5%后，公司绩效开始下降；而当比例超过 25%后，公司绩效又开始上升。Myeong-Hyeon Cho（1998）利用《幸福》杂志 500 家制造业公司的数据研究得出的结果基本一致，其股权比例区间分别为 0～7%、7%～38%、38%～100%。

董事会会议频率是指董事会年度内召开的会议次数。董事会作为一个被动的工具，其发挥作用的程度主要取决于董事对公司信息了解的程度（Kosnik，1987）。据纽约珠美尔咨询公司估算，在2001年，董事们平均每年在公司投入150个小时，其中60小时用于开会。现在，董事们投入的时间接近200～250个小时，其中有80～90个小时的开会时间。Vafeas（2000）对1990－1994年307家美国公司的研究表明：董事会会议频率与公司的价值呈负相关关系，较高的董事会会议频率可能是公司业绩较差的反映，公司业绩越差，会议次数越多，而董事会会议就如灭火装置而不是预防装置。Nikos（1999）也检验了董事会的行为强度（用董事会的会议次数加以表示）与公司绩效之间的联系，并指出董事会行为的强度是一个可以选择的、与公司价值具有相关性的董事会特征。

除了上述研究之外，一些研究还指出，董事的名誉资本（Shivdasani，1993）和报酬计划（Pery，1996）也会影响董事们的行为。

（六）中介机构的研究

董事会的重要作用使得对董事会治理进行评价成为实践的迫切要求。除了学者的研究，近年来，研究机构也展开了对董事会治理评价的研究，以期对影响董事会治理的因素进行综合性的考察。全美公司董事联合会（NACD）将确保独立董事的控制权，设定评价程序和目标，为公司和董事会制定评估程序，确保坦诚、保密和信任，定期评议评估程序，向股东披露评估步骤和标准等确定为董事会评价的核心。美国标准普尔（Standard & Poor's）对董事会的评价内容主要体现在董事会的结构与运作上，具体包括：董事会的结构和组成、董事会职能和有效性、外部董事的职能和独立性、董事和高层管理人员的薪酬评价和任免政策等，并相应地确定了关键分析要素和标准，如董事会结构和组成的标准是应当确保全体股东的利益被公平、客观地代表，关键分析要素为董事会的人员数量和组成，董事会的领导和委员会，有投票权人的代表等。美国《商业周刊》（*Bussiness Week*）从1996年起每年都要评选出最佳与最差的公司董事会。2002年起根据董事会的独立性、董事的素质、董事持有的股份、董事会的活动质量等16个修订后的标准，每年评出美国最佳与最差的公司董事会。欧洲戴米诺公司（Deminor）主要从独立董事和董事会主席与 CEO 关系、董事会的选举、董事酬金、董事会委员会的运作与权利等几个方面，对董事会的结构和功能进行评价。亚洲里昂证券（CLSA）在 2000 年对 25 个新兴市场国家的 495 家上市公司进行公司治理评价体系中，对于董事会行为的评价主要是从董事会的独立性和问责性两个方面进行评价。

1.2.2 国内的研究

相对于市场经济发达国家而言，我国学者对公司董事会治理问题的研究起步较晚，只是近几年来才有了迅猛的发展。

于东智、杨海芬、仲继银、杨军、谢永珍是目前国内对公司董事会治理研究比较系统的学者。于东智在其《董事会与公司治理》（2004）一书中，系统地归纳了有关董事会的性质与功效的理论观点，并以此为基础提出了“董事会是公司制度的一种内生性产物”的观点；建立了一个对研究董事会治理效率的经验分析框架，提出了具有政策指导意义的理论假设，其中一些观点得到了上市公司经验数据的支持；提出了完善董事会制度中一些急需解决的实践问题，比如，董事会的自我评估问题，绩效管理、经理奖惩和战略审计问题等。归纳和总结了许多富有启示意义的真实案例并进行深刻的剖析。

杨军在其《董事会治理研究》（2004）一书中，认为董事会治理是在公司治理基础上，为保障董事会科学决策与监督，并促成其高效运行而对董事会形成、组织运作、效率保障以及董事会全面履行职责所作的机制设计和制度安排；提出了董事会模式不同，治理效率不同；我国公司发展必须具有针对性选择董事会模式及其选择的方法；组织协同理论首次被引入董事会治理研究，作者确立我国上市公司“内部治理为主，外部治理为辅”的董事会治理思路；认为 CEO 业绩评价及选聘 CEO 的 MDP 项目与管理应成为董事会考核和业绩评价的核心内容。

谢永珍在其《公司董事会治理评价研究》（2006）一书中，对董事会治理定量测评进行了系统的探索与研究，构建了董事会治理评价指数模型；对董事会治理成本的概念进行了探索；对影响董事会治理质量的相关因素进行了分析与探索；对董事会治理的效果进行了较为全面的评价与实证研究。

陈庆、安林在他们合著的《中国国有企业董事会治理指南》（2007）中系统介绍了英美等发达国家市场导向型和其他国家不同类型的董事会制度建设经验、发展趋势，及其对我国完善董事会制度的借鉴作用，分析了我国董事会产生的环境背景和现实状况，提出新《公司法》对董事会建设的法律要求，该书偏重于实践指导。

除了于东智等学者的系统研究外，不少学者还就董事会治理问题从不同的角度进行了研究，归纳起来主要有：

（一）关于董事会性质的研究

最近十年（特别是近几年），伴随着我国经济体制改革的实践，国内的经济学和法学的学者们分别从不同的角度在引进、介绍国外公司治理理论的同时，对公司治理问题进行了探索性的研究，提出了一些有价值的学术观点。公司董事会治理理论属于公司治理理论的范畴，对其规范的研究内容往往蕴含于后者之中。吴敬琏（1994）认为公司董事会是公司内部制度安排的治理理论。张维迎（1995，1996）提出“委托—代理关系”或“剩余索取权配置”的公司治理理论。杨瑞龙和周业安（1999，2000）考虑利益相关者的公司治理理论。

（二）关于董事会规模的研究

董事会规模研究主要是通过董事会规模与托宾的Q值、总资产收益率、净资产收益率等的关系研究董事会规模的合理性。孙永祥（2001）的实证研究认为，我国上市公司的规模比较合理（7～11人），董事会规模与会计业绩（ROA、ROE）之间存在显著的负相关关系，但与公司价值（Tobin's Q）之间没有显著关系，董事会规模越小，则公司绩效越佳。于东智（2003）的研究表明，董事会规模对公司绩效有显著影响，两者呈倒U型关系，当董事会人数小于9时，扩大董事会规模将有利于提高公司绩效；超过 9 人后，扩大董事会规模将妨碍公司绩效的提高。吴水澎等（2005）的研究表明，董事会规模与公司绩效之间没有显著关系。

（三）关于董事会构成的研究

主要研究公司董事会的年龄、学历、类别以及内部人的控制问题。李东明和邓世强（1999）实证分析了上市公司董事会的结构与职能，他们发现，董事会的人数以 7～8 人居多；董事受过高等教育的比例较高，但高学历者不多；董事会代表的股权比例普遍较高。他们认为，我国公司董事会成员的学识水平有待进一步提高，外部董事的作用和监事会的监督职能有待完善。李有根等（2001）采用“最优构成—绩效”模型分析董事会构成和公司绩效之间的关系，将上市公司的董事会成员分为内部董事、法人代表董事、专家董事和专务董事。研究发现，法人代表董事构成和公司净资产收益率之间具有显著的倒 U 形曲线关系（即先增加，到达一定程度后减少），而其他类型董事与公司绩效之间没有稳定的变量关系。孙铮等（2001）以沪市公司董事的兼职情况和学历水平作为变量，给出了经理人员职业化和知识化的一个分析框架。他们的研究表明，上市公司的关键人物在兼任母公司的董事长、总经理或党委书记的情况下，公司被显著地划分为“好公司”，上市公司董事整体的学历水平也对公司的业绩产生显著影响。孙永祥（2001）对董事会的结构从两方面进行了研究，一是执行董事和非执行董事在董事会中的构成情况，二是从职能分工角度研究董事会委员会的作用。他所做的实证研究表明，董事会的规模越大，董事会中非执行董事比例越高。王跃堂（2003）、邵少敏（2004）从不同的角度检验了推行独立董事制度的有效性。吴水澎等（2005）的研究表明，独立董事比例与公司绩效正相关。何浚（1998）用内部董事（包括属于企业内部管理人员或职工的董事以及主管部门的领导）占全部董事会成员的比例来衡量内部人控制度问题。研究表明，样本公司平均拥有董事 9.7 人，其中外部董事 3.2 人，内部董事 6.5 人，平均内部人控制度为 67%。

（四）关于董事会领导结构的研究

关于董事长与总经理是否应当分离，理论界存在激烈的争论。陈传明（1997）认为，在竞争日益激烈的市场环境中，两职合一有利于组织创新，使企业能够得到更好的生存和发展。何浚（1998）认为，两职合一意味着总经理自己监督自己，会使总经理等高层执行人员的权力高度膨胀，而且会严重削弱董事会监督高层管理人员的有效性。孙永祥（2001）认为，从我国实际情况来看，两职分离可能并不是一个好的政策选择。吴淑琨等（1998）的研究结论是：中国现阶段的上市公司两职是否合一与其绩效之间并没有显著的相关性。只有公司规模与两职状态之间呈现出正相关性，即公司规模越大，越倾向于采取两职合一。李东平（2001）对IPO公司最高管理人员兼任情况的回归结果显示：最高管理人员兼任与大股东控股比例、总资产相对比重（上市公司的资产总额与大股东自身资产总额之比）呈正相关关系。于东智（2003）等对上市公司的研究表明，两职状态并不是影响公司绩效的重要因素。吴水澎等（2005）的研究表明，两职合一对公司绩效没有影响。

（五）关于董事会行为的研究

魏刚（2000）对上市公司高级管理人员（包括董事）的年度报酬和持股量与公司绩效之间的关系进行了实证分析，结果表明，上市公司高级管理人员年度货币收入偏低，报酬结构不合理，收入水平存在明显的行业差异；“零报酬”现象严重，“零持股”现象比较普遍；高级管理人员的年度报酬与公司业绩并不存在显著的正相关关系，持股数量与公司绩效之间并不存在“区间效应”。李增泉（2000）分别研究了上市公司董事长和总经理的持股情况、年度报酬与公司绩效之间的关系，结果表明，我国上市公司董事长和总经理的年度报酬并不与公司绩效相关联，持股制度虽然有利于提高公司业绩，但他们大部分持股比例都比较低，因此不能发挥其应有的作用。孙永祥（2001）的实证研究表明，我国上市公司的董事会成员的持股数量与公司绩效并无显著的正相关关系。于东辉（2003）等对上市公司的研究表明，从总体上来看，董事持有本公司股票的数量非常之小，至少有 1/3 的董事未持有本公司股票。谷棋和于东智（2001）的实证研究表明，在业绩下降之后，我国上市公司董事会的活动通常都会增加。

此外，一些研究机构也有对董事会治理的研究，连城国际咨询公司于 2002 年推出了董事会治理评价系统，这一系统从经营效果、独立董事制度、信息披露、诚信与过失以及决策交流五个维度对上市公司董事会的治理状况进行评价。连城国际从 2005 年开始发布《中国上市公司董事会治理蓝皮书》和“中国上市公司董事会价值排名”，在业界有一定影响。部分高校的研究机构对董事会治理的评价进行了研究，如南开大学公司治理研究中心、香港城市大学、台湾辅仁大学等推出的公司治理评价系统中对董事会的评价；有关证券机构以及省份基于公司治理实践的需要，也相继推出了公司治理评价系统。

1.3 研究思路和方法

1.3.1 研究思路

本文首先分析公司董事会治理的理论基础，同时对国外几种主要的公司董事会治理的模式进行剖析，并介绍有关国际组织关于公司治理的准则（指引），接着讨论中国公司董事会治理的特殊性，对影响中国公司董事会治理效率的因素重点是内部因素进行分析，在此基础上，设计中国公司董事会治理效率的评价指标体系，根据设计的评价指标体系对中国公司董事会治理效率进行实证研究，指出中国公司董事会治理存在的主要问题，据此，提出提高中国公司董事会治理效率的若干政策建议，最后对全文的研究结论进行简单总结并提出今后研究的设想。

1.3.2 研究方法

对上市公司董事会治理评价的研究既是一个复杂的理论问题，又是一个很强的实践性问题。因此，选择科学的研究方法，对评价结果具有决定性的影响。

本研究主要采用的研究方法是规范分析与实证分析以及系统科学的综合评价。全文以国内外已有的规范分析董事会治理理论为依据，通过对各国公司董事会治理的实践、公司治理准则、相关国际组织有关公司治理的法律、法规、准则（指引）的考察与比较，参考已有的规范研究与实证研究的成果，构建上市公司董事会治理评价指标体系与评价标准。

实证分析方法主要用于董事会治理影响因素分析以及董事会治理效率的评价系统的实证检验等。具体为：①采用比较分析方法以及案例研究方法比较与梳理现有公司治理理论以及各国（或地区）、相关国际组织公司治理原则、准则、现有董事会治理评价体系的差异；②采用归纳与演绎分析相结合的方法，研究分析中国公司董事会治理在转轨时期的特殊性；③运用多元统计分析方法确定影响中国公司董事会治理效率的因素。

1.4 研究内容与结构

1.4.1 研究内容

公司董事会治理是为保障公司董事会科学决策与合理监督，保证公司董事会高效率运行，对董事会形成、组织、运作以及董事的职责所进行的机制设计和制度安排。公司董事会治理是在权利配置的基础上追求利益配置的完善；公司董事会治理认为企业是多层所有、多维相关，维护所有相关者利益是董事会的基本责任。

公司治理主要通过企业内问题或争端处理、组织建设、职责强化、制度完善、权利制衡，以保证投资者的利益最大化；董事会治理主要是合理监督与科学决策，最大限度地保障投资者的“可保证性收入”或“可得性”收益[5]。

一般来说，公司董事会治理包括外部治理和内部治理。对于外部与内部的理解，目前学界还不一致。有的以公司为“界”，把公司董事会治理分为公司外部（指产品市场、证券与公司控制权市场、经理市场（或称企业家市场）及相应的声誉机制和完善的法律体系对公司董事会及高级管理层的监督治理和公司内部（指公司股东大会、董事会、经理层及监事会相互作用相互监督相互制约）治理（聂子龙，2007）。有的以董事会为“界”，把公司董事会治理分为公司外部治理和内部治理。所谓外部治理是指董事会对公司行使治理职责，从而实现公司的持续发展；所谓内部治理是指董事会对自身内部进行的建设，以实现公司董事会的高效运转，提高公司董事会的治理能力。本文所研究的公司董事会治理仅是公司董事会的内部治理。

1.4.2 结构安排

第 1 章“导论”，主要介绍本文的研究目的、意义，国内外研究现状、研究思路和研究方法、研究内容与结构安排、可能的创新。

第 2 章“公司董事会治理的理论基础”，主要介绍公司董事会制度的历史演变，包括一般公司董事会制度的产生和发展；公司董事会治理及其分类；公司董事会治理理论概述，包括委托代理理论、交易成本理论、资源依赖理论、现代管家理论、经理层控制理论、阶级霸权理论、产权理论、替代性假说等；最后对董事会治理理论进行评述。

第 3 章“国外公司董事会治理的国际实践与经验”，分别研究美英、德日、转轨国家、东南亚国家的公司董事会治理情况，首先分析这些国家公司董事会治理的一般范式，其次分析这些国家公司董事会治理的一般特点，并进行案例研究；同时介绍公司董事会治理的国际经验，主要介绍 OECD 公司治理原则、OECD 国有企业公司治理指引；最后分析国际公司董事会治理实践的趋势及其启示。

第 4 章“中国国有公司董事会治理的特征”，首先回顾中国国有公司董事会治理的改革发展历程，在此基础上通过实证研究，分析中国国有公司董事会治理的特征及其研究结论与启示。

第 5 章“中国家族公司董事会治理的特征”，首先回顾中国家族公司董事会治理的发展历程，在此基础上通过实证研究，分析中国家族公司董事会治理的特征及其研究结论与启示。

第 6 章“中国公司董事会治理效率的影响因素分析”，从内外两方面分析影响公司董事会治理效率的因素，一是外部因素，包括：社会环境、法规制度、文化背景；产权市场、资本市场、经理市场、产品市场；行业性质、股权结构、公司规模；二是内部因素，包括董事会独立性、董事会运行、董事会结构、董事的激励、董事的约束、董事会文化等等。

第 7 章“中国公司董事会治理的评价指标设计”，主要研究董事会治理评价研究的现状、董事会治理评价的目标、董事会治理评价的主体、客体、董事会治理评价指标体系的设计原则、董事会治理的评价指标体系及其标准等问题。

第 8 章“中国公司董事会治理的实证分析”，主要运用回归分析方法，对第 7 章所设计的中国公司董事会治理的评价系统进行实证检验，同时归纳总结中国公司董事会治理存在的主要问题。

第 9 章“完善中国公司董事会治理的对策研究”，提出从不断深化改革，完善市场环境，规范市场秩序，优化董事会结构，规范董事会运行，强化董事会独立性，完善董事的激励，加强董事的约束，建设董事会文化等方面加强和改善中国公司董事会治理。

第 10 章为结论与展望。

注释

① Fama and Jensen. Separation of ownership and control [J]. Journal of Law and Economics, 1983 (25): 327—349; 1983 (26): 301—325.

② 李维安，张耀伟．上市公司董事会治理与绩效倒U形曲线关系研究［J］．经济理论与经济管理，2004（8）：36－42.

③ 于东智．公司董事会的性质与功效：观点与评论［J］．山东社会科学，2004（2）：44－45.

④ 于东智．公司董事会的性质与功效：观点与评论［J］．山东社会科学，2004（2）：44－45.

⑤ 杨军．董事会治理研究［M］．北京：中国财政经济出版社，2004.

第 2 章　公司董事会治理的理论基础

20 世纪 90 年代以后，随着公司治理研究的深入，公司董事会治理受到理论界的密切关注。本世纪初，安然、世通公司事件后，公司董事会治理更被认为是公司治理的核心，西方学者对此进行了大量研究和探讨，形成了许多理论和观点。

2.1　公司董事会制度的历史演变

2.1.1　董事和董事会

（一）董事的概念及分类

董事（director）是公司董事会的成员（member of the board），是对外代表公司、对内行使经营管理职权的公司常设机构的成员。《中国大百科全书·法学卷》对“董事”的定义是：对内执行业务、对外代表公司的常设机关。美国《布莱克法律大辞典》将“董事”定义为：被任命或选举参与董事会、通过选任或者控制管理层人员来管理公司事务的人。英国《牛津法律大辞典》将“董事”定义为：公司股东选举出的决策者及主管公司业务的管理者。占据董事职位的人可以是自然人，也可以是法人。但当法人担任公司董事时，应指定一名有行为能力的自然人为代理人。董事通常由股东大会选举产生，有一定的任期。

从不同的角度，可以对董事进行分类。一般说来，可作如下主要分类：

按照是否直接经营公司事务，可以将董事分为执行董事（英国法中的 executive director 和美国法中的 management director）和非执行董事（英国法上的 non-executive director 和美国法上的 outside director），非执行董事又可分为内部非执行董事（股东董事）和外部非执行董事（也称独立董事）。同时担任公司高级管理人员的董事称为执行董事，他们既参与董事会决策，又在其管理岗位上执行董事会决策；未在公司担任管理职务的是非执行董事，他们只参与董事会决策，不参与高层管理。

按照相对于公司的独立性，可以将董事分为独立董事和非独立董事。所谓独立董事，是指与公司没有个人的和经济利益上的联系、能独立地监督管理层行为的董事，一般是在战略管理、金融、投资、财务、法律等方面具有专长的知名人士；非独立董事指或多或少地与公司或公司管理层有某种个人和经济利益联系的董事。

按照是否在公司任职，可以将董事分为内部董事（inside director）和外部董事（outside director）。对内部董事和外部董事的含义或者资格认定目前并无统一的说法。一般来说，内部董事即是那些也是公司经营管理人员的董事，显然执行董事都是内部董事。对于兼任公司中低级管理人员或者一般职员的董事，如其在董事会的行为实际上受到经营者的控制或影响，也应视作内部董事，考虑到目前国内的现实情况，由这些人员担任的董事都应被视为内部董事，除此之外，均应视作外部董事。公司的大股东或其代表、顾问律师、代理商、客户、上游厂商、离职职员、其他公司的现任或离职董事长、首席执行官（CEO）或银行家、律师、教授都可以担任公司的外部董事。

按照是否持有公司股份，可以将董事分为股东董事和非股东董事。持有公司股份的董事为股东董事，未持有公司股份的董事为非股东董事。

（二）董事的权利和义务

一般来说，董事主要具有两方面的作用。一是公司的战略决策，作为董事会成员，董事大都具有在不同行业和不同公司的决策经历、丰富的经验和判断水平以及相关的知识，他们集体对公司的经营方针、经营战略进行战略决策，提高了决策的科学性、可行性以及对环境的适应性，有利于公司绩效的提升。二是监督控制，对公司的高级管理人员进行监督和控制，尽量避免经理人员道德风险和机会主义行为的发生，减少代理成本。为了发挥董事的作用，董事一般被赋予以下权利：第一，业务执行权，即对日常事务的业务执行权与重大事项的具体业务执行权；第二，出席董事会和股东大会并对决议事项投票表示赞成或反对的权利；第三，在特殊情况下代表公司，主要有代表公司向政府主管机关申请设立、修改章程、发行新股、发行公司债券、股东和债权变更、合并以及解散等各项登记权利，代表公司向证券管理机关申请募集公司债、发行新股的审核权，代表公司在公司股票、公司债券上签名盖章的权利；第四，依法或按照公司章程获取报酬津贴的权利等等。

董事在享有权利的同时，也必须承担一定的义务。在美、英法系国家，董事的信托义务是董事对公司所承担的最主要、最基本的义务。美、英法系认为，董事的信托义务源于董事与公司之间的信赖关系，作为受托人的董事必须忠实履行职责，最大限度地保护和实现公司利益，不得利用其在公司中的优势地位为自己或与自己有利害关系的第三人谋求在常规交易中不能或很难获得的利益，更不能损害公司或股东利益。

一般认为，董事对公司的信托义务包括注意义务（duty of care）和忠实义务（duty of loyalty）。注意义务属于一种积极的作为义务，它要求董事在作出经营决策时，其行为标准必须是为了公司的利益，其核心是董事作为全面负责公司业务的管理人对公司负有积极的作为义务，不得怠于履行职责。忠实义务既是一种客观义务，又是一种消极义务，或禁止性义务，要求董事在经营公司业务时，其自身利益与公司利益一旦存在冲突，董事则必须以公司的最佳利益为重，不得将自身利益置于公司利益之上，其核心是董事不得为了自己的个人利益而牺牲公司或放弃公司的最佳利益。有学者认为，注意义务是对董事业务称职的要求，而忠实义务则是对董事道德的要求。董事在行使权力的时候，如果违反了信托义务，必须承担相应的责任，并为此承担相应的法律后果。

（三）董事会

董事会（the board of directors）是公司的决策、管理机构，是公司法人财产的代表。它以股东对其的信任为基础，托管和经营公司资产，对公司重大问题进行决策，承担资产经营风险，同时受公司利益的约束，对经理人员进行监督。

1. 董事会的性质与地位

董事会被认为是为了解决代理问题，而在大型组织内部演进出来的一种符合市场经济原则的内生组织或制度。董事会是组织设计问题的市场结果，它是一个有助于缓解肆虐于大型组织的代理冲突的内生性制度（endogenously determined institution）；或者说，董事会是组织内契约问题的市场解。更简单地说，董事会是公司面对的代理问题的均衡解（Hermalin and Weisbach，1998）。在现代公司中，股东除保留剩余索取权和少数几项最终的决策权外，已将多项决策权授予董事会行使，因而实质上是董事会在股东授权范围内受托经营公司的财产。《美国标准公司法》第三十五条明确规定："除本法令或公司章程另有规定外，公司的一切权力都应由董事会行使或由董事会授权行使，公司的一切业务活动和事务都应在董事会的指示下进行。"美国在传统上均是由董事会直接负责公司的经营，即使是现在，中小规模公司的业务经营仍由董事会积极主导。不过对于大规模的上市公司，董事会已不再负责日常经营，仅确定公司的经营发展战略并行使对经理人员的监督职能。董事会作为公司法人资产的托管人，享有独立的财产权利，其基本职责是代理股东管理和经营公司法人资产，追求利润最大化，实现公司资产的保值增值。董事会主要通过两方面的工作来行使权力：一是战略决策。公司的一切重大事项，如经营方针和经营方向、产业选择和项目投资、资产使用和高级管理人员安排、利润分配政策和分配方案等重大决策都是由董事会提出预案、作出决策，然后提交股东大会批准。由于股东大会通常每年只召开一次，每次半天或一天，一般股东受时间、精力和专业水平所限，很难对这些重大事项作出正确评估和判断。因此，公司的重大决策虽然形式上须经股东大会批准，但事实上掌握在董事会手中。正是从这个意义上，董事会作为公司常设决策机构，虽然处于权利结构的第二层级，但它却是公司管理权的核心。二是选择监督经理。如果把经理人员看作是一种宝贵的经济资源，那么，任免经理的过程也是优化资源配置的一个特殊过程，即把人力资本与物质资本及其他形式的资本进行组合，以形成生产能力和获利能力的过程。同时，在选定经理人员之后还必须以适当方式激励和约束其行为，使之按董事会和股东会的意志行事。董事会的性质和地位的确立，是公司法人制度的具体体现，它有效地解决了资本社会化与经营管理集权化的矛盾，提高了资本的运营效率。

董事会是信任托管机构，董事会是在股东大会上由全体股东选出的董事组成的。理论上讲，它代表了全体股东利益，是负责执行公司业务的常设机构，也是公司大政方针的决策与执行机构。董事会作为股东选出来的信任托管机构，它的目标就是要在长期内使股东财富的价值最大化。公司的经营管理权是授予董事会而非某个董事成员的，董事会行使权力的方式是召集各董事开会决议，所以，董事会性质上是一个集体行动的执行机构。作为股东信任托管机构的董事会的另外一层含义涉及了董事会内部的控制机制，在美英国家的公司制度中，董事会一般要有一个牵头人或组织者，也就是董事会主席。虽然董事会主席在董事会的活动中是一定权力的拥有者，但是从理论上讲，作为个人，他并不是股东财产的受托人。也就是说，只有董事会才是股东大会选举出来并在法律上承担责任的受托机构，公司的董事会主席只是董事会决策过程的一个召集人。

董事会既是内生性组织（从其产生的历史看），又是外生性（法规要求）组织（从现实看）。有人认为，董事会制度是基于公司法和上市公司监管条例的要求而产生的。比如，在公司注册的时候，就应该设置一个符合某些要求的董事会，董事会成员的资格和数量要满足要求，董事会要与经营班子有相对的独立性，董事会要设置一些委员会，董事会以及下属委员会要经常见面，所以说，是制度要求导致了公司董事会的设置。或者说，在经济发达国家，董事会的存在和权力是由法律规定的。但是，有大量的证据都说明这个认识是片面的。首先，董事会产生的时间要远远在法律要求和上市公司规制环境形成之前；其次，不仅仅是上市公司，很多机构甚至是非盈利机构都设置了董事会，并在组织机构的章程中规定了董事会的责任和工作原则；第三，如果董事会制度只是为了满足监管机构的要求的话，那么，我们就可以观察到董事会的某些特征，比如独立董事的人数、董事会的规模往往会保持在一个最低的水平上。但事实上，西方国家公司董事会的人数常常会超出要求水平很多；第四，在市场经济国家中，如果董事会的设置只是为了满足规制的要求，它就是只增加企业成本的制度，会浪费股东的财富，于是，就会有减少或取消这个制度的游说活动（lobbying）。但是，迄今为止，没有这个方面的经验证据。

董事会的性质表现在以下几个方面：①董事会既是决策机关，又是执行机关。在股东大会闭会期间，董事会拥有经营、管理、决策的职权；同时它又是一个执行机关，即执行股东大会的决议。②董事会是会议体制形式的机关。从体制上看，董事会必须以会议的形式来行使权限，对重大问题不开会、不表决就无法行使权限，以此来体现董事大多数人的集体意见。③董事会是公司的必备机关。也就是对股份公司来说是不可缺少的机关，股东们和经理之间的协调必须由董事会来进行。④董事会是法定机关。从设置程序上看，董事会的设立是法定的，具体如何设置必须依照法律的规定进行，其活动也必须符合法律的程序。

2. 董事会的分类

当今世界各国之间，由于政治经济文化的差异导致各国实行的公司董事会和董事会制度差异很大，可以从不同的角度对董事会进行分类。

从公司的发展历程看，董事会可以分为如下四种类型：

（1）立宪董事会：强调董事会是依照一定的法律程序，在某个权力主体的批准下成立的。政府颁布的公司法对公司而言就是一部宪法，董事会遵照法律规定成立，仅具有形式上的意义。公司要么由创始人控制，要么由CEO控制。在规模小、技术水平低的私有公司中，这类董事会比较多。

（2）咨询董事会：随着公司规模的扩大、经营复杂程度的提高，CEO需要更多的专业人员帮助，他需要技术专家、财务顾问、法律顾问等。通过招募这些人进入董事会，CEO将得到帮助。如果这些人是公司外部的专家，则董事会可称为“外部人控制型”，如果这些人是来自公司内部的专职人员，则为“内部人控制型”。在这个过程中，董事变得越来越专业、独立。当前绝大部分美国公司的董事会属于这一类型。

（3）社团董事会：随着股权分散化、公众化程度的提高，董事会内部将形成不同的利益集团，意见差别通过少数服从多数的投票机制解决。这样的董事会需要经常召开会议，且董事们必须尽量出席会议，否则董事会问题通过不利于某一集团（或董事）的决议，决策过程往往由于会议的拖延而不得已发生中断。一些大型的公开上市公司仍然存在这样的董事会。

（4）公共董事会：董事会成员包括政治利益集团代表，仅在公有制或混合所有制的公司中存在这种董事会。

从董事会的功能角度，全美董事联合会咨询委员会（NACD）将董事会分成四种类型：

① 底限董事会：仅仅为了满足法律上的程序要求而存在。

② 形式董事会：仅具有象征性或名义上的作用，是比较典型的橡皮图章机构。

③ 监督董事会：检查计划、政策、战略的制订和执行情况，评价经理人员的业绩。

④ 决策董事会：参与公司战略目标、计划的制订，并在授权经理人员实施公司战略的时候按照自身的偏好进行干预。

从董事会的设置模式角度，仲继银认为，公司董事会制度大致上可以概括为三种主要类型[①]：

（1）单层董事会制：美国、英国是典型代表，这一模式存在于英国及其他受英国传统思想影响的国家。董事由股东直接选举产生，所有董事都处于平等的地位，共享集体决策的权力，董事会同时行使决策权力和监督作用。

（2）纵向双会制：德国和荷兰是典型代表，这一模式中监督功能和管理功能分设。监督董事会或者说"上层"，由股东选举产生，全部是非执行人员，一般主要关注于督导公司管理层。"下层"或者说管理董事会，由执行人员组成，由上层的监督董事会选聘。纵向双会制的一个关键特征是上层的监督董事会拥有任命和撤换下层的管理董事会成员的权力，这使其与独立董事日益增多的单层董事会制之间在功能上是明显趋同的。在德国，资金提供者代表如银行、劳工代表在监督董事会中拥有席位。

（3）平行双会制：监督功能和管理功能分设，日本是典型代表。董事会主要执行管理职能，同时负有对经理层的监控职能，与董事会地位平行的监事会没有管理功能，只是执行对董事会和经理层进行监督的功能。虽然这种平行双会制和上面的纵向双会制都可以归为双会制，但是二者之间有着本质性的不同。这里的监事会和董事会成员均由股东选举产生，地位平等，谁也不能撤换谁。中国内地和中国台湾省都属于这种类型。

不同的国家，由于国情差异，董事会的设置形式也不完全一样。日本 2002 年公司法改革之后，有两种董事会类型：一种是"委员会制公司"，不设监事会，但要在董事会下设立由外部董事任职的审计、薪酬和提名这三个法定的董事会委员会，可以归为上面的单层董事会制。日本的委员会制公司董事会与欧美国家的单层董事会制之间的一个差异是，前者的审计、薪酬和提名三个董事会委员会是公司法定机关，后者的所有董事会委员会均非公司法定机关，而是源于交易所上市规则或者公司治理最佳实践的要求。日本的传统型公司，要设立平行的董事会和监事会，属于平行双会制类型。这类与董事会平行设立监事会的日本公司董事会，与中国的平行双会制之间，也有一个差异，就是日本不要求这类公司董事会再设立法定的董事会委员会，尤其是不需要再设立董事会的审计委员会。这类公司的董事会委员会设立属于公司的自愿行为。

而在法国，公司董事会设立分为两种模式，大型公司多采用纵向双会制，中小型公司多采用单层董事会制。在普华调查的全球 80 家领先公司中，87％的公司为单层董事会，13％的公司为双层董事会。

3. 董事会的职责

经济合作与发展组织（OECD）认可的公司治理原则中有一部分即是专门阐述董事会职责的，OECD 认为公司治理必须确保董事会对公司进行战略上的指导和对管理层进行有效监督，并向公司和股东负责，具体而言：

（1）董事会成员的行为应当是在得到足够信息的基础上进行，并且做到诚实、勤勉、审慎，从公司及股东的利益最大化出发。

（2）董事会的决定对不同的股东群体影响不同时，董事会应当公平对待所有股东。

（3）董事会应保证遵守所适用的法律，并考虑到各利益相关者的权益。

（4）董事会应履行一定的关键职能，包括：对公司的战略、大的行动计划、风险控制政策、年度预算以及经营计划重新评估并进行指导，设定业绩目标，监督公司业绩及目标的完成情况，审查大额的资本性支出、收购和资产剥离；选择、监督以及必要时替换主要的执行官，为其制定薪酬，并监控继承人选拔计划；重新审视主要执行官和董事会成员的薪酬，确保一个正式、透明的董事提名过程；监督、处理管理层、董事会成员和股东间的潜在利益矛盾，包括公司资产的不当处置和关联交易的滥用；确保公司会计和财务报告制度的完整性，包括独立的审计和适当的控制体系，尤其是监督风险、财务控制和守法情况的制度；监督实际公司治理的有效性，并在需要时作出改变；审视信息披露和交流的过程。

（5）董事会应能够就公司事务做出独立、客观的判断，尤其应独立于管理层，即应做到：董事会应考虑选派足够数量的、能做出客观判断的非执行董事去完成有潜在利益冲突的任务，这些关键职责包括财务情况的报告、提名过程以及执行官和董事的薪酬制定；董事会成员应当有足够的时间致力于履行他们的职责。

（6）为了完成他们的职责，董事会成员应当得到与此相关的准确、及时的信息。

4. 董事会与股东大会、经理层、监事会

董事会和股东大会之间是信任托管关系。股东作为所有者掌握着最终的控制权，他们可以决定董事会人选，并有推选或不推选直到起诉某位董事的权力。但是，一旦授权董事会负责公司后，股东就不能随意干预董事会的决策了。董事会作为公司的法人代表全权负责公司经营，拥有支配公司法人财产的权力并可全权任命和指挥经理人员的；但是，董事会必须对股东负责（正是由于需要建立股东与董事会之间的制约与均衡关系，现代经济学的研究得出结论，股权的过分分散化容易使股东失去对董事会的控制，对公司的有效运营是十分不利的）。

董事会与经理人员之间是委托代理关系。经理人员受聘于董事会，作为公司的意定代理人管理公司的日常经营事务，在董事会授权范围之内，经理人员有权决策，其他人不能随意干涉。但是，经理人员的管理权限和代理权限不能超过董事会给定的授权范围，经理人员经营绩效的优劣也要受到董事会的监督和评判。

董事会与监事会之间是被监督与监督的关系。监事会作为公司的监督机构，有权对董事会和经理人员的活动进行监督，董事会和经理人员不能逃避监事会的监督。但是监事会无权代替董事会和经理人员进行决策，不能干预公司正常的经营管理活动。

可见，在股东大会、董事会、经理层这一现代公司法人治理结构中，董事会扮演着极其重要的角色。

2.1.2　一般公司董事会制度的产生和发展

董事会制度的起源与公司组织的发展演化是紧密相连的。公司的经济组织是从中世纪欧洲的“商人基尔特”、“康孟达”（commends）和“商人合伙”（society）等形式发展演变而来的。商人基尔特类似于贸易保护协会，商人们为了获取特定的商业机遇和行业贸易的垄断权而自发组织起来，制定共同的行规，并经适当的程序从王室取得特许状。在基尔特组织中，每个成员在服从行规的前提下仍然以自己的独立账户从事贸易活动。到了 13 世纪，基尔特发展成康孟达与商人合伙两种形式，组织成员以联合账户从事贸易活动，成员之间互为代理关系，对合伙组织的活动承担无限责任。这种萌芽中“类董事会”组织是以谋利、行规为准则，从独立账户走向联合账户而共同从事贸易，承担着无限责任。这种“类董事会”的主要职能就是管理与决策。现代公司董事会制度主要是在英、美两国形成的。

（一）英国董事制度的形成与治理②

16 世纪初，英国的海外冒险商组建了许多从基尔特发展而成的“合伙公司”，每个成员在公司规则的管制下以自己的存货和账户从事贸易，成立公司是为了获得王室的特许状，这时的公司都是由个人或合伙人自己经营。股东担任经理，委托代理问题并不显著。但随着海外殖民地的开拓，为了进行海外贸易扩张，股东的管理边界不断扩大，公司管理已超出股东的能力，公司不得不寻找代理人托管经营殖民地的公司资产。1606 年在英国成立的伦敦弗吉尼亚公司开创了先例，这个公司有两层组织，在美国大陆的一层负责殖民地的具体商务活动，而在英国的一层则是发起人并具有最终的决策权，前者对后者负责。先于英国的殖民地国家，如西班牙、荷兰也有类似的海外扩张行为，不过它们的国内公司是将殖民地业务委托给某个人管理。英国政府与之不同，要求美国公司在殖民地的业务应该是由得到政府授权的一个团体来管理，这个团体就是董事会的雏形。随着公司组织由合伙公司向股东公司的过渡，这些殖民地的公司负责人有了新的身份——“董事”，他们作为股东的代理人负责公司的经营管理。18 世纪在英国的银行、保险、运河开凿等股份公司比较发达的行业中，董事制度得到较快的发展。不过在这一时期，英国制造业中的股份公司并不多，所以直到 1845 年英国才正式颁布了《公司条款统一法案》，作为公司法的雏形对股份公司进行规制。1856 年颁布的《合股公司法》则是第一个成形的公司法，对董事制度进行了初步规定。

随着合伙公司向股东公司的过渡，公司内层组织经历了发起人经营、管理与决策的双层组织——管理团队——董事的过程，后来以航运发展、运河开凿、铁路建设等为主要业务的大型股东公司建立，董事制度开始形成；再后来制造业兴起，股东公司商业化运作加强，促进了董事制度的完善和董事会的确立。

1600 年 12 月 31 日，英国将皇家特许权授予了与东印度进行贸易的伦敦贸易公司（the Company of Merchants of London）。该公司最初有 218 名成员，由一个董事委员会（Court of Directors）进行管理，当时的董事们只被含糊地称为“委员”。治理的结构主要有两部分：首先是股东大会（the General Court）或称所有者大会（Court of Proprietors），其次是董事委员会（Court of Directors）。所有者大会是由一些有投票权的人组成，早期东印度公司规定必须投资 200 英镑才能拥有投票权的资格[③]。东印度公司的董事会是执行机构，负责公司的运作，当然其政策决策需要经过所有者大会的批准。它包括主席（governor）、副主席和 24 名董事。东印度公司的董事会经常开会，还组成了许多专门负责诸如采购、销售、外联等具体事务的次级委员会（subcommittees）。因而东印度公司的治理结构与现代公司已基本相同。所有者大会就是今天的股东大会，董事委员会就是由各种次级委员会协助的董事会，皇家特许权规定了公司经营的边界。董事委员会执行了今天董事会大多数的职责，由它来选举首席执行官，负责公司的融资活动，其程序如下：董事委员会向所有者大会提议一次新的航行活动，如果得到批准，就会下发一个资金募集书，以筹集所需资金。因而，董事直接对股东的资本支出负责。另外，董事委员会还负责制定公司的战略方向。

从英国公司董事会产生发展的过程可以看出，董事会是规避风险、追求利润、增加公司价值的产物，是公司发展的必然结果，同时也促进了公司的发展。

（二）美国董事制度形成与治理[④]

在美国，董事制度的发展更快一些，1752年，富兰克林建立了"Contributionship"公司，它是一个合伙制公司，董事会成员除CEO以外，全部是聘用的经理，这样形成了全部由执行董事组成的董事会。1791年11月，汉密尔顿成立了第一家美国公司，尽管由于经营不善5年后破产了，该公司在治理上却形成了一些现代公司的特点：一是成立了专门的监督机构，由5名非董事股东组成，可对公司的任何事务及所有会计账簿进行检查；二是对经理人员进行有效激励，把公司净利的5%分配给经理人员；三是为减少一股一票的弊端，根据不同的持股总量对投票权规定不同的权重；四是每年董事中的一部分人（不多于3/4）要进行更新，避免单一董事在职时间过长。在这些规定中，监督、董事变更、投票机制、激励约束等治理思想已经出现，这为董事制度以及公司治理奠定了良好的基础。

19世纪末20世纪初，美国发生了兼并风潮，许多巨型的卡特尔组织，如标准石油公司、美国钢铁公司等相继形成。1890年美国颁布了《谢尔曼法》，对卡特尔等组织进行禁止，许多大型卡特尔组织解体。随着1894年新泽西州公司法的颁布，股份公司这一组织形式开始在美国得到正式的法律确认。这一时期美国股份公司的董事会组成基本有两个类型：一类为"外部人控制"，公司的大股东在董事会中居于主导地位，这些大股东代表多为金融家，典型的如摩根成立的美国钢铁公司；还有一类则是"家族创始人控制型"，公司创始人在公司董事会中居于主导地位，典型的例子是福特公司。美国股份公司形成和发展以来，公司董事会组成与治理无论是哪一种类型都是"所有权主导控制"的治理机制，它的决策、监督、控制、激励以及组织机构变更已经逐渐明确，但是，由于公司并无实际形态，其事实上必须由某些具有实际权力和权威的人代表公司进行管理，这些人称为“董事”。

（三）董事会制度的经济学分析[⑤]

董事会是企业制度不断发展的产物。在新古典经济学中企业仅仅是一个生产函数，可一般性地理解为“一系列契约的联结”(nexus of contracts)。契约的不完全性导致了企业所有权（剩余控制权与剩余索取权）配置的重要性。科斯开创的产权制度经济学发现企业内化市场交易能够降低交易费用，因此可以部分地取代市场（Coase，1937）。但企业这一复杂的交易形式也带来了“企业问题”，即当（企业）间接定价取代（市场）直接定价之后，也丧失了直接定价的激励效果。企业在获得了比较优势的协同生产中，将因个人贡献的难计量性而导致偷懒问题(Alchain & Demsetz，1972)；而当管理人员不再是企业的完全所有者时，其工作积极性将会减少，从而产生代理成本（Jensen & Meddling，1973)。为获得最优的激励，必须对企业产权进行妥当的安排。也就是说，应对“权威”（产权）进行适当的配置，使之最大限度地降低交易成本和代理成本，并实现最优激励。

现实中，企业权威（所有权）在正常状态下被广泛地授予了企业家。企业理论发现这一产权安排正好是能够最大限度降低成本并能产生最优激励的产权配置方式。这是因为：①资本的可抵押性使之能够承担风险，但也更容易在事后被剥削，从而应赋予其剩余权力以保障其事后讨价还价的利益（威廉姆森，1985)；②物质资本的非流动性能减轻其偷懒的动机而增加监督的动机，因此资本家是恰当的监督者，应当被授予剩余权力以激励并保证其监督职能的履行（菲茨罗、穆勒，1984)；③资本以及管理服务贡献的难计量性使直接定价的成本过高，因此将剩余索取权授予管理服务者以排除直接定价可以降低交易成本（霍姆斯特姆、泰若勒，1989；杨小凯、黄有光，1993、1994)；④经营者的行为更难监督，能力更难识别，而资本具有企业家能力信号显示功能，因此企业家被授予剩余控制权与剩余索取权以降低监督成本与搜寻企业家的成本（张维迎，1999）。

企业理论将企业所有权归于承担经营风险、从事经营管理并取得经营收入的企业家，能很好地解决古典企业中的激励问题和成本问题。但随着分工与生产技术的发展，企业规模扩大、资金需求量增加，逐渐激发了两对矛盾：资本所有权的分散性与生产集中性的矛盾，以及风险能力的分布与经营能力的分布不对称的矛盾。股份制企业正是作为这些矛盾的解决之道而出现的（张维迎，1999）。股份制出现之后，企业家分化为承担经营风险、取得经营收入的股东和从事经营管理的职业经理人。当职业经理人从作为产权主体的古典企业家中分离出来之后，就引发了股东与职业经理人之间的委托—代理问题，即由于股东与经理之间效用函数不同、在信息不对称以及度量经理业绩成本昂贵的情况下，握有经营控制权的经理往往有机会主义倾向，作出损害股东利益的举动，因此必须对管理者的行为进行激励和约束。为保证股东与职业经理人之间的合作效率，股东在企业中设立了一个代替自己行使剩余控制权和监督权的机关，这就是现代的董事会，本文也将其称为代理理论意义上的董事会。正是从这个角度，法马与詹森（Fama & Jensen，1983）提出：董事会制度就是为解决所有权与控制权分离引起的利益冲突而发展出来的公司治理机制。因此，从董事会产生的经济本源上看，它是股东“权威”在企业中的代表。董事会的作用在于通过监督与激励经理，缓解股东与职业经理人之间的代理冲突，并辅助股东对公司的资本经营。董事会的目标由此可归结为降低企业代理成本，最大化企业价值。对抽象目标可操作性的细化就形成了董事会的行为规则（包括相关的法律法规、自律准则、公司章程等），在细化的过程中，公开公平以及分权制衡的立法哲学影响极大。

不过，现实中的董事会比上述分析更为复杂。现实中的董事会并非纯粹代理理论意义上董事会，除了扮演缓解股东与经理人之间代理冲突的角色外，董事会自身也面临着许多其他的冲突。这意味着董事会效率的发挥是一个极其复杂的过程。从解决委托—代理问题的角度，监督应是董事会的核心职能，从监督中又衍生出董事会决策控制的职能。董事会对职业经理人的监督和控制需要通过对经理的任免、评价、激励，以及保留重大事项的决策权来实现；此外，董事会作为股东的代理人还具有代行资本经营的职能，包括合并、购并、分离、解散、增资等资本运营。因此从经济学的视角和从整体上看，董事会既有监督的职能，又有提供信息和顾问、进行战略决策的职能。在美英公司治理模式中，董事会同时分担了职业经理人的部分职能和代理理论意义上的监督者职能；在德国公司治理模式中，实际上是监事会承担了代理意义上的董事会（监督者）角色，而董事会扮演了职业经理人的角色。董事会的构造将直接影响其职能的发挥，进而影响代理成本以及企业经营效率。

（四）董事会制度的法学分析[⑥]

董事会制度的产生与发展受经济力量的引导，但制度的现实化与完善要靠法律的规制。在追求经济效率的过程中，现代公司形成了股东会、董事会（监事会）、经理层的层层委托以及各司其职的公司治理结构。但经济力量的引导性并不完美，信息不对称可能导致经理的机会主义行为，股东与董事会或经理间的激励相容也难以充分实现，因此需要法律对未来不确定性情况下的成本承担机制作出规定，以约束机会主义行为。一方面，财产、合同和侵权的法律规则可以改变当事人行为的机会成本，从而影响其决策，促使个人理性回归集体理性，这体现出了法律的公共意志属性；另一方面，法律所导致的“秩序”能够使人们对未来的行为有一个稳定的预期，增加人们之间的信赖感，从而降低交易成本。因此董事会的法律定位及与其他公司机关的权力制衡是重要的，通过协调的权力分配与制衡，法律保障着董事会效率的实现。

从企业的发展历史来看，经历了从古典企业家到现代股东与职业经理人的分化，并由此产生了代理理论意义上的董事会。相应的，法律架构中的权力分配也经历了类似的演化。20 世纪 50 年代之前，传统公司法从保护股东利益的角度出发，认为股东会是公司的权力机关和意志决定机关，享有公司重要事务的决定权、公司管理人员的选任和解任权，此时的股东是公司治理结构中的监督者，而董事会仅仅是一种被动的下级管理机关，负有不折不扣地执行股东会决议的义务。那时的董事会并非代理理论中作为股东监督代理人的董事会，此类权力分配体系称为“股东会中心主义”。随着科技的进步和经济的发展，企业规模越来越大、经营越来越复杂，一方面需要投资的分散化以筹集更多资金，另一方面又需要管理的专业化来应对激烈的竞争，因此，现代企业逐渐形成了分散的股权结构，并由拥有管理权相对集中的职业经理人经营企业。股东和职业经理人的分化极大地促进了企业效率的提高，也导致公司权力分配体系的转化，董事会被授予了更多更重要的权力，包括代替股东监督职业经理人（此时的董事会即代理理论意义上的董事会）。通常将这此类公司的权力分配体系称为“董事会中心主义”。

就股东与董事会之间的关系而言，在经济学代理理论中，两者之间的关系被认为是委托—代理关系，董事和董事会是股东的代理人，董事会的要义在于监督。但在公司法中，并不对经济意义上的董事会和职业经理人进行区分，董事会更被认为是一种经营机构（与职业经理人的角色混同）。例如《布莱克法律大词典》对董事下的定义是：根据法律被任命或选举并授权管理和经营公司事务的人。因此，在公司法中，股东与董事会的关系被视为所有者与经营者的关系。

董事会的权力一般被认为由法律和章程授予（例如英美公司法），并且除了法律规定及公司设立章程所确定的某些权力须由股东会行使之外，其余所有的公司权力均由董事会行使，公司的业务和事务也由董事会经营管理。董事会作为公司的代表，独立行使公司权力，不受股东干扰，在常规情况下，也不直接对股东负责任。我们认为，之所以会形成如此的法律构架，还是源于股东与董事之间委托关系在交易效率上的必然性。如果不同的公司对董事会进行不同授权，则人们可能就不知道究竟是谁代表公司，而公司的代表究竟拥有多大的权限，这会造成整个社会交易预期的不稳定性，从而影响交易的效率。因此，既然集中的控制权对于提高公司效率而言是必需的，则法律将董事及董事会的权限以法定的方式赋予就是有效率。现代公司法一般将董事会的权力来源归结为政府的法律规定（法人特许论），不过，从股东会仍然保持着对具体董事人选的决定权来看，股东的股份所有权所衍生的董事任免权、特别商事交易批准权仍是董事会权力的重要渊源。

从法学的视角，董事会的权力是代行公司的经营管理权，董事会通过自身的行为为公司设立权利与义务关系，公司为董事会的行为承担风险。董事会拥有的公司业务经营权在本质上是一种权力而非权利，董事会只能为促进公司的整体利益行使权力，这种权力必须行使而不得放弃，并且必须以集体的方式行使。此外，董事会可以为了公司的效率，将权力授予经营董事、职业经理人或下属委员会，但直接影响股东权利或者公司经营管理的重大事项的权力不得下放；董事会在权力下放的同时必须承担对被授权者的监督职责，在这个环节，法学框架中才出现了代理理论中董事会与职业经理人的分化和董事会的监督者身份的概念。董事会在持有一定的法律地位和职权的同时，需要承担特定的法律义务和责任。虽然董事会职权的行使需要通过董事会的合议，但董事会的法律责任和义务却指向董事个人，以保证有具体的责任承担者。一般认为，董事作为公司的受信人，对公司负有信托义务，包括注意义务和忠实义务。

董事会受到的制约除了法律义务的规制之外，还包括来自股东的权力制衡。除了可以通过法律赋予股东的人事任免权、特别商事批准权、派生诉讼权制约董事会之外，股东还可以通过公司章程对公司董事会的行为进行约束。因为现代公司法在采取董事会权力法定的同时，也保留了章程对董事会权力进行约束的法律地位，为股东规制董事会行为留下了又一条通道，显示了股东作为公司自治成员与最高权力机关的地位。例如英国判例法规定，如果由于某种原因，董事会不能或不愿意就某个事项作出决议，则公司股东大会可以就此事项作出决议。

如果股东希望行使的董事会的权力可以方便地予以行使，法庭亦可以行使此种权力，作出任何它认为适当的决定。美国《示范公司法》规定，公司结构组织性变更方面的权力由董事会和股东大会共同享有，如公司组织章程的修改、公司重要财产的处置、公司的合并与股份交换、公司的解散等。

除股东制衡之外，董事会受到的外部制衡还包括公司信息披露制度、内部人交易规则、公司收购与兼并机制等。受到的内部制衡则包括董事会议事规则、独立董事对执行董事和高管的监督等。正是这一整套的权力制衡制度维护了董事会制度的高效率运转。

在董事与董事会形成历史中，法规治理首先表现在对股份公司的制约方面，其次才是针对董事、董事会的法规约束。英国于 1845 年颁布《公司条款统一法》，该法主要是对股份公司进行规制；1856 年颁布《合股公司法》，首次对董事制度进行初步规制。美国 1890 年颁布《谢尔曼法》才开始对公司和董事制度进行规制。在欧洲大陆，第一个有关股份公司的规定是 1808 年的《法国商法典》，它在法德两国曾使用过。公司的董事会在国家监督机构——监察会的监督下行使职能。1897 年《德国商法典》为了加强董事会对企业管理的独立性和对自己行为负责的能力，确认董事会对企业的领导不再受股东及国家监督组织的影响，独立指挥企业运行。

英美国家公司法的主要特征是商事公司统一立法，制定时并不区分有限责任公司和股份有限公司。实践中公司在规模、股权的分散程度以及流动性上千差万别，在立法上很难规定统一的董事任免制度，所以直到 1947 年英国的公司法才正式确认董事会是公司的必设机关。在美国，公司法属于州立法，各州的具体情况有差异，但是 1943 年的《示范公司法》第 801 条规定，“除另有股东协议外，每个公司必须有董事会”。比较有影响力的《特拉华州公司法》第 141 条也规定董事为公司的必设机构[7]。

2.2 公司董事会治理及其分类

2.2.1 公司董事会治理的内涵

对于什么是董事会治理尚没有明确的定义。陈庆、安林认为，董事会治理是在公司治理的基础上，为保障董事会科学决策与监督、促成其高效运作而对董事会构成、权利、义务、运作、效率以及董事履行职责所做的机制设计和制度安排。它是公司治理机制建设的核心，是保证利益相关者利益最大化的关键。董事会是公司决策的核心机构，董事会治理就是要在初步完善的公司治理基础上形成公司的科学决策和有效监督。董事会及其成员直接决策企业战略规划、人事安排，核准企业经营计划，直接面对经营者。正是董事会及其成员的复杂身份、特殊地位和独有作用，决定了董事会治理的必要性、复杂性和艰巨性。董事会中的权利制衡和利益冲突经常是面对面的，董事会治理要解决的问题具有及时性、尖锐性和影响全局的关键性。所以，可以说董事会治理就是公司的首脑治理和关键治理⑧。

杨军认为，董事会治理是在公司治理的基础上，为保障董事会科学决策与监督和促成其高效运行而对董事会形成、组织、运作、效率以及董事履行职责所作机制设计和制度安排。它是公司治理机制建设的重点，是保证利益相关者社会总福利最大化的关键⑨。

我们认为由于董事会在公司治理中的特殊地位，对于董事会治理的界定应该从以下两个角度进行。

在一级委托代理关系下，公司治理的主体是利益相关者。而董事会是代表利益相关者行使法人财产权利的机构，是治理的客体。在二级委托代理关系下，董事会作为治理的主体，履行着对公司发展战略进行决策与对经理层监督的基本职责。董事会治理就是董事会通过一整套正式或非正式的制度安排，确保其科学决策与监督机制的实现，目的是实现董事会决策的科学化和利益相关者价值的最大化。为了确保董事会治理的有效性，通常要规定董事会的责任与义务，并要求董事会认真履行。为了确保董事会责任与义务的履行，通常要求董事会具备一定的规模、结构以及独立性，并给予董事一定的激励与约束。本研究所指的董事会治理正是这一层次上的含义。

2.2.2　公司董事会治理的分类

根据董事会治理的范围，可以将董事会治理划分为内部治理和外部治理。对于“外部”与“内部”的理解，学界似乎还不一致。有的以公司为“界”，把公司董事会治理分为公司外部（指产品市场、控制权市场、经理市场或称企业家市场）治理和公司内部（指公司股东大会、董事会、经理层、监事会）治理（聂子龙，2007）；有的以董事会为“界”，把公司董事会治理分为公司外部和内部治理。所谓外部治理是指董事会对公司行使治理职责，从而实现公司的持续发展；所谓内部治理是指董事会对自身内部进行的建设，以实现公司董事会的高效运转，提高公司董事会的治理能力。以董事会自身建设为基础的治理为内部治理，其着重于以董事会自身的规范和完善。以董事会外部事务为基础的治理为外部治理，如，董事会对公司管理层的监督，公司外部利益相关者的治理。

根据董事会治理的目标，可以将董事会治理划分为股东治理和利益相关者治理。早期的公司董事会全部由股东代表组成，公司只是为股东牟利的工具，董事会治理也就自然成为股东的代理人，其目标自然是股东利益的最大化。随着公司制度的发展，为平衡公司利益关系者的利益，世界各国公司法纷纷放弃了股东中心主义，开始注重对公司债权人、社会等利益相关者的利益保护，相应地，董事会治理的目标也从单纯的股东利益，演变成为包括股东在内的公司所有利益相关者的利益。

根据董事会治理的过程，可以将董事会治理划分为博弈型的董事会治理与合作型的董事会治理。博弈型的董事会治理中，各种利益主体之间的利益存在严重冲突，其各自的利益大小呈现出此消彼长的局面，同种利益主体之间也存有利益博弈现象，如大股东侵害小股东利益的情形；合作型的董事会治理是以公司各种利益主体的共赢为根本出发点的治理，这种治理注重各种利益相关者之间利益的协调，以公司的可持续发展作为协调各利害相关者的利益的根本途径，兼顾眼前利益与长远利益，以实现全体利益相关者利益的共赢为董事会治理的基本理念。目前，合作共赢的董事会治理正在成为董事会治理追求的目标。

2.3 公司董事会治理理论概述[10]

随着公司治理研究的深入，学者们试图从理论上对公司董事会治理进行阐释，形成了许多关于公司董事会治理的理论。

2.3.1 委托—代理理论

代理理论的研究视角是经济学和金融学，它从经济人假设出发，认为人总是在寻求自我利益最大化，人类行为倾向于机会主义和个人主义，管理者（代理人）会牺牲所有者（委托人）利益为自己谋求私利。按照委托—代理理论，股东与经营者的关系是委托人和代理人的关系，即股东将自己的资本委托给经营者经营管理，经营者通过自己对企业的经营管理获得报酬。在代理关系中，股东必须建立有效的控制机制，以便对经理人员的经营行为和管理行为进行监督。委托—代理理论认为，股东与经理人员的代理关系本质上是一种契约关系，股东利益能否得到保证，关键取决于契约订得是否完全和具体。在缺乏有效的监督和控制机制的情况下，股东与经理人员之间存在着信息不对称的情况，这样在签订和履行契约时，股东就可能受到经理人员两种行为的损害：一是经理人员提出虚假条件以达成有利于自己的“逆向选择”行为；二是经理人员在履行契约时对股东采取机会主义态度，或者消极怠工，或者膨胀在职消费，即所谓的“道德风险”行为。这两种行为的出现都会增大经理人员自己的福利而降低股东应得的剩余收入，从而损害股东利益。基于此，要想在股东和经理人员之间达成契约以及使经理在履行契约时不损害股东的利益，必须建立起有效的治理和控制机制，这个机制就是董事会制度。

在对董事会的研究中，代理理论主要集中在大型上市公司的股东和经理人之间的关系上。代理理论认为，董事是股东的代理人，为股东利益最大化而工作。董事会的作用是监督管理者的行为，具体地讲，就是评价 CEO 及整个公司的经营业绩，挑选、解聘及奖励 CEO，并监督公司的战略决策与执行。法玛和詹森（Fama & Jensen，1983）将公司的决策程序分为决策经营和决策控制，认为决策控制是董事会的主要功能，为了防止董事会可能被经营者控制，就需要代表股东利益的非执行董事加入董事会。Mizruchi（1983）认为董事会的战略角色是重要的。Williamson（1986）将董事会看做是内生的控制工具，是一部分管理者控制另一部分管理者的主要手段，经理人员之间如果存在竞争，则全部由经理人控制的董事会是最优的，如果存在勾结，则董事会中应该包括非执行董事。法玛和詹森（Fama，1980；Jensen，1993）认为董事会中的外部董事在监督 CEO 以及解雇较差的 CEO 等方面发挥关键作用。Tod Perry（1999）进一步深化了委托代理理论，认为公司中存在不同层次的代理进一步深化了委托代理理论，认为公司中存在不同层次的代理成本。Jensen & Meckling（1993）提出的代理成本被称为“一级代理成本”，即所有权和控制权分离带来的成本；而董事会与股东大会之间的代理成本被称为“二级代理成本”，又称为“监督监督者”的成本。Hermalin & Weisbach（1998）指出，虽然对于一些组织来说，董事会的存在是一项法律要求，但董事会还是一项解决组织内在代理问题的内生治理机制。

董事长与总经理两职兼任可能会使董事会的独立性受损，并导致总经理的权力膨胀，为总经理等高层执行人员采取机会主义等行为提供了方便，因而不利于董事会监督效率的提高；两职分任则有利于提高董事会的独立性，强化总经理对相关利益主体的关注。如 Jensen 与 Fama（1983）认为两职兼任会降低董事会监督高级经理人员的有效性，董事长与总经理应由不同的人担任；Forster（1982）、Geneen（1984）以及 Mace（1997）的研究均认为两职合一使总经理有机会影响董事会的结构与任期，从而降低其治理的效率；Aram & Cowan（1983）；Pound（1992）以及 Solomon（1993）等学者的研究则认为两职兼任使总经理能够通过制定董事会的议程以及控制信息流，使董事会不能有效履行其职责。部分学者的实证研究也支持了 Jensen 与 Fama 的观点。如 Goyal & Pack（2001）的研究认为当总经理与董事长职务由一人担任时，总经理更替对公司绩效的敏感度显著降低；Baysinger & Bulter（1985）以及 Rechner & Dalton（1991）等均发现，无论公司其他特定情况如何，两职分离或更多的外部董事可以更好地发挥监督作用。

2.3.2 交易成本理论

交易成本理论是由科斯（Coase，R. H.，1937）首先提出，然后经阿罗、威廉姆森和诺斯等人的发展而形成的。其主要论点是对企业的本质加以解释：由于经济体系中企业的专业分工与市场价格机能的运作，产生了专业分工的现象；但是使用市场价格机能的成本相对偏高，从而形成企业机制，它是人类追求经济效率所形成的组织体。该理论认为，由于人的有限理性和机会主义，使得在交易中存在着多种成本，比如信息成本、议价成本、决策成本、监督成本等，而要提高经济效率，必须要把成本减少到最低，从单纯的市场形式到企业形式，降低了交易成本，但企业中同样存在着决策、监督等交易成本，则需要提高企业的运作效率，董事会应运而生。可以说，董事会代表着股东利益，行使着决策和监督职能，是把交易成本（代理成本、监督成本等）降低到最小化的组织形式，在公司中发挥着重大的作用。

在文献研究中很难区分代理理论和交易成本理论（Gilson & Mnookin，1985）。威廉姆森（Williamson，1996）认为代理理论和交易成本理论从不同角度来研究公司和管理者行为。他总结出两者最大的不同仅仅在于使用了不同的分类法（即用不同的术语描述了本质上相同的问题）。例如，交易成本理论假定人通常都是投机的，而代理理论则讨论了道德危害和代理成本。代理理论认为管理者追求额外报酬，而交易成本认为管理者在安排交易时存在投机行为。另外一个不同之处在于，代理理论的分析对象是个体代理人，而交易成本理论的分析对象是交易。另外，两个理论在合约的焦点上也存在着不同。代理理论认为，在股东和经理层之间存在不能完全削减的代理成本，削减这些代理成本的激励协调是事先成本。相反，交易成本理论强调事后成本。交易成本理论认为在层级组织和市场之间的交易成本的不同，决定了一些交易形式是利用市场，还是利用组织的内部层级。代理理论将公司视为一系列合约的集合体，而交易成本理论将公司视为一个治理结构。交易成本理论指出，通过治理结构的明智选择（市场、层级结构或两者的混合）试图减少这些偏离的交易成本，而不是激励协调和为他们定价。尽管存在着上述不同，交易成本经济学与代理理论二者之间还是存在很大程度上的相似性，这主要表现在以下两个方面：①二者的假设。就经理层的决策权而言，两个理论都假定经理人员存在机会主义和道德风险，经理人员具有有限理性；②关于董事会角色的观点。代理理论和交易成本理论都将董事会视为一种控制工具，比如交易成本理论指出“董事会是一个主要的工具，通过这个工具，管理者控制其他管理者”（Willamson，1984）。两者都试图解决同一个问题：如何说服公司管理层追求股东的利益，以及追求公司或股东利益最大化，而不是追求他们自己的利益。

2.3.3　资源依赖理论

资源依赖理论的基本假设是，没有任何一个组织是自给自足的，所有组织都必须为了生存而与其环境进行交换。获取资源的需求产生了组织对外部环境的依赖。资源的稀缺性和重要性则决定组织依赖性的本质和范围，依赖性是权力的对应面。组织的成功来源于自身具有与外部环境需要相匹配的内部结构。

资源依赖理论应用于董事会的研究，主要是从董事会的交叉任职、新董事的产生方式以及董事会的领导权结构等方面进行。此类研究得出了一个一般性的结论：邀请新董事加入董事会是为了增进公司积聚资本的能力，通过新董事在社会中的威望来增强公司的名誉，以应付外部环境的威胁。Pfeffer & Salancik（1978）认为，董事会是一种管理外部变量和减少环境的不确定性的机制，环境的不确定性是影响董事会结构及其作用的重要因素。根据资源依赖理论，可以得出有关董事会的如下结论：

（1）构建交叉任职的董事会以及邀请处于能够对公司造成影响的外部环境中的具有丰富知识的领导者或专家加入董事会是为了增加公司积聚资本的能力，通过新董事的社会威望增强公司信誉，从而应付外部环境的威胁。Pfeffer（1972，1973）的战略随机理论指出，董事会作为公司与外部环境相连接以获取公司运作资源的机制，可以避免逆境给公司带来的危害。Bazerman & Schoorman（1983）认为减少环境不确定性最广泛使用的环境战略是构建交叉任职的董事会。Pfeffer（1987）、Pearce & Zahra（1992）、Goodstein（1994）提出，将董事会的结构视为一种制度功能是因为通过增加董事会的规模和多样性，组织与外部环境以及关键资源的获取之间的联系将得到强化。Army J. Hillman（2000）根据资源依赖理论，将董事分为内部人、业务专家、支持专家和社会影响者四种类型。

（2）董事会的领导权结构要根据企业具体面对的环境的不确定性状况而定。高效的董事会在决定领导权结构时应考虑两职设置的利益是否超出其带来的潜在成本。一些研究结果表明，环境的不确定性在解释领导权结构对公司绩效的影响中起着重要的作用。Hambrick &Finkelstein 指出，在高度不确定的环境中，两职合一使公司的反应能力增强，这种反应能力与合并的权力一起构成公司的一项有效资产。Boyd（1997）发现，在高度变化的环境中，小规模且两职合一的董事会会做出更高效的反应。Bourgeois &Eisenhardt（1987），Judge & Miller（1991）都发现，在高度变化的环境中，决策速度对公司绩效至关重要。在高度不确定的环境中，两职合一可能导致快速的决策过程，从而提高公司绩效。

2.3.4 现代管家理论（受托责任理论）

管家理论的研究视角是社会学和心理学，它从社会人假设出发，认为人类行为倾向于集体主义和合作，管理者的目标和所有者的目标是一致的，管理者会像管家一样管理好所有者的财产，并使之实现增值。所有者对管理者充分信任，并与之进行合作，而不是对管理者进行控制。现代管家理论（受托责任理论）对委托代理理论的假设提出了挑战，形成了“两职合一”假说。Donaldson（1990）结合行为理论和组织理论指出了代理理论的不足，认为总经理的机会主义行为可以通过获取成就感的需要、责任、赞誉、利他主义、信任、对领导权的尊重以及获取令人满意的工作等更大范围的人类动机予以弥补。经理人员不是机会主义和逃避责任的人，他们本质上希望把工作做好，是公司资产的好管家，因而总经理和董事长职务的合一能够给总经理提供更广阔的创新空间，有利于经理人个人利益以及股东利益的实现，将促进经理人员的有效行动，实施更强有力的控制，有利于企业适应瞬息万变的市场环境，从而提升公司绩效。他强调对总经理的激励，而不是监督与控制。部分学者的实证研究也认为两职兼任有利于公司绩效的改善[11]。一些研究支持了该理论，Berg & Smith（1978）、Donaldson & Davis（1991）、Boyd（1995）都认为，两职合一对公司业绩有正面影响。Donaldson 和 Davis 对两职设置的实证研究的结果也显示在董事长与总经理兼任的公司的净资产收益率较高；Harrison（1988）指出，当公司绩效较差时，两职合一时经理人员被替换的可能性较大；Worrell & Nemec（1993）的研究表明在两职合一的公告发布后，股东收益随之上升。Donaldson & Davis

(1994) 指出，两职合一的公司净资产收益率较高。Brickley，Coles & Jarrell (1997) 认为，将经营者所掌握的大量公司特定知识和经验转移给董事长的成本是巨大的，两职合一避免了这种成本，因而应该有利于改善公司业绩。因此现代管家理论认为，两职兼任有利于提高企业的经营绩效。而两职分设时由于经理层和董事会在采取什么样的措施改善公司的收益率时总是存在着冲突，因而不利于公司绩效的提高。同时两职分设也不利于经理层的创新能力的发挥。

2.3.5 经理层霸权理论

经理层霸权理论认为，公司董事会实际上是一个法律虚拟体，而不是事实上的治理团体，董事会被经理层所支配，经理层的统治使董事会不能发挥其应有的作用，造成董事会在解决代理问题方面是无效的。该理论认为，股权分散导致股东控制力减弱，从而增加了提供给经理层的控制公司的决策权，经理人员的机会主义行为使他们追求自己的目标，经理层通过控制董事会成员的选择程序来获得对董事的选择权。Pfeffer (1972) 指出，多数情况下，董事会成员由经理人员挑选，在很多实践方面，经理层控制着董事会，使得董事会成为 CEO 的傀儡。这个观点指出，因为内部人为首席执行官工作，定期向执行官报告，经常依赖执行官获取职业建议和奖励，预期一个附属董事在董事会会议上挑战首席执行官是不合情理的。尽管外部董事没有像内部董事那样遭受此类问题的严重程度，但问题仍然存在，公司董事会监督经理层绩效的无效性源自外部董事缺乏独立性。外部董事的选择由经理层所控制，以特权和财务激励为董事席位的条件，这意味着外部董事不可能批评经理层。外部董事不可能知道大量的关于企业的信息，而且经理层也经常限制他们获取这些信息。这可能将导致董事会仅仅具有一个“橡皮图章”的功能。董事会的规模是另外一个因素，规模较大的董事会是“虚弱的”董事会 (Herman，1981)，由于大型董事会不可能进行深度的讨论，增长了多样性和分歧的前景。他认为，董事会的规模是经理层控制董事会的另外一个因素，规模较大的董事会是“虚弱的”董事会。

所以，基于此种观点，经理层的统治限制了董事会的作用，因此董事会是被动的，并没有实质性地参与到企业的决策制订过程中，也没有对首席执行官的绩效或公司整体实施控制。

2.3.6　阶级霸权理论

阶级霸权模型主要由美国的社会学研究所发展，它的最初思想来源于马克思主义理论，后来葛兰西进一步发展了这个理论。阶级霸权理论强调统治群体的支配地位，这个群体（它可能代表一个特定经济阶级的利益）尽力保证它的连续统治。阶级霸权理论认为，董事会应基于社会地位和影响来选择合适的董事，而且应寻求使统治精英永续存在并通过交叉任职的董事会来使之得到强化。Zeitlin（1974）提出，组建精英阶层的网络作为一个公司战略。利用美国和英国公司之间的比较，Useem（1984）指出“组建交叉任职的个体是一个‘内部循环’，它构成了明确的、半自治的网络，一个在公司社区内部超越公司、地域、部门和其他政治上的分裂的阵线”。Soref & Zeitlin（1988）认为，交叉任职的董事会能被看做同类综合并伴随等级和控制。Zahra & Pearce（1989）指出，一个成功的董事必须也是代表资本主义的精英。

2.3.7　替代性假说

替代性假说突破了不同的治理机制在解决股东与代理人代理问题上是相互独立的假设，认为不同的治理机制之间是相互关联的。替代性假说从两个方面阐述了各公司治理机制之间的关系：首先从理论上看，公司绩效应依赖于一系列治理机制在控制代理问题上的效率性，而不是依赖于任何单一的机制；其次，不同的公司治理手段可以相互替代。Lewellen 指出，可能存在其他可以限制经理人和股东之间利益冲突的因素，Manne（1965）指出这种因素可能是公司控制权市场，Fama（1980）认为这种因素是经理人员以及公司内部高层经理人员之间的竞争，Fama & Jensen（1983，1987）认为这种因素是董事会中外部董事进行的对高层经理人员行为的直接监督。Rediker 和 Seth 在前人研究的基础上，考察了董事会监督动力与其他内部治理机制之间的关系，发现外部董事监督与大股东监督、经理人员持股的激励效应以及内部董事的相互监督之间有很强的替代效应，于是提出了董事会与可替代治理机制间的替代效应模型。

2.3.8 利益相关者理论

利益相关者思想最早产生于 1932 年，哈佛商学院学者杜德指出，公司董事会必须成为真正的受托人，他们不但要代表股东的利益，而且也要代表其他利益主体如员工、消费者，特别是社会整体的利益。20 世纪 60 年代该理论在西方国家开始兴起，进入 90 年代以后受到经济学家和管理学家的高度重视，大有与股东至上主义理论分庭抗礼之势。

该理论认为企业是资源的集合体，不同参与者为企业经营提供所需的某种要素，这些要素的相对重要性及其相对稀缺程度决定了要素供应者在企业经营活动中的地位。在工业社会里，资本是最为重要和稀缺的，所以形成“股东至上主义”；而在知识经济背景下，掌握知识的人正变成最为重要的资源，企业内部的权利关系朝着知识拥有者转化。企业作为一种契约性组织，是由各个利益相关者所构成的“契约联结体”，其所有权不同于财产的所有权，不能简单地用物权的方式来定义企业所有权的归属，所以公司董事会应代表更多利益相关者的利益。比如，雇员希望公司能够保障他们的工作机会，能够经常地改善他们的劳动报酬、工作条件等等；公司的顾客、供应商和市场上的其他关系单位希望和公司维持一个比较好的合作关系，顾客希望公司能够提供持续的售后服务，供应商和市场上的其他关系单位期望公司董事会能够监督公司经营班子按时去实施双方已经达成的协议；政府部门希望公司能够尽可能多地承担社会责任，至少能够履行一些社会义务；社区希望区内公司能够为社区居民创造更多的就业机会，为社区的公共事务作更多的贡献。

基于这些问题，西方国家在 20 世纪 90 年代后甚至产生了“董事会与公司的社会责任”的研究课题。

在商业银行公司治理中，利益相关者理论几乎成为共识。从资本的角度看，商业银行特殊的资本结构，使得商业银行自有资本仅占总资本的百分之几，即使按照巴塞尔协议，也只需占 8%，大多的资本都是存款者和次级债券持有者提供的，董事会理应代表他们的利益；从人才的角度，商业银行产品的开发和创新需要具有经济学、金融学、工程学、计算机等多方面知识员工的努力，显然董事会也应代表员工的利益；特别地，金融是经济的核心，而银行业是核心中最为关键的一环，其发展涉及国家金融安全、国民经济发展的大问题，所以董事会还应该考虑国家政府的利益。

2.4 董事会治理理论的评述

上述各种理论各自都有一定的合理性，但也存在各自的缺陷。

代理理论和交易成本理论认为董事会能有效地防止代理问题的发生，确保经理和股东的利益一致。但是，代理理论关于经理层的机会主义、自我逐利的行为、经理与股东利益的不协调等的理论假设较狭隘，将个体作为机会主义和寻求自我利益的观点太过机械化（Perrow，1986），过于简化而不能有任何实践的重要性（Hendry，1997），没有考虑解释人类动机性质的其他可选择的观点，同时，代理理论很大程度上只把董事会作为一个黑箱，忽视了组织内大量的复杂性[12]。

资源依赖理论明确地指出了竞争性环境的变化度作为一种领导权设置与治理效率的有效联系机制，成功地解决了一个有效的领导权设置问题。而且，根据资源依赖理论，处于高度变化中的公司能够通过设置更简单的组织结构，使组织对外部事件做出更快的反应，提高决策制定的可行性。但是资源依赖理论重点强调资源的获取，而不是资源的使用。

对董事会的研究只是指出了交叉任职的作用和两职设置与环境的对应性，而对交叉任职董事的行为、环境变化度的度量以及度量指标，资源依赖理论则无法解释。

现代管家理论（受托责任理论）克服了委托代理理论的不足，但是现代管家理论的最大的缺点是缺乏经验支持，其理论假设缺乏现实性，几乎不可能用经验来验证。

经理层霸权理论圆满地解释了现实中股权分散所导致的经理层控制的原因，但是，经理层霸权理论曲解了控制的含义，把控制理解为统治，无形中提高了经理层的地位。它的理论基础——“董事会是无效的治理机制”，已经陷入了对“控制”一词的定义问题。因为尽管董事会可能具有公司运营的非常少的知识，然而它能制订经理层活动的界限(Mizruchi，1983)。

阶级霸权理论指出了董事会的角色应该是使占统治地位的精英和阶级权力永存，但缺乏对董事会实际运作细节和实际公司治理实践的特征的描述，具有片面性。它和资源依赖理论的主要问题在于他们对交叉任职董事会的现象的信任。一些批评者认为，交叉任职董事会的研究将重点全部集中于网络的分析方法而没有对于这个结合的后果是什么提供一个充分的解释，换句话说，经验证据对于交叉任职的影响实际上是零(Pettigrew，1992)。

替代性假说把相互替代的个体作为黑箱，回答了董事会监督与可替代治理机制间的替代关系，而忽视了黑箱内如何运作，不能解释董事会如何监督的问题。

利益相关者理论是近几年受到广泛关注，利益相关者理论与传统的股东至上理论的最主要区别就是，该理论认为公司是包括股东在内的所有利益相关者的公司，债权人、雇员、消费者、供应商、社区等都投入了专用性资产，理应获得管理公司经营和参与公司治理的权利。从这个意义上讲，股东只是利益相关者之一。首先，陷于“定义泥潭”而缺乏对利益相关者参与基础的系统理论研究。虽然，布莱尔、拉詹和津加莱斯（Blare，Raj & Zingales）等人从资产专用性角度，从利益相关者作为关键资源提供者的角度都做了有益的尝试，但前者显然缺乏一个能够囊括所有利益相关者的框架，后者则缺乏从企业理论角度的严密论证。其次，到底如何实现利益相关者的参与？一般公司治理理论强调利益相关者参与在推动信息沟通和加强监督制衡方面的作用，弗里曼（Freeman，1984）从战略管理角度引入了利益相关者分析的方法，还提出了利益相关者参与的"利益相关者授权法则"，但如果缺乏对利益相关者参与基础的清楚认识，这些参与机制的实现可能本身就有问题。而且，事实上，利益相关者还没有取得与其在价值创造中的作用相匹配的位置，缺乏有效的参与机制是重要的问题。再次，如果利益相关者应该参与也实现了有效参与，那么如何评价这种参与的绩效？利益相关者治理机制到底会不会有助于公司治理和企业绩效的提高？这方面的实证研究和评价体系还都是明显的薄弱环节。

虽然利益相关者的研究还存在许多不足，但由于其深刻认识到企业作为一个"社会存在"的本质，更能够在一个日益多元化的社会寻得一种普遍的利益均衡，这也正是其生命力所在。随着知识经济和网络经济下人力资本和其他专用性资本重要性的日益提高，我们有理由相信利益相关者理论的研究将获得更大的发展。

利益相关者理论中由于不同的利益相关者对于企业的生存和发展的重要性是有差异的，他们对企业的专用性投资不同，承担的风险不同，有的利益相关者会对企业主动地施加影响，从而承担更大的剩余风险，而另外一些利益相关者则被动地承担风险，应该通过分析区别不同的利益相关者，确定核心利益相关者。企业为多个利益相关者的利益最大化的目标会使企业无所适从，因为这里还有一个利益相关者利益的平衡问题，比如企业由于承担社会责任而产生的成本可能会通过提高产品价格转嫁到消费者身上，从而使消费者的利益受到了侵害；或者企业为了更好地满足顾客的需求，增加科研费用，开发新产品，并设法降低成本来降低产品的价格，当然长期内企业的竞争力会有提高，但短期内，股东的利益受到了侵害。企业的对谁都负责可能变成对谁都不负责。

上述不同理论都从不同的视角对董事会给予了解释，在这些理论中，我们认为，代理理论更具有现实的普遍意义。尽管对于代理理论将董事会视为一种控制工具的观点，经验研究得出了不同的结果，这主要是由于对董事会构成和对公司绩效进行数字计量的困难。但是董事会作为公司内部的一种内生性的控制机制；有助于减少代理问题的发生，这一点是毫无疑问的，问题是具有何种特征的董事会才能最大限度地发挥其自身的功效。就目前来看，市场经济要达到理论中所描述的“完美市场”的状态尚不可能，因此“董事会”这种内生性的机制就可能随着经济环境的变化与进步而得到不断修正，这就为对董事会提供政策管制扩展了空间，管制效率的关键在于管制与市场力之间的平衡。

因而，以委托代理理论为基础，结合其他不同的理论来研究公司董事会问题是一个比较现实而科学的选择。同时，董事会也是一个复杂的有机体，需要不同的理论来指导才能达到最优，单一的理论不能完全解释董事会的整个领域。比如，我们在构建公司董事会时，可以根据资源依赖理论选择对公司可持续发展有利的人士担任公司董事；在董事会的运作过程中，可以根据管家理论，与公司经理层建立良好和谐的沟通合作关系；根据利益相关者理论，应该考虑利益相关者的利益。事实上，代理理论的最终目标和利益相关者理论的实践结果是一致的。特别是对于商业银行，我们认为只有同时考虑利益相关者和股东的利益，才能够使长期利润最大化，并最终实现股东财富最大化，才能实现公司的可持续发展。

2.5 本章小结

公司董事会是随着公司的产生、发展而产生和发展起来的，本章首先对董事会制度的历史演变进行了分析，介绍了英国、美国董事制度的形成与治理历史，并从经济学、法学的角度分析董事会制度的形成机理。接着对公司董事和董事会的概念及分类、董事的责权利、董事会的性质、董事会的职责、一般公司董事会制度的产生和发展等基本问题进行了讨论。

本章对公司董事会治理的内涵进行了研究，并将其按照治理范围、治理目标、治理过程进行了分类研究。本章的第三部分将国外学者近几年来公司董事会治理的主要理论做了梳理总结，介绍了委托—代理理论、交易成本理论、资源依赖理论、现代管家理论（受托责任理论）、经理层霸权理论、阶级霸权理论、替代性假说、利益相关者理论。

本章的最后对前面介绍的公司董事会的治理理论进行了评述，提出中国公司董事会治理应该以委托代理理论为基础，结合利益相关者等其他理论来研究设计有关问题是一个比较现实而科学的选择。

注释

① 仲继银．董事会的类型与结构［J］．董事会，2007，12.

② 杨军．董事会治理研究［M］．北京：中国财政经济出版社，2004，9：64—66.

③ 卡德伯里．公司治理和董事会主席：仁智之见［M］．陈海威，唐艳辉译．北京：中国人民大学出版社，2005.

④ 杨军．董事会治理研究［M］．北京：中国财政经济出版社，2004：66—67.

⑤ 吴水澎．公司董事会、监事会效率与内控机制研究［M］．北京：中国财政经济出版社，2005：31—34.

⑥ 吴水澎．公司董事会、监事会效率与内控机制研究［M］．北京：中国财政经济出版社，2005：34—37.

⑦ 杨军．董事会治理研究［M］．北京：中国财政经济出版社，2004：68—69.

⑧ 陈庆，安林．中国国有企业董事会治理指南［M］．北京：机械工业出版社，2007：7.

⑨ 杨军．董事会治理研究［M］．北京：中国财政经济出版社，2004：15—16.

⑩ 本部分参考 Philip Stiles and Bernard Taylor，2001：Board at Work：How Directors View Their Roles and Responsibilities，Oxford University Press。和于东智，公司董事会的性质与功效：观点与评论．山东社会科学，2004（2）：44－45.

⑪ Donaldson 和 Davis（1990）Worrell 和 Nemec（1993）的实证观察显示两职兼任有利于企业经营绩效的提高和经理层创新能力的发挥。

⑫ 于东智．公司董事会的性质与功效：观点与评论［J］．山东社会科学，2004（2）：44－45.

第3章　国外公司董事会治理实践

国内外的研究中大多将公司治理模式划分为美英模式、德日模式两种，但也有分为美英模式、德日模式、亚洲家族模式和转型（转轨）经济治理模式[①]，还有分为单层模式（美英模式）、双层模式（德国模式）、网络模式（日本模式）[②]。美英模式深受亚当·斯密的影响，重视外部市场的作用，而德日模式则强调要对“看不见的手”进行一定的修正，较为重视政府的作用和社会整体利益的实现。所谓的亚洲家族式银行公司治理模式是指公司股权集中在家族手中，而控制性家族一般普遍地参与公司的经营管理和投资决策。转型经济治理模式是指前苏联等转轨国家大量的私有化改制和混乱的法律体系导致严重的内部人控制，内部人成为公司实际所有者的治理模式。严格来讲，德国与日本模式、东亚的家族模式与南亚的家族模式也有一些差别，而在转型经济国家中中国和俄罗斯又是两种模式的典型代表。

3.1　美英公司董事会治理实践

3.1.1　美英国家董事会治理的一般范式

英美国家公司治理结构模式的框架由股东大会、董事会、经理三者构成。其中股东大会是公司最高权力机构，董事会是公司最高决策机构，经理是公司日常经营管理机关。英美国家公司治理结构中不单独设立监事会，其监督功能由董事会下的内部审计委员会承担，内部审计委员会全部由外部独立董事组成。

董事会是股东大会的常设机构。董事会的职权是由股东大会授予的。关于董事会的人数、职权和作用，各国公司法均有较为明确的规定，英美也不例外。除公司法的有关规定以外，各个公司也都在公司章程中对有关董事会的事宜进行说明。公司性质的不同，董事会的构成也不同。在谈到公司治理问题时，常常要根据不同性质的公司进行分析。为了更好地完成其职权，董事会除了注意人员构成之外还要注意董事会的内部管理。

英美国家的董事会多数由执行董事组成。从理论上说，这将使得董事会不仅能够履行经营决策职能，同时能够比较客观和独立地履行评价与监督职能。或者说，对经营者的监督在美国的单一董事会模式中已经内部化了。为了保障董事会的独立性，美国的纽约证券交易所要求所有上市公司在董事会中设立一个全部由外部董事组成的内部审计委员会，负责董事会与外部审计师的联系，以避免执行人员控制董事会和审计人员。在这里，董事会下全部由外部独立董事组成的内部审计委员会就是公司的监督机构。

英美国家公司董事会通常下设各种专门委员会，以更好地履行其决策与监督职能。除了审计委员会外，其中最主要的是执行委员会和财务委员会。执行委员会一般由董事长、副董事长、总裁、执行副总裁以及某些重要经营管理部门的总经理组成，执行委员会负责对公司经营活动的全面指导，掌握公司除财务以外的其他各项重要决策，由董事长主持；财务委员会一般由董事长和几位董事组成，由主管财务的副总裁主持。财务委员会总揽公司的财政大权，负责制定公司的财务目标、筹资与投资决策以及公司盈利分配等事项。根据需要，公司还可以设立其他的专门委员会，如任免委员会（负责高级经理人员的选任和解聘）、报酬委员会（负责决定公司高级经理人员的薪金）、提名委员会（负责候选董事的提名），此外，还有诸如福利委员会、退休金委员会、人力资源委员会、投资委员会，等等。

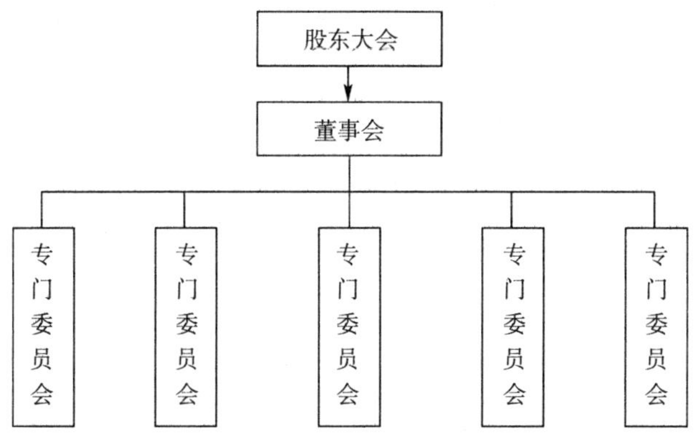

图 3－1　美英国家董事会治理结构图

3.1.2　美英国家董事会治理的一般特点

（1）董事会的构成以独立董事为主

董事会成员以独立董事为主，一般超过 2/3。独立董事一般来自其他银行或公司的现任和退休的高级管理人员、大学校长、教授、退休的政府高级公务员、律师。

（2）董事会内设若干次级委员会

董事会对股东大会负责，董事会由不同的次级委员会组成，如执行委员会、审计委员会、提名委员会、薪酬委员会、行政委员会和公司治理委员会等。其中，审计委员会、薪酬委员会和提名委员会是进行有效公司治理的 3 个关键委员会，而且 3 个委员会的成员一般都由独立董事来担任，分别执行着不同的职能，董事会的所有业务由各专业委员会来完成，各公司根据自己的特点和需要设立不同的委员会。这些委员会一般都是由董事长直接领导，有的实际上行使了董事会的大部分决策职能，当然他们均在董事会的领导下开展工作。

（3）董事长大多由 CEO 兼任

在美国，相当多的人反对两职分设，特别是规模较大的公司，只有少数中小公司实行两职分设。实行两职分设的公司，一般在外部独立董事中选择一位作为领导董事（领导董事是指外部董事的发言人，并作为没有内部人参与的董事会议的主席）。美国大公司中存在的一个普遍现象是公司首席执行官（CEO）兼任董事长，商业银行也不例外。这主要是从保证公司决策效率的角度来说的。

在英国，普遍实行董事长和 CEO 分任。英国是世界上最早重视公司治理的国家，2003 年发布的《英国公司治理联合准则》，明确提出董事长与 CEO 分设。

（4）董事会的规模一般较大。以 2003 年为例，美国银行控股公司董事会规模平均 18.2 人，比制造业企业多 6.1 人（制造业为 12.1 人）。

（5）单层制。股东大会下只设董事会，不设监事会。

（6）激励约束机制较完善。仅以上世纪 90 年代以来的变化为例，年薪在一些美国的公司高管收入结构中的比重从 1992 年的 30%～40% 下降到了 2002 年的 20%以下，而中长期激励报酬的比重则从 80 年代之前的微不足道增加到接近 80%甚至更多，其中股票期权的价值要远高于年度奖金、红利和其他激励的总和，成为美国的公司高管收入的主要来源（阙澄宇和王一江，2005），进而不同业绩（以及由此导致的不同股价变化）的公司高管薪酬水平出现了极为明显的分化现象。

（7）董事会进行绩效评估。

3.1.3 案例研究一：通用汽车公司的董事会治理

美国通用汽车公司（General Motor，英文简称 GM），属汽车制造行业（vehicle and part），成立于 1908 年。主要业务分两大部分：一是汽车与通信，二是金融保险。到 2002 年年底，在全球的重要子公司有 339 家。GM 的公司治理在美国比较著名，特别是他的《公司治理指南》在美国曾有很大的影响。

GM 董事会的主要作用如下：公司的一切事务均在董事会的领导下进行。董事会的任务是代表所有者的利益，来维持成功的经营业绩，包括优化长期的财务收益。董事会的责任是确保经营班子履行自身的职责，并对经营班子的决策包括战略实施的有效性实行日常监督。此外，为对日益增加的股东负责，董事会还应对消费者、雇员、供应商和社区负责，因为这些人对成功经营具有重要意义。当然，在这方面承担的一切责任，都须建立在公司长期的成功经营上。

（一）董事的选择与董事会的组成

(1) 董事资格。董事与公司治理委员会负责每年检查董事应具备的技能和个性特征。在评价潜在的新董事时，该委员会要考虑候选人应来自不同的专业和拥有不同的工作背景。挑选合格的董事很复杂，但很重要，直接关系到公司的长期成功。挑选董事候选人时，要考虑的标准是多种多样的。比如，业务技能和经验，在专业领域的知名度和声望，具有全球运营的眼光和看问题的社会视角，关注股东的长远利益，以及个人的诚信和判断力。董事会在考虑所有这些因素时，都要结合当时董事会的实际需要。此外，董事应有足够的时间投入到董事会的工作当中，并且要不断加强对全球汽车行业的了解。董事与公司治理委员每年对董事任职资格标准进行检查，并在适当时候予以修订。

(2) 选择新董事。董事会负责选择董事会成员、制定相关选择程序，并推荐到股东大会，由股东去选举。董事会将选择权授予董事与公司治理委员会及董事长兼 CEO。

(3) 向潜在的董事发出邀请。邀请应由董事会通过董事长兼 CEO 发出，必要时由独立董事联名发出。

(4) 董事的初期培训与后续教育。董事会和经营班子应为新董事安排全面的初期培训，以使他们熟悉公司的理念、战略方向、核心价值、财务问题、公司治理实务和其他一些重要政策和实务。这可以通过查阅公司背景材料、与经营班子会面和实地参观公司来实现。董事会也意识到后续教育的重要性，并已致力于为他们提供这方面的培训，以便提高董事会和各专门委员会的工作绩效。董事与公司治理委员会负责就独立董事的后续教育问题向他们提供建议，包括公司治理的前沿问题。

（二）董事会的领导权

(1) 董事长兼 CEO 的选择。董事会可以自主选择董事长、CEO，只要认为所选的人是最适合当时的公司的就行。因此，董事长则是由不同的人担任还是由同一个人担任？如果两个职位分设，董事长是从独立董事中选还是从非独立董事中选？对这类问题，董事会并没有明确规定。

（2）董事与公司治理委员会的主席。董事与公司治理委员会的主席应为独立董事，并担任独立董事执行会议的召集人。该委员会负责制定独立董事执行会议议程，并定期对董事会程序和《公司治理指南》进行检查、提出修订意见。

（三）董事会组成与业绩评价

（1）董事会规模。根据公司章程规定，董事会成员应不少于10人，不超过20人。最近几年，GM董事会成员平均在13人。董事会认为最合适的规模是10～14人。

（2）经营班子和独立董事的协调。董事会认为，董事会中独立董事应占绝大多数。董事会还认为，进入经营班子并不需要首先成为董事。尽管除董事长兼CEO以外的经营班子成员不是董事，但都可以定期参加董事会会议。董事会认为公司治理问题应由独立董事来决策。

（3）独立董事的独立性。独立董事应符合纽约证交所以及本公司章程关于独立性的规定。董事与公司治理委员会每年检查独立董事是否符合独立性的规定。如果存在可能影响独立董事独立性的事项，独立董事应尽快向董事与公司治理委员会的主席报告（本公司章程关于独立董事的定义是：最近五年内，没有在本公司或本公司的子公司担任管理职位，不是本公司或本公司的子公司的重要顾问，也与本公司或本公司的子公司的顾问或咨询公司没有联系；与本公司或本公司的子公司的重要客户或供应商没有联系；与本公司或本公司的子公司没有签订重大个人服务合同；与接受本公司或本公司的子公司的捐赠的免税经济实体没有联系；不是上述所定义的个人的配偶、父母、兄弟姐妹或子女）。

（4）前任董事长兼CEO。董事会认为，公司的董事长兼CEO退休后，不宜继续在董事会中任职。

（5）董事在其他公司兼职。董事会认为，当董事在其他公司的兼职，与当初入选本公司董事会时的情况发生重大变化时，应向董事与公司治理委员会提出辞呈。考虑到董事参与本公司工作的时间和精力，董事在其他公司（不包括非营利机构和 GM 的子公司）董事会的任职不得超过 4 个。独立董事在接受其他公司邀请其担任董事时，应提前告知董事长、董事与公司治理委员台的主席。

（6）董事任期。董事会认为不应对董事任期做出限制性规定。尽管限制任期有助于董事会吸纳新思路和新观点，但让董事在公司长期工作，对公司业务有深入了解，有利于他们为董事会做出更大贡献。

（7）董事的退休年龄。董事会认为公司董事的退休年龄应为 70 岁。

（8）董事薪酬。只有独立董事才能获得董事薪酬。董事与公司治理委员会每年应将公司董事的薪酬水平与市场水平作一次比较。为了将公司业绩与董事的薪酬直接挂钩，董事会认为董事年薪中至少 70％应采用股权形式，并且直到董事辞去董事会工作时才能兑现。审计委员会成员除了领取董事薪酬，不得直接或间接从公司获取任何薪酬。董事在履行董事职责过程中发生的差旅费用，由公司补偿。董事薪酬的变化，应根据董事与公司治理委员会的提议做出，并要经过董事会的充分讨论和一致同意。

（9）对董事和经营班子成员的贷款。公司政策规定不向董事和经营班子成员提供个人贷款。

（10）独立董事持股。公司要求独立董事从加入董事会之日起 5 年内，应持有相当于 3 倍的董事年薪的股票、股票单位或其他权益等价物。禁止独立董事在服务期内出售本公司股票。

（11）独立董事执行会议。独立董事每年召开两次或三次执行会议。会议由董事与公司治理委员会的主席主持。在会议上，独立董事应审查以下事项：CEO 的继任、业绩和薪酬；董事会应考虑的战略问题；董事会未来议事日程和与董事之间的信息流通；经营班子的工作进展和继任；以及《公司治理指南》实施与修改。会议主持人负责将会议所达成的决议和提出的建议告知董事长。

（12）聘请外部顾问。董事会和各专门委员会都可以聘请独立的财务、法律、薪酬等方面的顾问。费用由公司承担。

（13）评价董事会的工作业绩。董事会必须每年做一次工作自评。董事与公司治理委员会负责向董事会报告自评的结果。评价的内容包括董事会的整体工作成效。评价的目的在于提高董事会的工作效果而不是董事的个人表现。

（14）道德问题和利益冲突。董事会期望所有董事，以及经营班子成员和普通员工，在任何时候都应遵守道德标准和诚信宣言。董事会不允许任何董事或经营班子成员违背道德准则。如果董事与公司存在现实的或潜在的利益冲突，应立即告知董事长。如果董事与公司存在重大的利益冲突，并且无法解决，应辞职。

（15）董事会与机构投资者、新闻媒体和客户等之间的关系。董事会认为，经营班子对外代表公司。每位董事可以同与本公司有关联的不同机构进行沟通交流。如需董事会出面，应由董事长代表董事会对外发表言论。

（四）董事会与经营班子的关系

（1）董事会欢迎非董事的经营班子成员定期参加董事会会议。如果董事长兼 CEO 想扩大定期参加董事会会议的人员，需向董事会提议，并获董事会同意。

（2）董事会成员可以充分接触经营班子成员。

（五）会议程序

（1）会议议程。董事会会议的议事日程由董事长兼 CEO 制定。任何董事都可以提议增加议项。

（2）会议材料。对董事会了解公司业务情况有重大影响的会议材料，应在会议召开前发给董事。

（3）会议陈述。为了节省时间，会议具体议项的陈述报告应提前发给各位董事，而在会议上重点对董事会的提问进行讨论。但是如果议项非常敏感，其陈述报告应在会议上讨论。

（六）董事会的专门委员会

（1）专门委员会的数量、结构和独立性。当前董事会的专门委员会有 6 个：审计委员会、董事与公司治理委员会、经营班子薪酬委员会、资本股票委员会、投资基金委员会、公共政策委员会。所有委员会均由独立董事组成。董事会可以根据情况的变化，成立新的委员会或解散现有的委员会。董事会应保证每一个委员会都有自己的章程，明确各委员会的宗旨、权力和职责。各委员会每年对章程进行重新审查，并在适当的时候给予修订。

（2）委员会业绩评价。各委员会每年对自己的工作做一次自评，包括评价是否遵守了本委员会的章程。评价的目的是为了加强委员会的工作效果，各成员的个人业绩并不是评价的重点。

（3）委员会成员的委派和轮换。董事与公司治理委员会负责将董事会成员分派到各委员会，但事先要与董事长兼 CEO 协商，并考虑董事会成员的个人要求。委员会成员应定期轮换，大概 5 年轮换一次。

（4）委员会会议的次数和长短。委员会会议召开的次数和每次会议的时间长短，由该委员会的主席和成员商量后决定。

（5）委员会议事日程。委员会议事日程由委员会主席在与委员会成员、相关经营班子协商后确定。各委员会将在每年年初公布下一年要讨论的议题及时间安排。

（七）CEO 的考评和继任

（1）对董事长兼 CEO 的评价。董事会（所有独立董事）每年对董事长兼 CEO 进行评价，评价的结果由会议主持人告知董事长兼 CEO。评价建立在客观的标准之上，包括公司的经营业绩、长期战略目标的完成情况、管理的改善等。评价的结果将提供给经营班子薪酬委员会，并供决定董事长兼 CEO 的薪酬时参考。

（2）继任计划。挑选 CEO 和制定 CEO 的继任计划，是董事会的一项重要职责。关于 CEO 继任计划的年度报告由 CEO 准备，并提交董事会。为了防止出现意外，而不使公司出现无人领导的情况，董事长兼CEO应持续推荐合适的继任人选。

（3）管理的发展。CEO每年向董事会提交关于改善管理的报告。该报告应随前面提到的继任计划报告一同提交董事会。

3.2 德日公司董事会治理实践

3.2.1 德日国家董事会治理的一般范式

日德模式主要是按欧洲国家大陆法系，强调公司应平等地对待股东和雇员。因此，这些国家一般侧重于公司的内部治理，较少依赖证券市场“用脚投票”的外部治理机制。采用和效仿日德模式的国家有瑞典、比利时、挪威等国。与英美国家的股东主权型公司治理结构相比，日德国家公司治理结构的显著特点是：股权与债权共同治理（在德国，由于特殊的历史背景，共同治理的主体还要加上雇员）。

日本公司治理结构的框架由股东大会、董事会、经理、独立监察人四者组成。其中，经理是董事会的主要成员（甚至经理还对公司董事人选具有重要的影响力），由主要经理人员组成的常务委员会实际上控制了董事会的运行，所以，实际上，共同治理型在日本演变成了经营者控制型；这时，为了有效地监督经营者，日本公司治理结构中设立了独立监察人制度，依靠独立监察人行使监督职能。独立监察人同时具有业务监察和会计监察的权力，而且独立行使其监督权力，不受监察人会的决议的限制。

日本企业的董事会成员一般都来自企业集团内部，很少有外部独立董事，大多数成员通常都是经过长期考察和选拔一步步升迁上来的。在公司内部，从社长、总经理到董事，既是决策者，又是执行者。这种状况还在日本公司的高层领导中出现同一个董事兼任制定战略和承担经营业务两项工作的现象。

日本董事会的另一个显著特点是董事分等级，顺序是社长、专务、常务、一般董事。社长提名的董事候选人，一般在股东大会上都会自动被承认。但是，近年来日本的公司逐渐引入了独立董事制度。1999 年以来，随着商法的修改，独立董事制度以立法的形式被确定下来。修改后的商法“允许公司不设监事会，在董事会下可以同时设置由 3 名以上董事组成的审计委员会、提名委员会和薪酬委员会，其中外部独立董事须占各个委员会人数的 1/2 以上，监事会的职能可由董事会的审计委员会代替”。

同时，近年来日本的公司董事会人数也有逐渐减少的趋势。1990 年通过对 100 家日本企业的研究发现，日本企业董事会人数最少为 8 人，最多达 56 人，平均董事会人数是 30.6 人。1997 年，索尼公司率先对公司董事会进行了大规模的改革，将董事会规模由 38 人减少为 10 人。日本精工于 1999 年 6 月将董事会成员由原来的 30 人减少为 7 人。

在日本公司的董事会中，决定公司战略以及执行战略决策、具体从事管理这两个职能之所以是分离的，其基本理由在于，职能的混淆会使公司董事会承担过多的日常工作，分散其精力，使其陷于短视。日本公司的职能混淆必然也存在这样的问题。董事会的另一职能是监督执行人员。在日本的多数董事来自集团内部的情况下，这种监督职能必然难以执行。

德国公司的治理结构表现为独特的双层董事会制度。由股东大会选举产生监督董事会（简称为监事会），再由监督董事会（监事会）公开招聘管理董事会（简称为理事会）成员组成理事会。理事会负责企业的日常经营管理活动，其职能相当于美国公司的经理人员。监事会则主要代表股东利益监督管理董事会，但并不直接参加企业的具体经营管理，其职能相当于美国公司的董事会。德国公司监事会的独特之处主要表现在监事会的职能和组成两个方面：一是德国公司监事会具有经营决策与评价监督双重职能。监事会是公司最高决策机构，同时拥有对管理董事会（理事会）的人事权和评价监督权力；这与英美国家董事会的功能相近；二是德国公司监事会的独特结构即股东监事与雇员监事各半。这充分体现了德国公司中雇员参与治理的特点。

德国公司的监督董事会一般由9～21人组成，其中股东代表和雇员代表各占一半。监督董事会的成员一般要求有比较突出的专业特长和丰富的管理经验。在大多数公司的监督董事中，还包括一名从公司外部聘请的“中立”的监事，一般是专家学者、著名企业家或退职的政府官员，他的一票有可能在监督董事会表决中起决定性作用。监督董事会负责监督和参与高层决策，并因其实行“劳资共决制”而具有广泛的控制职能，尤其监督董事会的银行代表为了保证它的强约束性，经常给代理人施加巨大压力。在德国公司共同决策的运营模式下，股东代表由股东大会选举产生，但公司章程也可以规定授予某些人或机构有一定的任命监事会成员的权力。雇员代表则由雇员投票选举产生，选举时通常有一定的法律程序，并将选举权按一定比例分配给蓝领工人、白领工人和管理人员。工人参议会对决定雇用合约条款和解雇程序起着相当重要的作用，但并不意味着职工完全与股东相制衡，在监督董事会的投票表决权的规定中，股东的权力仍大于职工的，主要表现在两个方面：一是监督董事会的主席必须由股东担任；二是由于监督董事会成员是偶数，当双方表决票数相等时，监督董事会主席享有额外一票的追加权，或是举行第二轮投票，此时监督董事会主席有两票表决权。德国公司的董事会是负责公司日常运作的执行机构。从某种意义上说，德国公司的董事会相当于我国公司的经营管理者，其主要职责是负责公司的日常经营管理，向监事会负责并报告工作，并向股东及其他利益相关者提供必要的信息。

3.2.2 德日国家董事会治理的一般特点

（一）德国公司董事会具有以下特点

(1) 监督董事会的权力高于管理董事会。根据德国公司法规定，监督董事会的主要权责包括：一是任命和解聘管理董事，监督管理董事按公司章程经营；二是对诸如超量贷款而引起公司资本增减等公司的重要经营事项作出决策；三是审核公司的账薄，核对公司资产，并在必要时召集股东大会。管理董事会每年应向监督董事会报告公司的经营政策和长远计划以及经济效益的情况，每季度报告经营状况，对公司重大的经营状况也应及时报告。如果监督董事会有要求，管理董事会还应对某一事务作专门的汇报。所以，尽管监督董事会并不参与公司的实际经营管理，但对公司的经营方针会产生重要的影响。德国公司的监督董事会是一个实实在在的股东行使控制与监督权力的机构。

（2）监督董事会的成员构成有特点。德国公司的监督董事会一般由 3～21 人组成，其中股东代表和雇员代表各占一半。监督董事会的成员一般要求有比较突出的专业特长和丰富的管理经验。在大多数公司的监督董事中，还包括一名从公司外部聘请的“中立”的监事，一般是专家学者、著名企业家或退职的政府官员。在德国公司共同决策的运营模式下，股东代表由股东大会选举产生，但公司章程也可以规定授予某些人或机构一定的任命监事会成员的权力。雇员代表则由雇员投票选举产生，选举时通常有一定的法律程序，并将选举权按一定比例分配给蓝领工人、白领工人和管理人员。但监督董事会的主席必须由股东担任；由于监督董事会成员是偶数，当双方表决票数相等时，监督董事会主席享有额外一票的追加权，或是举行第二轮投票，此时监督董事会主席有两票表决权。

（3）监督董事会的成员不能兼任管理董事会的成员。在公司内部，监督董事会成员不能再兼任管理董事。法律规定，被控股公司不得向控股公司派出监事，两个公司也不得互相派遣自己的董事出任对方的监事，只能是以一方派出的董事出任另一方的监事。

（4）德国公司的监控机制有别于其他国家的另一个重要特征是职工参与决定制度。职工通过选派职工代表进入监督董事会（占一半）参与银行重大经营决策，通常监督董事会副主席由职工代表担任，使得企业决策比较公开，这有利于对银行经营的监督，同时还有利于银行的稳定和持续发展。因为职工在监督董事会中占有一定的席位，在一定程度上减少了银行被兼并接管的可能性。这也是德国银行很少受到外国投资者接管威胁的主要原因之一，从而保护了经理人员做出长期投资的积极性。

（二）日本的公司董事会具有以下特点

（1）董事会人数较多。由于受日本董事会构造的影响，日本企业董事会中的董事人数较多。1978 年平均为 16 人，1990 年为 18 人，1995 年为 19 人。有的公司董事人数更多，如索尼为 40 人，1996 年东京三菱银行董事人数高达 67 人，可以称为世界之最。

（2）董事选举具有独特的特征。根据商法规定，公司董事是由股东大会选举的。但实际上在日本的大企业和一些公司中，董事由股东大会选举产生，董事的候选人却由社长提名，股东大会只是一种形式，社长提名的董事候选人在股东大会上被自动承认，因而在很大程度上等于社长选举董事。而社长又是由董事会选举的。这种选举结果形成以社长选举董事，董事选举社长的循环选举。由于董事是由社长挑选的，实际上是社长自己选自己。但如果公司经营不善，迫于法人大股东的压力，社长就不得不辞职。

（3）董事是分等级的。其从高到低的顺序为会长——社长——副社长——专务董事——常务董事——一般董事。

（4）董事会会议召开次数少。由于董事会的人数较多，频繁地开会有一定的困难。从定期会议来看，一月开会不足一次的高达 90%以上，其中 30%未达商法所规定的每年 4 次的要求，而且董事会的平均开会时间不足 2 小时的企业为 80%。

（5）内部董事比例高。日本董事会成员大多来自企业内部，而且董事兼任从业人员，通常都是经过长期考察和选拔一步步升迁上来的，即使有外来董事，也是由企业有利益关系的交叉持股者派遣的，所以日本选任董事的理由与其说是股东的代表，倒不如说是基于经营专业知识之上且由企业内部晋升的。

(6) 董事会运行有特色。在日本公司董事会中，社长是最终决定企业基本方针的最高责任人，但实质上是由社长的辅佐机关常务会来设定基本方针的。常务会有社长、副社长、专务、常务，有时加上会长和部长构成，它是企业内部董事的知识集团和经营执行机关，同时又决定企业的基本方针和控制企业的经营活动。常务会不是法定机关，是否设置根据各企业而定，但从1992年的调查资料来看，设置常务会的在80%以上，常务会设置的依据30%是由社长等代表董事决定的，而董事会上应决定的重要事项几乎在常务会上审议。所以常务会的开会频率较高，每月至少召开两次常务会的企业为60%以上。相反，董事会一月不足一次的要高达90%以上[③]。

3.2.3 案例研究二：德意志银行公司的董事会治理

德意志银行（Deutsche Bank）成立于1870年，是集许多不同的金融职能于一身的国际化、综合性上市银行，在20世纪90年代中期资产规模超过3500亿美元，其经营活动主要集中在按客户界定的市场上，并为许多德国重要公司提供证券承销服务，是一家与公司、银行相互持股的国际化大银行。1993年，在德国较大的50家公司中，德意志银行就在其中的12家公司拥有10%以上的股份，而且在很多较小的公司里也拥有其股份。1983年，德意志商业银行和德累斯顿银行拥有德意志银行的投票表决权达到13.19%，德意志银行自身拥有投票表决权47.17%，其他银行机构为36.87%，所有银行的投票表决权高达97.23%[④]。1998年，收购美国信孚银行的全部股权，使其总资产达到8200亿美元，成为当时全球资产排名第一的银行。

(1) 股权结构。2002年底，德意志银行拥有股东38.2万户，总股本26.56亿德国马克，其中机构投资者及公司1.23万户，占63.6%；银行员工（self-employed persons）3.83万户，占8.5%；银行雇员（employed persons）及基金投资者25.73万户，占20.3%，包括自由职业者 4.98 万户，占 2.2%；其他个人投资者 7.41 万户，占 7.6%。德意志银行拥有员工 7.4 万多，为全球 57 个国家和地区中的大约 700 多万顾客服务。

（2）监事会与管委会。德意志银行实行监事会、管理委员会双层管理制度。监事会（相当于英美模式董事会）权力较大，是其最高管理机关，成员由股东、员工（股东和员工代表的比例是 1∶1）和外部专家组成，监事会有成员 20 人，任期 5 年。监事会主席由股东代表担任，主持股东大会会议，并在特殊情况下拥有最后决定性的表决权（当监事会成员之间出现严重的分歧，或相反意见比例相等时，监事会主席将拥有第二次投票权）和其他的决定性权力。

监事会主要职责：一是任命管委会成员并明确他们的各自职责；二是对管委会提出的战略、计划及实施情况提出建议，并进行监督；三是批准并监督管委会提出的重大并购、撤资和融资措施；四是根据独立审计人的审计意见，检查银行季度、年度财务报告；五是批准分红方案。

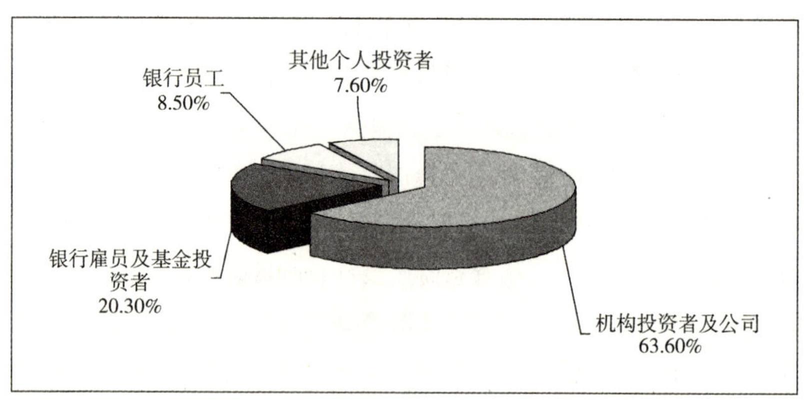

图 3-2　德意志银行的股东构成图

监事会内设有执委会（executive committee）、审计委员会（audit committee）和调解委员会（mediation committee）。其中调解委员会是为缓解股东董事和员工董事之间冲突所特有的一种制度安排。委员会成员由股东监事和员工监事组成，股东监事一般略多于员工监事。监事会成员的薪酬由固定薪酬、浮动薪酬和股票升值分红权（stock appreciation rights）三部分组成，主席薪酬是监事固定薪酬加浮动薪酬的2倍。

管委会设总裁一人，执行副总裁（EVP）和高级副总裁（SVP）若干人。管委会类似于英美的经理层，总裁类似英美的CEO，管委会内设执委会。其主要职责：一是选择和任命公司内部重要岗位的管理人员；二是提出公司战略发展取向、经营计划和年度财务预算的安排，监督下属分支机构的执委会；三是提交季度财务报告、年度财务报告和合并财务报告；四是定期、及时、全面地向监事会报告公司战略及其执行计划、经营成果、财务状况和经营风险等。管委会成员的薪酬由固定工资、浮动薪酬（年度奖加长期奖）、期权激励等组成。浮动薪酬与银行的经济增加值（EVA）挂钩，其中年度奖与当年的EVA挂钩，长期奖与3年的EVA挂钩。

总而言之，德意志银行股权相对集中在少数机构投资者手里，且投票表决权主要集中在几家银行；实行以内部控制机制为主的双层管理模式，员工参与意识强；对监事要求较高，不仅要求监事具备专业知识、管理技能和实践经验，并且要有充足的时间来履行职责；股东不是“用脚投票”而是“用手投票”，主人翁意识较强。混业模式的经营管理体制，使德意志银行享有以机构投资者身份进行证券投资的独占权。但在实际操作中，德国法律规定：商业银行的准备金必须以现金支付，并对银行证券资产的种类、等级、价格和比例都作出了限制性规定，如规定银行证券账面余额不得超过其对债务负责的自有资本。

3.2.4 案例研究三日本三菱金融集团的董事会治理⑤

三菱UFJ金融集团（Mitsubishi UFJ Financial Group）在2007年以营业收入521亿美元、总资产15861亿美元在《财富》评出的世界500强中位列第118位（2005年为147位），是世界上规模最大的全能金融集团公司之一。

三菱UFJ金融集团拥有稳定和有效的公司治理框架。集团通过董事、公司审计人员和外部人士，包括各专门委员会进行公司治理。为了提高集团管理的透明度和对股东的责任，还聘请了相当数量的外部董事。

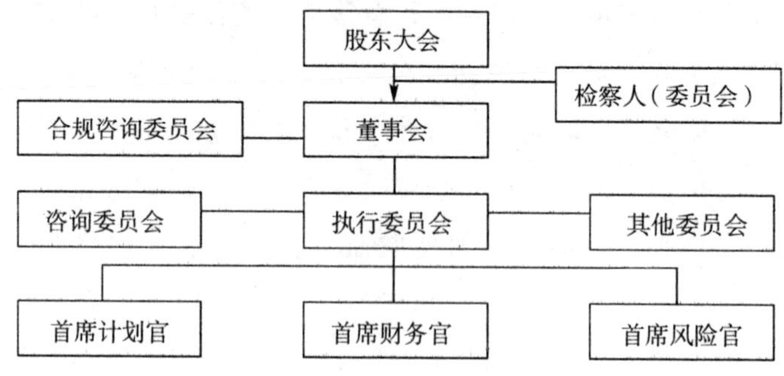

图 3－3　三菱 UFJ 金融集团集团公司治理结构

合规咨询委员会由外部律师与会计师组成，每季开会一次，制定与合规性相关的提案，并以独立性的观点建议董事会采纳一些改善公司合规行为有效性的措施。

咨询委员会由外部专家组成，一般每年开会 2 次，它为执行委员会提供全面性和独立性的建议。

执行委员会由董事长兼共同 CEO（Co-CEO）、总裁兼 CEO 以及 3 名常务董事等 5 人组成。

次级委员会一般设：经营计划委员会、交易计划委员会、风险管理委员会、审计和合规委员会、信息披露委员会、战略协调委员会等 6 个。

根据公司审计的要求和董事制度，三菱提升了外部人士在公司治理中的作用，目的在于建立稳定、有效的公司治理机制。董事会在引入外部董事（相当于独立董事）和咨询专家（主要集中在咨询委员会中）后，公司治理水平得到不断提升。

集团在控股公司建立了合规部，负责对集团合规性进行监督。集团建立了合规性管理框架，通过主要由独立董事组成的内部审计和合规委员会完善董事会治理，提高管理的合规性。集团为了及时发现违规行为，除建立了正常内部报告制度外，还有与外界保持联系的举报渠道，从而能够及时、准确地向相关部门汇报，包括内部审计和合规委员会，以提高自我纠错能力。

3.3　转轨经济国家公司董事会治理实践——以俄罗斯为例

3.3.1　转轨经济国家公司董事会治理的一般范式

20 世纪 90 年代以来，俄罗斯和东欧国家相继踏上了由社会主义计划经济体制向市场经济体制过渡的转轨之路。在转轨过程中，私有化是这些国家进行经济体制转换的主要手段。通过私有化，权力在政府与市场间进行了重新配置，这不但带来了经济体制的根本性变革，也使公司治理模式发生了相应的变化。这种变化在所有权与控制权的关系上主要表现为，俄罗斯、波兰、匈牙利等大多数转轨国家的所有权分散化，控制权集中化，其控制权主要集中于内部人手中，因而其公司治理结构相应地呈现出内部人控制的特点。

在向市场经济过渡的初期，俄罗斯在大中型国有企业改革上掀起了以行政手段大规模推行私有化的运动，主要是通过股份制改造进行。他们提出 1993 年使国有资产的 35％实现股份化，1994 年使这一比重达到 50％，1995 年达到 60％。为此，俄罗斯企业首先改组成立了股份公司，设立了董事会，形成董事会代表股东行使权力和监督经理的模式。但由于私有化开始时外部人在董事会中没有席位，因而大多数企业中实际上是经理人员控制了董事会。加之资源短缺，企业经营效益差，私有化步履维艰，大规模私有化和股份化遭到了议会和人民的强烈反对。在这种情况下，俄政府从 1996 年逐步调整私有化和股份制政策。1997 年开始实施政府经济发展中期纲要（全称为《1997—2000 年结构改革和经济增长中长期纲要构想》)，规定从1997年起停止大规模股份化，转入“个案”股份制改造阶段，同时加强国家对股份制改造过程的监督，强调股份制改造的中心是增加投资和提高企业生产效率，不再把股份化作为预算收入的补充手段。然而事与愿违的是，由于俄罗斯政府长期忽视国有经济的地位和作用，一味地私有化，因而股份制改造没有达到提高企业经济效益、稳定经济的目标，相反却造成国有资产的大量流失。

经过股份制改造，俄罗斯和东欧国家原来单一的国家所有模式被打破，所有权与经营权逐渐分离，初步构建起了股东大会——董事会——总经理的公司治理结构。

大多数情况下，董事会实际上就是一个经理委员会，由总经理及其高级管理职员组成。当然还有一个地方政府的代表，但该代表几乎总是迎合董事长的意见。私有化初期，根据私有化部的规定，公司拥有一个由五名成员组成的过渡董事会，其中两个席位由董事长（总经理）控制，一个由当地政府控制，一个由联邦政府控制，一个由职工或他们的工会代表控制。公司的董事会具体经营公司。大多数情况下，董事会实际上就是一个经理委员会，由总经理及其高级管理职员组成。上世纪90年代中期以后，典型的董事会的情况是：法定人数为7～9人；实际总人数7人，其中经理4人，外部股东2人，国家股东1人。

1993年和1994年，俄罗斯公司采用美国公司普遍采用的选举董事会成员的制度：经理层和其他股东提名董事候选人，每股一个投票权，获得50%以上选票的候选人当选。尽管1993－1994年外部投资人平均在每个公司拥有21%的股份，但在董事会中没有席位。那些掌握着大宗股份的外部股东也可能进不了董事会。小股东和在选举中失败的股东们在董事会没有代表权。1993年12月24日，俄罗斯总统颁布命令，实施“累计投票权”，要求所有已私有化的公司在1994年4月底以前用崇积投票权方法选出新的董事会。但1994年春季的调查和研究结果表明，97%的公司没有执行这项命令。1994年初，由于90%的公司是职工多数所有权，所以内部人几乎总是选举总经理及其高级助理组成整个董事会。在 1/3 的公司里，只不过通过协商在董事会里增加了一个外部代表而已。

3.3.2　转轨经济国家公司董事会治理的一般特点

（一）经理控制企业

俄罗斯公司的经理，即企业领导人，其实就是原苏联各生产单位的领导人（厂长、经理）。他们在私有化过程中获得了企业相当份额的股份，也获得了对企业的控制权。他们是前苏联时期的具有专业技能的计划执行者，在俄罗斯时期却要经营一个公司。他们虽然不行（不懂经营），但他们又是最好的（别人更不行）。他们在商业竞标和私有化拍卖中购买股票；通过其管理的分公司（基金会）购买股票；通过赎买本公司的股票，随后再将它们出售给职工和行政管理机构（以及他们管理的公司），以增加内部人持股的比重；强制代理和控制职工的投票权；受托管理国家的股份并行使相应的投票权；变更股份公司的法定资本额，包括通过按优惠条件在职工、行政管理人员、“友好”的外部股东和假外部股东之间发售新股，稀释外部人的股权；收购职工股票；制裁将自己的股份出售给外部人的职工；整体上分散股本，阻止外部人收购股票；在现金私有化过程购买“剩余”的股票控制额；与“友好”的外部人结盟；利用地方政府对收购职工股票的外部人予以行政限制；利用地方权力机关支持法律诉讼；在公司章程中设条款限制控股额；虚假破产，然后收购所出卖的资产等等。他们在一定程度上维持着现状，又抵抗来自外部的渗透，结果是企业运行的无效率。

（二）工人群体和工会没有获得在董事会的独立权力

在私有化了的公司中，由于工人作为一个群体拥有大宗的股份，所以工人的地位和权利是考察俄罗斯公司治理时不可忽视的一个重要方面。企业私有化大约涉及了 2000 万工人，1.8 万名总经理和 10 万其他高级经理。但是，工人们的权力是很少的，工人的作用减弱了。在公司化过程中，职工及其工会在董事会中有一个代表，具有讽刺意味的是，私有化完成之后，工人作为一个整体拥有了公司近一半的股份之后，他们在董事会中的代表反而被清除出去了。私有化之后，董事长不是由工人选举了，而是由股东选举。工人虽然是股东，但是，高级管理者迅速地控制了他们的投票权。董事会中绝大多数的代表是高级经理，这些高级经理依靠董事长获得他们的高级职位，并且控制着股东名册。职工参与董事会的具体方式是这样的：在开会之前，经理们与各部门工人会谈，要求他们签署代理投票协议，将投票权转交给经理。1995 年，俄罗斯全国有 1/3 的工人都签署过这样的代理投票协议，实际情况比这个比例还要高出很多。单独行使了投票权的工人们，也受到来自管理层的压力。1/4 以上的公司采取举手表决的方式，即使那些采用选票的公司也要求签名。可见，作为群体大股东，工人群体和工会没有获得在董事会的独立权力。工会是一个协助管理的机构，而不是一个权力的代表。1995 年和 1996 年，工会的地位和作用没有变化。工人工资的变化也表明，工人在公司治理中没有多大的影响力。因为工人的工资显然没有和通货膨胀挂钩。董事长们基本上忽略与工人达成的集体协议，在大多数职工拥有多数所有权的公司里，经理们并没有以大幅度提高工资去迎合工人。

（三）转型后的公司治理现状：内部人控制

私有化后俄罗斯企业所出现的内部人控制这一现象的主要特征是经理人员在企业的控制与管理中占据支配性地位。经理人员在做决策时，具有很强的独立性，不受任何约束，企业的经营决策、人事任免权都掌握在经理手中，由他们自行决定。在董事会和股东大会中，经理人员处于完全支配的地位，工人及外部人很难有发言权。即使有发言权，他们的建议也不能与经理人员相冲突。非经理职工虽然是企业的股东，但是他们很少享有股东的权利，虽然规定工人和工会的代表在董事会中有一席之地，但是董事会完全由经理人员控制，而且私有化后，工人选举经理的股票也被经理人员控制。因而股东的地位对他们而言没有实际意义。在公司化期间很多人甚至愿意在金融市场上出售自己手中的股份。

私有化后企业的股份分配与由股东所掌握的实际控制之间有巨大差距。企业的实际控制权牢牢掌握在企业内部人手中，其他的股东没有机会去设计、考虑和实施有关企业的决策，企业的决策由内部人决定，股东大会、董事会也由内部人完全支配。俄罗斯和东欧各国除捷克外，大多出现了“内部人控制”的情况。

3.4 东南亚家族公司董事会治理实践

3.4.1 家族公司董事会治理的一般范式

以东亚的韩国以及东南亚的新加坡、印度尼西亚、马来西亚、泰国、菲律宾等国为典型代表的家族主导公司治理模式，作为家族管理的传统理念与现代企业组织形式相结合的产物，是在公司的所有权和经营权不分离或不完全分离的条件下，公司与家族合二为一，在家族成员之间配置公司的主要控制权，控制家族一般普遍地参与公司的经营管理和投资决策的一种独具特色的公司治理模式。家族控制造事会，董事会聘任经理阶层，家族及其控制的高级经理层全面主导企业的发展。在韩国，家族操控了企业总数的 48.2%，我国的台湾为 61.6%，马来西亚则为 67.2%。东亚企业集团普遍采用金字塔形控股结构，一家家族控股公司位于金字塔顶端，第二层是拥有贵重资产的公司，第三层包括了集团的上市公司……通过这种层层控股关系将几十家甚至几百家公司纳入家族公司体系之内。

（一）公司董事会治理的特征——家族控制型

由家族成员担任公司负责人或管理阶层的情形在东亚相当普遍，具有所有权与经营权重合、公司与家族合一的特性，公司控制权掌握在家族成员手中。譬如，在韩国的公司中，家族是整个公司治理结构的核心：家族控制董事会，董事会决定经理层的任免。其特征主要有：①公司所有权主要由家族成员控制，公司的最高领导人由家族中辈分、资历、权威最高的成员担任，如在韩国现代集团中，除集团创始人郑周永外，其一个胞弟、七个儿子、两个妹夫、长子的内弟和五弟的岳父都分别在集团下属公司中担任经理和会长等要职；②公司包括财务等重大控制权也被纳入家族内部序列，公司的重大决策都由家族的家长一人做出，家族中其他成员做出的决策也必须得到家长的首肯，即使家长已退出公司的第一把交椅，家族第二代成员做出的重大决策，也必须征求家长的意见或同意。正是这种“家族主导型”的控制模式，使得韩国公司内部凝聚力增强、发展稳定和决策效率高，从而在公司治理结构和公司长远发展中发挥了重要作用。

东亚公司治理中也存在委托—代理关系，但这种委托—代理关系具有强烈的私人关系色彩。无论是委托方还是代理方，多半是出于特殊的私人关系。因为，特殊私人关系中的委托方并不仅仅追求经济收入，更强调对情感收入的追求，这既有保护自己的信誉以求长期获取功利的考虑，也有代理方在私人关系中追求委托方尊重、友爱和认同的本能反应。也正因如此，在家族式企业中，委托方的目标常常是寻求“知己者”，而代理方的商业价值观是为“老板”服务，而并不是为企业服务。

表 3-2 东亚上市公司董事及监察人持股比例统计样本分配表

董事及监察人持股比例（%）	1985 年 4 月		2003 年 4 月	
	家数	占全体比例（%）	家数	占全体比例（%）
0～9.9	3	2.68	100	15.67
10～19.999	32	28.57	200	31.35
20～24.99	21	18.75	100	15.67
25～29.99	18	16.07	69	10.82
30～39.99	9	8.04	91	14.26
40～49.99	10	8.93	44	6.9

（续表）

董事及监察人持股比例（%）	1985年4月		2003年4月	
	家数	占全体比例（%）	家数	占全体比例（%）
50～59.99	12	10.71	21	3.29
60～69.99	4	3.57	8	1.25
70～79.99	1	0.89	4	0.63
80～89.99	0	0	1	0.16
90～100	2	1.79	0	0
合计	112	100	638	100

资料来源：《公司治理——董事及监察人如何执行职务》，证券暨期货市场发展基金会，2003年11月。

（二）董事会的组成

1. 董事的产生机制

在东亚虽然也有一些国家和地区采取双层董事会制度，但大部分都采取单一董事会制度。这些公司股权结构相对集中，主要控制在家族手中，而且，大多数公司都采取连锁董事会的模式。

公司董事会决策体现出了家族经营的意志。家族企业的董事会虽然也是经股东大会这一选举程序产生，但由于公司股份由家族掌管或家族持有公司较大份额的股份，董事普遍认为自己既然拥有公司股份，自然有权进入公司的董事会，即使他们本身无力胜任，仍然相信股份给予他们管理公司的权力。换言之，他们认为股份与公司管理权是不可分割的。因而，董事会成员或由家族成员担任，或在家族提名下推选产生。显然，由此组成的董事会所做出的决策将高度体现家族经营的意志。

由此会产生两个后果：一是公司的经营管理都由个体或家族决策，二是由于公司股东、董事、经理三种角色的合一，使传统意义上对经理的激励基本不存在。在监控方式上，公司的内控程度极高，市场监控力度小，监控主要来自以血缘为纽带的家族。

家族模式由于内部交易成本降低，又拥有双重激励，因而可以最大限度地提高内部管理效率，实现资源最优配置，但又同时存在忽视中小股东利益，以及家族的继承方式使得董事会在选择接班的代理人时缺少有效的市场机制约束等不利方面。

2. 董事的独立性

绝大多数东亚国家和地区在推行新的公司治理原则时都引人了独立董事制度。如我国台湾地区修订前“公司法”规定董事以具股东身份者为限，董事会应由董事 3 人以上组成，上市公司董事会成员应至少有 5 人。2001 年台湾地区修订后“公司法”已取消董事应具备股东资格的限制。自 2002 年 2 月起，申请上市（柜）公司，董事会成员中应包括至少独立董事 2 人，且独立董事中至少 1 人须为会计或财务专业人士。公司董事会人数达 9 人以上者，可设置常务董事，于董事会休会时，依法令、章程、股东会决议及董事会决议，以集会方式经常执行董事会职权。

此外，台湾地区针对上市（柜）公司董事的独立性做出了更为严格的规定：首先，上市（柜）公司董事会成员尚需符合“独立性”的要求，即董事会成员除不得少于 5 人外，其彼此间具有配偶、二亲等以内的直系亲属、三亲等以内的旁系亲属、同一法人的代表人或关系人等关系人数不得超过 2/3，否则即视为缺乏独立性。此外，台湾地区证交所另于 2004 年 3 月 5 日修订“有价证券上市审查准则补充规定”中明订申请上市公司有超过董事总数 1/2 的董事，其彼此间具有一亲等的直系亲属关系者，亦属董事会无法独立执行职务的情形。其次，从 2002 年 2 月起申请上市（柜）公司，董事会成员中应包括至少独立董事 2 人，而且对独立董事的独立性做了规范。

但是，由于东亚公司没有解决控股股东股权比重过高等问题，即使公司指定了新的独立董事，并设立了独立董事会下属的委员会，但在新独立董事由控股股东而非一般股东提名且指定的情况下，董事会的独立性根本无法得到真正保障。

（三）董事会的职权与制衡机制

1. 董事会职权

东亚家族式公司董事会的职权与英美单层委员会基本接近。以我国台湾地区“法律”为例，它规定公司董事会职权广泛，经过其决议的事项，除其“公司法”及公司章程规定应由股东会决议之外的事项，均可付诸实施。一般而言，董事会的主要职责包括监督经营绩效、避免利益冲突及确保公司遵循各种法令。对有关促使董事会有效执行职务，并未具体规范董事执行业务的方式，实务上各公司做法不同，董事会的运作有所差异。由于部分公司董事会的运作情形不佳，董事未妥善履行其职务，容易造成大股东或经营者滥用职权。为使上市上柜公司的董事会及其成员有一可遵循的原则，台湾地区于“上市上柜公司治理实务守则”第三十一条第二项规定，上市上柜公司应制定董事会议事规则，并提报股东会，以提升董事会的运作效率及决策能力。

2. 制衡机制

仍以我国台湾地区为例，为避免董事会滥用职权，台湾地区的“公司法”设计了如下制衡规定：

(1) 股东、监察人可对董事会违法行为进行制止；

(2) 股东会或股东具有解除不胜任董事职务的权利；

(3) 董事的竞业禁止义务，避免利益冲突；

(4) 对董事责任的追究制度；

(5) 董事与公司间交易规范的限制。

同时，也规定了上市公司董事最低持股比例的限制：独立董（监）事不受最低持股比例限制；公司同时选任二席以上独立董事及一席以上独立监察，其他非独立董（监）事的持股成数降为八成。这些规定在保证董事会独立性的同时，也保证了董事会内部权力的制衡。

3.4.2　家族董事会治理的一般特点

（一）家族成员控制公司的股权和经营管理权

以东亚和东南亚国家和地区为代表的家族治理模式，是建立在以家族为主要控股股东的基础上，以血缘为纽带的家族成员内的权力分配和制衡机制。家族控制董事会，董事会聘任经理阶层，家族及其控制的高级经理层全面主导企业的发展。在韩国，家族操控了企业总数的48.2%，我国的台湾为61.6%，马来西亚则为67.2%。东亚企业集团普遍采用金字塔形控股结构，一家家族控股公司位于金字塔顶端，第二层是拥有贵重资产的公司，第三层包括了集团的上市公司……通过这种层层控股关系将几十家甚至几百家公司纳入家族公司体系之内。

（二）家长式决策、家庭化管理、双重性约束

家族治理模式一方面表现为，公司股权和控制权由家族成员掌握，董事会成员、经理人员具有一定的排外性；另一方面则表现为企业决策“家长化”、员工管理家庭化、经营者双重约束。

家族议事会是家族做出重大决策的委员会。家族议事会解决组织、战略计划等重大事件，调解家族成员间的纠纷，消除家族争端。对重大事项如员工雇佣、股权转让、红利分配以及企业接班人选择等政策进行协商，并达成一致。此外，家族议事会还通过组织各种有助于家族成员团结的活动，将家族的价值观传给下一代，并向年轻一辈的家族成员解释家族创始人采用某种治理结构的原因，以形成家族成员共同的价值观，提高他们对企业的认同感和凝聚力。家族议事会一般由所有成年家族成员组成。如果是几代同堂的大家族，则通过选举方式选出所有家族成员的利益代表组成议学会。

家族企业不仅利用儒家的“和谐”及“泛爱众”思想实现家族成员的团结，还推广应用于对员工的管理。他们注重在企业中营造家庭式氛围，如韩国的家族企业为员工提供各种福利设施，以提高管理者与员工的亲和力，培养员工的归属感和成就感。家族企业的经营者受到来自作为家族利益的实现企业资产保值增值及维持家族成员亲情的双重激励和约束。

（三）政府在企业发展中发挥着举足轻重的作用

政府在韩国和东南亚家族治理模式的形成中扮演了重要角色。在东南亚（新加坡除外），作为少数民族的华人，其家族企业大多受到政府

设置的种种障碍的限制。因此，为寻求政府对公司发展的支持，家族企业通过贿赂政府官员、吸收政府官员亲属或其所属企业参股、安置政府官员的亲属及退休政府官员在公司出任董事局主席、董事或总裁等职的形式，谋取政府提供的诸如优惠贷款、特许经营权、工程招标等各种非市场化利益。而在韩国，政府采取积极引导和支持家族企业发展的策略。政府通过直接控制金融体系及其资金流向将公司的投资及经营领域导向政府鼓励发展的产业中，从而在宏观上控制了公司的经营方向。当公司经营陷入困境时，政府则以合理化措施提供救济融资和税收优惠，帮其渡过难关。如为了挽救韩国最大的家族企业现代集团，韩国政府不得不对“家族式管理”痛下狠手，亲手建立并一直控制着现代集团的郑氏家族，被勒令彻底退出现代集团的管理层。

（四）银行等金融机构的监督约束软化

韩国政府利用所控制的金融体系，通过低息贷款、出口补贴等举措，给予企业资金扶持，使家族公司债台高筑。而东南亚国家的许多家族公司自办银行，实行产融合一，未涉足银行业的家族公司采用所属子公司互保获取银行贷款。因此，银行贷款成为东南亚家族企业融资的主渠道。归政府所有或由政府控制的包括中央银行和商业银行在内的韩国金融机构，不以营利为经营目标，而只作为实现政府产业政策和经济发展战略，满足企业扩张需要而进行筹资和放贷的工具，对贷款的管理与贷款对象的监督自然缺少积极性，形成信贷软约束。而东南亚国家的银行多为家族公司所属的子公司，是服从于家族整体利益并为其服务的机器，也不可能约束作为同级子公司的贷款企业，对其实施必要的监督。

3.5　公司董事会治理的国际经验

自 20 世纪 90 年代以来，随着公司治理实践的发展，公司治理问题被普遍重视。据统计，目前世界上已出台的各类公司治理原则约 100 多个，这还不包括像英特尔、通用汽车等众多大型国际化公司所制定的董事会准则。根据公司治理原则的制定主体，可以将其作如下分类[⑥]：

（1）国际性组织类。在国际性组织中，既有全球性的组织，也有区域性的组织，主要包括：经济合作与发展组织（OECD）、国际公司治理网络（ICGN）、英联邦公司治理协会、欧洲政策研究中心（CEPS）、欧洲证券商自动报价协会（EASDAQ）、欧洲证券商协会（EASD）以及国际性股东协会等。这些组织制定公司治理原则的目的是，建立能够使这些标准得到提升与推广的制度。

（2）政府类。目前世界上已有 20 多个国家制定了公司治理原则，但政府部门直接组织制定的国家较少，主要有德国（联邦司法部）、意大利（财政部）、日本等，这些国家有的是由政府部门直接参与制定，有的则是成立了专门委员会组织制定。

（3）中介组织类。更多的国家是由其各类中介组织如股东协会、董事协会、会计师协会等组织制定。

（4）机构投资者层次的公司治理原则。在制定公司治理原则的热潮中，机构投资者扮演着重要角色，例如美国的教师保险及年金协会（TIAA－CREF）作为机构投资者，认为其有责任提倡改善公司管理及运营原则，于 1997 年 10 月出台了《TIAA－CREF 公司治理政策说明》，美国另一个著名的机构投资者——加州公职人员退休系统（Calpers），于 1998 年 4 月制定出《公司治理市场原则》，以此作为标准来规范和监控其投资的公司。

（5）金融机构类。金融机构主要指证券（股票）交易所和银行，它们出于管理与规范上市公司的目的，是制定公司治理原则的倡导者与促进者。著名的《Cadbury 报告》，就是由伦敦证券交易所参与制定的。

（6）企业类。一些大型的跨国企业也积极从事公司治理原则的制定，最成功的例子就是美国通用汽车公司（General Motor），制定与实施了《通用汽车公司董事会公司治理准则》，并起到了示范效用，其他一些公司也相继制定并采用董事会准则。

3.5.1 OECD公司治理原则

经济合作与发展组织（简称经合组织，Organization for Economic Cooperation and Development，OECD）是较早关注公司治理的国际组织，早在1999年就开始制定了《OECD公司治理原则》（2004年全面修订）。《OECD公司治理原则》是一个普遍性的指导原则，适用于包括银行在内的几乎所有经营性机构。《OECD公司治理原则》是全球范围内政策制定者、投资人、公司和其他利益相关者评估和提升本国公司治理的法律、制度和监管框架的基础，为在公司治理过程中发挥作用的机构提供了指引和建议，同时也代表了OECD成员国对推进良好公司治理实践的基本共识。作为公司治理问题的根本性原则，《OECD公司治理原则》是非约束性的，其目标不是给各国立法提供详细建议，而是重在运用于评估、改进本国的公司治理框架，并为金融市场的监管者和市场参与者指导。《OECD公司治理原则》（2004）共6章32条，其中的第五章专门对“董事会责任”进行了明确，共有6点：

（1）董事会成员应在全面了解情况的基础上，诚实、尽职、谨慎地开展工作，最大程度地维护公司和股东的利益。

（2）当董事会决策可能对不同股东团体造成不同影响时，董事会应公平对待所有股东。

（3）董事会在道德方面应遵循高标准，并考虑利益相关者的利益。

（4）董事会应履行以下主要职能，包括：①审议和指导公司战略、主要行动计划、风险政策、年度预算和经营计划；设立绩效目标；监控计划实施和公司绩效；监督重要的资本支出、并购和剥离。②监控公司治理实践的有效性，并在必要时加以调整。③选择主要执行人员，确定其薪酬，监督其业绩，并在必要时予以撤换；对继任计划进行监督。④使主要执行人员和董事会成员的薪酬与公司和股东的长期利益相一致。⑤保证董事会提名和选举的程序正式、透明。⑥对管理层、董事会成员和股东之间的潜在利益冲突进行监控和管理，包括滥用公司资产和不当关联方交易。⑦确保包括独立审计在内的公司会计和财务报告系统诚实可靠；确保适当的控制体系到位，特别是风险管理体系、财务和运营控制体系以及法律和有关标准要求的遵守体系。⑧监督信息披露和对外交流的过程。

(5) 董事会应能够在公司事务中做出客观独立的判断。①对存在潜在利益冲突的任务，董事会应考虑指派足够数量的能做出独立判断的非执行董事。像这类重要的责任有：确保财务和非财务报告的诚实性、审议关联方交易、提名董事会成员、主要执行人员和董事会的薪酬。②当董事会的委员会成立后，其授权、人员组成和工作程序，应由董事会做出充分的界定和披露。③董事会成员应能有效地承担其职责。

(6) 为了履行其职责，董事会成员应有渠道获取准确、相关、及时的信息。

这六点明确了董事和董事会的职责、目标、要求，对加强公司董事会治理有较强的指导意义。

3.5.2 OECD 国有企业公司治理指引

于 2004 年发布，2006 年 5 月正式出版的《OECD 国有企业公司治理指引》，与《OECD 公司治理原则》以及其他许多公司治理行为规范一样，也是一份不具约束力的文件，目的是就改善国有公司治理问题，给其成员经济体和其他经济体的政府提出建议。OECD 认为，国有企业所承担的社会责任和公共义务必须要有一个限度。当国有企业承担的公共服务义务超过大家公认的正常程度之后，政府应该保证要求国有企业承担这些义务要有法律和法规的依据，并向公众披露相关情况，同时通过公共财政预算以透明的方式实现成本补偿，这是对政府过度干预的一个预防性措施。除此以外，国家要有明确的、对社会公开的“所有权政策”，明确界定其作为所有者所要追求的目标，以及实现这些目标的手段，以保证政府行为的公益性和公正透明。

所有权代表机构（例如我国的国有资产监督管理委员会和中央汇金

公司）还要接受立法机构的监督。所有权代表机构在确定目标之后，要给予董事会足够的授权和独立性，使其有足够的权威、能力和客观性来行使战略决策和监督管理层的职能。这表明，国有企业的董事会和高管层的关系应该是明确的，应该符合现代企业治理结构的要求。

《OECD 国有企业公司治理指引》共 6 章 30 条，其中的第二章“国家作为一个所有者行事”专门对政府在公司治理中作用的发挥提出了 6 条建议：

（1）政府应制定并公布一项所有权政策，以明确国家所有权的全部目标、国家在国有企业公司治理中的作用以及将要如何贯彻其所有权政策。

（2）政府不应陷入国有企业的日常管理，应允许国有企业享有充分的经营自主权以实现它们申明的目标。

（3）国家应该让国有企业董事会行使其责任并尊重其独立性。

（4）所有权权利的行使应该在国家行政管理中予以明确界定。这会便于通过建立一个协调主体，或者更适合于通过集中化的所有权职能来实现。

（5）这个协调主体或所有权实体应该向例如国会这样的代表机构负有说明责任，并且与相关公共部门，包括国家最高审计机构具有明确定义的关系。

（6）国家作为一个积极的所有者应该按照每个公司的法律框架行使其所有者权利。其主要职责包括：

① 委派代表出席全体股东大会并行使国家股份投票权。

② 在全资或控股的国有企业建立合乎规则的和透明的董事会提名程序，积极参与所有国有企业董事会的提名。

③ 建立报告制度，允许对国有企业经营绩效进行定期的监督和评估。

④ 在法律制度和国家层所有权机构允许时，与外部审计员和特派国家监察机构保持经常性对话。

⑤ 确保国有企业董事会成员的薪酬计划有助于公司的长期利益，并能吸引和激励合格的专业人才。

第 6 章专门讨论“国有企业董事会的责任”，提出国有企业董事会应承担的 6 条职责：

（1）国有企业董事会应对公司运营接受明确授权和最终责任。董事会应对所有者承担全部受托责任，为公司的最大利益工作，并对所有股东一视同仁。

（2）根据政府和所有权实体制定的目标，国有企业董事会应该履行其监督管理层和战略指导的职能。他们应该有权任命和撤换首席执行官。

（3）国有企业董事会应该由能够进行客观和独立判断的成员组成。良好实践要求董事长与首席执行官分任。

（4）如果董事会中委任了员工代表，应该建立起保证这些代表有效行使权力和为增强董事会的技能、信息和独立性做出贡献的机制。

（5）如有需要，国有企业董事会应该成立专业化的委员会来支持整个董事会履行其职能，尤其是在审计、风险管理和报酬方面。

（6）国有企业董事会应落实年度评估以评价他们履行职责的情况。

我们认为《OECD 国有企业公司治理指引》及《OECD 公司治理原则》对公司治理包括董事会治理的要求是良好公司治理的最低标准。

3.6 国外公司董事会治理的趋势及启示

3.6.1 国外公司董事会治理的趋势：以美国为例

近年来，随着美国安然公司倒闭、安达信公司解体和世界通信公司造假等事件的相继发生，英美的市场监控模式暴露出了不少的问题，从而也使得人们不再盲目地推崇它们的公司治理模式。

（一）各种治理模式的不足

进入20世纪90年代以来，随着资本市场的全球化，各种不同的公司治理模式都在逐步暴露出各自的不足。

（1）日德模式是一种典型的内部监控模式。虽然它们也有发达的股票市场，但对于公司筹资以及监控而言，发挥的作用极其有限。其主要原因在于，公司的资本负债率较高，股权相对集中。特别是法人之间相互稳定持股，以及银行对公司的持股和干预，从而使公司内部的各相关利益主体监控公司成为可能，但是，这种公司治理模式存在市场治理机制薄弱的缺陷。

（2）英美模式是在传统的自由市场经济基础上发展起来的以外部监督为主的模式。美国公司受到企业外部主体如政府、中介机构和市场的监督约束，即产品市场、资本市场、经理人市场等市场机制对企业利益相关者的权力具有作用与影响。但因股权过于分散，股权结构不稳定，一般股东不可能联合起来对公司实施有效的影响，从而使股东对高级管理人员的监控力度大为降低，形成了“弱股东、强经理层”的现象。

（3）东（南）亚模式是一种典型的家族治理模式。它建立在以家族为主要控股股东的基础上，表现为以血缘为纽带的家族成员内的权力分配和制衡。一方面，董事会成员、经理人员具有一定的排外性；另一方面，表现为企业决策的“家长化”。

由此可见，各类治理模式都面临着新的挑战。以日德为代表的内部监控模式，开始重视资本市场等市场因素对公司治理的有效作用；以英美为代表的外部监控模式，开始怀疑完全依赖市场监控的有效性，从而把目光转向公司内部，要求独立董事发挥更有效的内部监督作用；以东（南）亚国家和地区为代表的家族模式，也开始借鉴良好公司治理的成功经验，着手进行公司治理的系列改革，包括加强法律法规建设，注重公司治理规范，强调信息披露监管，引入独立董事制度，以及加强对中小股东的保护等等。

（二）治理模式的趋同化特征

对于各种治理模式并存而又各显不足的局面，各种模式必须相互借鉴，吸收各方的优点，才能使董事会治理更加有效，才能最有效地保护股东权益，实现公司价值的最大化。所以，多年来一直有学者认为各种模式具有趋同化的趋势，但对于趋同化的方向则有所分歧。

1. 趋同于股东中心模式

股东中心模式的治理方向是股东监督和激励经理人，控制经理人行为。这种模式治理的一大特点是股东与经理人之外的其他企业参与者的利益与公司治理无关。因此，这种公司治理结构只由所有者、董事会和高级经理人员三者组成，劳动者和其他企业参与者都被排斥在公司治理结构之外。这种模式主要是英美公司的治理体系。

研究公司治理问题的早期学者认为，股东中心自治理模式比其他模式更有效，也必将成为未来的主流模式。特别是第二次世界大战后直到20世纪70年代，美国公司主导了世界，使得人们更加相信英美模式为全世界最佳。伊斯特布鲁克和丹尼尔（Easterbrook & Daniel，1991）、福斯特（Foster，2001）认为国际市场竞争的压力会驱使各国公司治理向统一的效率模式演化，即以股东为导向、拥有发达的股票市场和分散的所有权的股东中心型模式。雅各皮（Jacopy，2001）的研究则表明，欧盟和日本大量制定法的变化，已使关系型治理体系有向美国的市场治理模式趋同的演变。

2. 趋同于利益相关者模式

利益相关者模式是指劳动者、消费者、贷款者、供应商和企业所在地区的居民都要参与公司治理。在这种模式中，治理的方向是限制大股东的权利，防止小股东利益被剥夺。因此，为了更有力地监督大股东，劳动者和贷款银行等也是公司董事会的必要成员。近年来在西方，突破股东治理结构的局限性已经提到各国公司制度改革的日程上，越来越多的公司开始实行企业的利益相关者治理模式。

20世纪70年代以后，弗里曼（Freeman）、多纳德逊（Donaldson）、布莱尔（Blair）和米切尔（Mitchell）等认为，利益相关者模式比股东中心型模式更有生命力，也是各种公司治理模式趋同的方向。从全球公司治理模式的特征和实际运作方式来看，日德公司治理模式更接近于利益相关者模式。由于日本和德国经济在第二次世界大战结束后崛起，并在 20 世纪 70 年代后的相当长时期内保持强大的竞争优势，从而为利益相关者治理模式提供了有力的证据。

而在现实中，英美等国也开始对其公司治理模式进行一系列改革，包括制定各种公司治理的原则、指引、章程，鼓励机构投资者参与公司治理，要求公司增强董事会的独立性，以及在董事会内部引入一定数量的独立董事等，希望通过这些措施，增强公司的内部监控力度，以弥补由于外部监控不足所造成的问题。日德的内部监控模式也开始学习、借鉴和效仿英美的董事会治理模式，同时，东（南）亚的家族控制模式，正在学习英美国家的治理模式，其家族特色渐趋弱化。

（三）美国公司董事会治理的趋势

美国公司董事会改革。美国的董事会改革主要包括三方面：一是不断提高董事会的职业化和独立化水平。为了克服由恶意收购如“毒药丸”计划、“金色降落伞”计划等带来的压力，美国的董事会进行了重大改革，主要表现为：提倡实现董事会的职业化，董事会的独立性得到提高。董事会的独立性是保证董事会按股东利益行事的关键。判断董事会独立程度的标准是独立董事占董事会的比例。增强董事会独立性的关键在于提高外部独立董事在董事会中的比重。近年来董事会的独立性在美国大公司中一直在提高，据美国投资者责任研究中心的报告，标准普尔 500 家公司的董事会，1997 年平均独立性为 66.4%，比 1995 年的 64.7%提高了 1.7 个百分点（梁能，2000）。二是强化非执行董事的监控权。自从 90 年代以来，英美公司为了增强对经营者的监控，开始借鉴德国模式，试图引进董事会内执行董事与非执行董事的角色分工，期待非执行董事将更多精力放在替股东监督经理上。三是与德国公司的“员工参与决策制”相似，近年来美国机构投资者正日益加强对其主要持股公司组织结构的控制，越来越多的美国公司实行了员工持股计划。

3.6.2 国际公司董事会治理的启示

一个国家的公司治理结构采取何种模式是由多方面因素决定的，这些因素包括一国的产权制度、文化政治特征、市场结构特征以及国家经济发展战略。国际上公司治理的改革浪潮表明，公司治理制度的演变是一个动态过程，世界上并没有一种最有效的模式，公司治理制度本身是在不断完善、不断前进的。世界各国由于法律体系、文化背景不同，公司治理模式也不尽相同。我国的企业董事会治理既面临世界各国的共性问题，也具有自己独特的难点。因此，需要借鉴国际经验和研究解决问题的办法，使我国的公司治理模式既能与国际接轨，又符合自己的特点，以达到促进国有企业规范运作的目的。

（一）董事会治理模式的发展历程

从美国等国家的发展过程来看，董事会治理的发展经历了三个阶段，目前正处于第三个阶段的初期，尚未完成。

第一阶段，内部人控制阶段

在这一阶段，董事会成员要么是大股东或其代表，要么就是公司的职业经理人。这些人自编自唱，还为自己打分，基本上不受约束。公司的决策管理、决策控制都集于内部人之中。从美国的情况来看，这种情况的改变与1940年出台的《投资基金法》以及其后的一系列法律有关。当然，这个改变过程是一个缓慢演化的过程。

第二阶段，外部董事的设立

从20世纪70年代开始，美国公司董事会构成发生了显著的变化，就是用外部董事来替换内部董事。现代公司越来越多地引入外部人进入公司董事会，这是近30年以来的一个趋势，而且在20世纪的最后20年里，这个趋势变成了“独立董事开始成为美国大型公司董事会结构中的主体”。这些独立董事既不代表公司经理层，也不仅仅代表出资人，而是力求体现出规定的“独立性”。

第三阶段，委员会制度

董事会内部委员会的设立和运行是确保董事会有效发挥其功能的重要条件，这一点可以从近几年各国的公司立法、证券交易所规则和公司治理原则中得到体现。建立董事会专门委员会的目的，就是为了将公司的内部人从董事会比较敏感的活动圈子里剔除出来。当委员会制度建立以后，董事会就较少召开全体会议，而董事会的任务就由各个委员会在比较独立的情况下分别完成了。委员会制度实际上是独立董事与公司内部人争夺控制权，独立董事争取自己真正独立的一个手段。

（二）国外治理模式对我国的启示

我国企业所面临的治理问题，既不同于英美国家，也不同于其他国家，有自身独特的问题。因此，在选择适合我国国情的董事会治理模式时，往往会受到诸多现实条件的限制。实践表明，不能忽视与特定制度环境相联系的转轨路径依赖或循序演化的性质。从“内部人”的结构和地位看，虽然经理层本身是公司的股东，但是目前，剩余索取（股东分红）在他们的收入中所占比重很低，大部分的收入还是来自于控制权。因此，这类公司经理们从事经营活动的目标趋向，不是企业价值的最大化，而是个人索取和职工收入尽可能的最大化，甚至想方设法地将公司资产转移到由经理或其亲友经营的企业。特别是在许多国有控股公司中，国有企业的经理人依靠改革进程中扩大的企业自主权，对公司化过程以及演进中的公司治理结构改革形成强硬的制约。在这种制度约束的背景下，即使存在董事会，董事会和股东们也难以对经理人的行为进行监控和有效约束。

以对董事会制度的国际比较为基础，结合我国董事会制度中存在的主要问题，可以从上述分析得到以下几点借鉴：

(1) 各种公司治理模式都是与各国不同的历史时期和经济条件相适应的结果，各有利弊。切忌盲从、照搬某一种模式。

日德国家银行在金融体制中占主导地位，资本市场地位相对较弱，英美国家的情况则相反，这正是产生两种不同模式的基本原因。日德模式的特点在于采用低成本，由银行和大股东对公司进行直接监督，这一模式在降低交易成本、提高交易效率方面比较有效，但在解决代理问题时较弱些。英美模式则通过证券市场采用高成本的接管方式来达到对企业经营监督的目的，这种模式在解决分散化的投资者控制公司方面做得更好，但不利于建立长期稳定的合作关系。另外，各种公司治理模式都受到本国相关法律法规的深刻影响。在英美国家，对机构投资组合、内部交易和反托拉斯的规定条例等，使得公司治理主要依赖于证券市场。在日德国家，对非银行融资的限制，则意味着通过证券市场的机构投资者的交易成本大为提高。

而东亚国家的大企业集团基本都是家族所有，它为了扩大家族的利益，总是尽量扩大自己，通过不断创办自己的中小公司来代替其他非家族所有的中小企业生产配件。然而，随着家族中经营管理人才的缺乏和对物质资本的大量需求，以及全球化竞争的加强，建立在“血缘、学缘和地缘”基础上的家族监控必然面临更大的挑战。尤其是当家族内部缺乏有效监控型人才，而与企业的关系实质上仅仅表现为资产纽带时，在职业经理阶层的兴起浪潮下，他们会发现集中拥有某一家企业的股票要冒极大的风险，于是更趋向于分散投资，这会导致家族监控模式向内部模式或外部模式的转变。

东欧等转轨经济国家的私有化改革，使这些国家的公司治理呈现出“内部人控制”的共性。由于存在数量众多、规模庞大的国企需要进行重组，同时又继承了原有较为混乱的法律体系，因此，经理层利用计划经济解体后留下的真空对企业实行强有力的控制，在某种程度上成为企业实际所有者，国有股权被虚置。薄弱的投资者保护和所有权集中影响了股票市场的流动性，进而导致公司控制权市场缺乏流动性，使得初始所有权和控制权结构停滞不动。由于国有股权主体缺位和制度真空，使得公司财务管理活动几乎全部控制在经营者手中，公司的筹资、投资及分配侧重于实现经理层的目标。

（2）不能忽视与特定制度环境相联系的转轨路径依赖或循序演化的

性质。从“内部人”的结构和地位看，虽然经理层本身是公司的股东，但是目前，剩余索取（股东分红）在他们的收入中所占比重很低，大部分的收入还是来自于控制权。因此，这类公司经理们从事经营活动的目标趋向，不是企业价值的最大化，而是个人索取和职工收入尽可能的最大化，甚至想方设法地将公司资产转移到由经理或其亲友经营的企业。特别是在许多国有控股公司中，国有企业的经理人依靠改革进程中扩大的企业自主权，对公司化过程以及演进中的公司治理结构改革形成强硬的制约。在这种制度约束的背景下，即使存在董事会，董事会和股东们也难以对经理人的行为进行监控和有效约束。

(3) 公司董事会模式的形成是各国的经济、政治、法律、文化和历史等因素综合作用的结果。公司董事会模式有相当强的股权依存度，不同模式的选择必须与公司股权结构相匹配。四种类型模式对代理人实施约束和激励方面尽管在方式上存在很大不同，优势和矛盾各异，但作为一种制度安排在不同的条件下都是有效的，不存在明显的、重大的缺陷。不能笼统地判定其中一种模式优于另一种。因此，三种董事会模式比较的目的，不是要寻求一个“放之四海而皆准”的标准模式，而是探求不同模式的形成机理和运作机制。

(4) 资本市场的发达程度对董事会结构有影响。资本市场是通过股权结构的变幻来影响董事会的构成和效率的，资本市场发达的国家注重董事会的战略决策、董事会成员的构成、董事会的效率。资本市场欠发达的国家出于保护投资者的利益，加强董事会权利的控制显得更为重要。

(5) 不同董事会模式的变化呈现“同向不同归”的趋势。一方面，公司治理的原则是跨国界的、全球性的，是市场经济所共性的微观经济的基本问题。所以各国生产力发展的方向是一致的，反映在对公司治理制度安排上要求具有一致性，因此各种模式呈现趋同的趋势：另一方面，在不同的国家、行业、企业中生产力的特征是不同的，各国在法律特点、文化背景及公司传统上存在较大差异，所以董事会模式又各自具有自己的特点，即发展是“不同归”的。正是因为如此，比较研究不同模式的特点仍然具有重要的意义。

(6) 无论在哪一种董事会模式下，公司都要将短期目标和长期目标结合起来，保护投资者利益，防止董事会或总经理滥用职权。因此，需要有独立的监督机构和有效制衡管理者的机制，否则就缺乏对管理人员的有效机制，导致所谓的内部人控制和管理人员暗中谋取私利。在我国的董事会治理改革中，应强调保护股东利益，强化股东对企业经营者的约束。在保证股东利益的同时，通过利益相关者共同参与公司治理，兼顾股东以外诸如雇员、债权人、供应商、分销商以及环境等其他利益相关者的利益要求，建立多个利益相关者之间的制衡机制。

(7) 建立高效合理的中国董事会模式需要博采众长，综合考虑各方面的情况。在董事会的人员构成上，要注重董事会成员的专业性和代表企业各利益相关者群体的利益。在董事报酬与激励机制方面，除了董事会制度之外，与公司业绩直接挂钩的酬金制度等物质鼓励方式的激励机制对于完善公司治理结构同样十分重要。为此，有必要对董事同样采用以期权为代表的业绩挂钩型酬金制度，使董事和股东的利益趋于一致，形成董事会成员（不论是外部还是内部）监督经营行为的激励机制。在董事会下设立执行委员会、财务委员会、审计委员会、投资委员会等专门委员会来协助甚至负责各方面的工作。这种专业化制度将增强董事会监督公司运作的能力，并能提升董事会决策的质量。

3.7 本章小结

国内外的研究中大多将公司治理模式划分为美英模式、德日模式两种，但也有分为美英模式、德日模式、亚洲家族模式和转型（转轨）经济国家治理模式，还有分为单层模式（美英模式）、双层模式（德国模式）、网络模式（日本模式）的。本章按照第二种分类方法对美英国家、德日国家、以俄罗斯为代表的转轨经济国家、东南亚家族公司等的公司治理的一般范式及公司董事会治理的一般特点分别进行了分析研究，同时还分别用案例研究方法研究分析了美国通用汽车、德意志银行的董事会治理情况。

本章对公司董事会治理有较大影响的国际组织有关公司董事会治理的要求进行了归纳分析，分别将《OECD 公司治理原则》、《OECD 国有企业公司治理指引》中相关内容进行了介绍分析，并对国外公司董事会治理的几种模式的优缺点进行了评述分析，最后分析了国外公司董事会治理的发展趋势。

注释

① 高宇辉，安国胜．商业银行公司治理的国际经验：比较及启示［J］．金融与保险，2006，(7)．

② 杨军．董事会治理研究［M］．北京：中国财政经济出版社，2004：73—78.

③ 马连福．公司内部治理机制研究：中国的实践与日本的经验［M］．北京：高等教育出版社，2005.

④ 世界银行．转轨经济中的公司支配［M］．1995.

⑤ 本部分内容根据 http：//www. mtfg. co. jp/english/index. html.

⑥ 谢永珍．董事会治理评价研究［M］．北京：高等教育出版社，2006.

第 4 章 中国国有公司董事会治理的特征

4.1 中国国有公司董事会治理的回顾

4.1.1 中国国有公司的产生

1949 年新中国成立后，国有企业制度逐步建立和发展起来。中国所谓的国有企业，不仅仅是指中央政府投资兴办、拥有的企业，事实上，（农村）县和（城市）区及以上政府投资设立的企业以及国家机关和国有企事业单位投资设立的企业，都属于国有企业。这里所谓的投资，包括经政府批准从国有金融机构取得资金或者其他渠道筹集的资金。也就是说，中央政府投资设立的企业属于国有企业，地方上一个城市的区政府的工业局投资设立的企业也属于国有企业。但在建国初，所占比重很小。按 1949 年统计，在农业、商业、运输、建筑业中，基本上均是私人经济。只有在工业部门中，国有企业较多，约占 1/4。而且，国有产值在社会总产值中的比重只有 10％左右。

国有经济的现实状况显然与社会主义生产资料公有制的原则不相符。此后，国有经济的范围得到逐步扩大，采取的措施主要有：将原国民党时期的国有企业转为国有，没收官僚资本、在华资本，投资新建一批国有企业。通过这些措施，1952 年，工业和商业部门中国有经济的比重分别达到了 41.5％和 34.4％。但在整个经济当中国有经济比重仍大约只占 1/5 的份额，整体经济还是以私有为主。

之后，在过渡时期“一体（社会主义工业化）两翼（农业和手工业的社会主义改造）”路线的指导下，农业改造从一家一户——互助组——初级社——高级社，资本主义工商业从私营——公私合营——国营进行。到 1956 年，基本完成农业和资本主义工商业的社会主义改造，国有经济比重大幅提高。按 1957 年统计数字，国有经济占工业总产值的比重已达 80%，占产品零售总额的 60%，国有经济在整个经济当中的比重已经达到 50%。在 1978 年，最终形成了一个以国有经济为主体，公有制占 98%以上的经济所有制结构。

当时，国有企业基本按照政府计划所规定的品种和产量以及价格、对象进行生产，利润上缴政府，亏损政府补贴。职工由企业按国家指标招收，终生就业，薪金以及住房也由政府规定标准。

而且当时国有企业的治理结构也与时代背景密切相关。企业的管理人员属于国家干部系列，有相应的行政级别，由党组织或政府任命。党委书记或厂长（总经理）是企业最高权力拥有者，在重大事情上集体讨论和集体决定，但也常因为党委书记还是厂长、是一把手而产生矛盾。

4.1.2　中国国有公司的改革回顾

1978 年末党中央召开了十一届三中全会，提出和部署了我国经济体制的改革，从此拉开了经济体制改革的帷幕。1979 年至 1984 年是以农村为重点的改革阶段，1984 年 10 月开始到现在则是以城市为重点的阶段。城市改革中，国有企业的改革是重点，其改革的成败决定了城市改革的成败，在相当的程度上也决定了我国经济体制改革的成效。国企改革是否成功，其最重要的标志是企业绩效的提高和能否促进生产力的发展。改革之前，我国的国有企业是计划经济的生产执行单位，是一个具有多重角色和多重目标的政治经济结合体。由于计划经济对企业管得过多过死，企业不负责任何盈亏，员工福利不与经营业绩挂钩，企业的生产效率低下，难以进行创新活动，普遍丧失活力。因此在认识到计划经济难以克服的信息和激励问题之后，国有企业的改革顺理成章地首先从增强企业活力的放权让利开始。这一阶段改革的基本目标是在不改变国有企业制度基本框架的条件下“搞好搞活”企业，而首先是向企业内部人“放权让利”。“放权让利”先后有三种主要形式，即“企业下放”、“扩大企业自主权”和“企业承包”。其中的企业承包经营责任制是借鉴了农村改革的经验，先后于 1983 年和 1987 年两次掀起放权让利的高潮。在这个过程中，也包括并结合了其他改革模式和措施的试验。仅仅就放权让利而言，它使国有企业逐步摆脱了传统的计划经济体制的某些弊端，开始参与和适应与非国有企业的市场竞争，在各主要行业都出现了一些业绩比较好的企业，对比以往，的确是一大进步。但从整体看，放权让利的改革措施所达到的成效是比较有限的。首先，放权让利所追求的“企业自负盈亏”的目标，其实从一开始就是注定难以实现的，因为“企业”在现实中只能是企业的内部人，而他们由于没有股权资本投入，永远只能“负盈”，不能“负亏”，真正“负亏”的只能是企业的所有者和债权人；其次，放权让利的改革没有改变国有企业制度的基本框架，因而未能解决国有企业的目标多元化、权责不对称、软预算约束等深层次问题；再者，由于国有企业所有权在国家和内部人之间的分割，造成了产权关系的混乱和相当严重的内部人控制。特别是被视为“一包就灵”的“承包制”具有本质的缺陷，即在把部分剩余控制权和剩余索取权交给承包者以后，企业产权的界定变得更加模糊，发包者与承包者之间的利益冲突加剧，双方相互侵权的行为更容易发生。因此，20 世纪的 80 年代末 90 年代初，大多数包括企业界在内的各界人士，都不再认为企业承包等改革方案是我国国企改革的良好方式。当放权让利等改革措施触及深层次的企业制度问题时，国企改革的思路自然而然地转入了企业制度的创新。从各先进国家经济的发展经验来看，现代公司制度是被一致公认的、最符合现代生产力发展的企业制度形式。于是在承包制等改革形式走到尽头的时候，国企改革在 1993 年又转回到在 1986 年曾经讨论过的公司制这一现代企业制度组织形式。

1993 年 11 月，中共十四届三中全会通过了《关于建立社会主义市场经济体制若干问题的决定》（以下简称《决定》），明确了国有企业的改革方向是“建立适应市场经济要求，产权明晰、权责明确、政企分开、管理科学的现代企业制度”，即确定了实现公司化改制这一国有企业改革方向。1994年7月1日，《公司法》实施。1994年11月，国务院选择100家国有大中型企业进行公司制改制试点。对国有小企业的拍卖、租赁、股份合作制等改造办法也相继推行，在中国大地上掀起了国企改革又一个新的高潮。1997年，中共十五大报告提出，公有制实现形式可以而且应当多样化，要努力寻找能够极大促进生产力发展的公有制实现形式。股份制是现代企业的一种资本组织形式，有利于所有权和经营权的分离，有利于提高企业和资本的运作效率，资本主义可以用，社会主义也可以用。这实际上将公司化改制后的国企上市、实现股权多元化同公有制的社会主义基本制度联系起来。

1999年，中共十五届四中全会《关于国有企业改革和发展若干重大问题的决定》中，对国有大中型企业的公司化改制提出了一些新的要求：①强调改制后公司的治理，指出“能够在所有者和经营者之间建立起制衡关系的法人治理结构是公司制的核心”，要求改制后的企业要建立有效的公司治理；②要求除极少数必须由国家垄断经营的企业之外，“积极发展多元投资主体的公司”，要引入非国有股权投资，“国有大中型企业尤其是优势企业，宜于实行股份制的，要通过规范上市、中外合资和企业相互参股等形式，改为股份制企业，发展混合所有制经济，重要的企业由国家控股”。继1993年引入公司制后，《决定》首次正式地提出引入公司治理结构，以解决长期存在的“政企不分”、“内部人控制”等失衡关系；同时，建立有效的治理结构也是股权多元化中需要非国有参与主体的参与的要求。

随着一批批改制后的国有企业在海内外成功上市，多元化股权的上市公司数量也急剧增加，一些上市公司也逐渐暴露出改制不彻底造成的危害及治理结构缺陷，突出表现在大股东侵害中小股东利益、内部人控制、董监事会形同虚设、财务信息披露虚假等。针对现实，2002年1

月，中国证监会、国家经贸委颁布了《上市公司治理准则》，阐明了我国上市公司治理的基本原则、投资者权益保护的实现方式，以及上市公司董事、监事、经理等高级管理人员所应遵循的行为准则和职业道德等内容。此前，证监会还颁布了《关于在上市公司建立独立董事制度的指导意见》。

2002 年，中共十六大报告进一步提出，除极少数必须由国家独资经营的企业外，积极推进股份制，发展混合所有制。报告还就国有资产的管理体制提出建议，变“分级管理”为“分级所有”，这也促使国务院在 2003 年新增设立“国有资产管理委员会”来行使对中央企业的出资人权利，以解决“出资人缺位”带来的失控等问题。

2003 年 10 月，中共十六届三中全会又通过了《关于完善社会主义市场经济体制若干问题的决定》，提出“实现投资主体多元化，使股份制成为公有制的主要实现形式”，“建立归属清晰、权责明确、保护严格、流转顺畅的现代产权制度”。该《决定》在完善法人治理结构方面，还提出“规范公司股东会、董事会、监事会和经营管理者的权责，完善企业领导人的聘任制度。股东会决定董事会和监事会成员，董事会选择经营管理者，经营管理者行使用人权，并形成权力机构、决策机构、监督机构和经营管理者之间的制衡机制”，还对建立和健全国有资产管理和监督体制提出了建议。

4.1.3 中国国有公司董事会的建立与完善

在国有企业改革的过程中，国有企业的公司治理逐步得到重视。当然这也逐步体现在国有企业如何扩大企业的经营管理自主权，有效调动企业的积极性的过程中。这一还在继续的改革过程大致可以划分为三个阶段：

（一）第一阶段（1978—1993）

这一阶段的侧重点集中于改变旧有宏观经济体制框架，摆脱计划经济下思想观念的僵化、保守和教条，历时时间长，进展缓慢。大致可分为三个时期：

1. 扩权让利（1978—1983）

1978 年，国务院制定了《关于扩大国营工业企业经营管理自主权的若干规定》，企业开始拥有部分生产、销售、资金使用等权利。1980 年，又实行了企业利润全额分成和流动资金“拨改贷”制度，国有企业成为具有一定自主权和相对独立利益的实体。但是，由于宏观管理体制变化缓慢，对企业的放权也是时放时收，而且基数和利润分成办法容易造成“苦乐不均”和“鞭打快牛”现象，因此扩权让利的改革也就难以继续下去了。

2. 利改税（1983—1986）

1983 年，国家在《关于国营企业利改税的推行办法》的基础上，开始推行了第一步利改税。企业利润的 55％缴纳企业所得税，税后利润还要根据企业情况实行利润分成或缴纳调节税。1984 年 10 月，第二步利改税开始，又将原来的工业和商业税根据对象划分为产品税、营业税，同时增加城建税、房地产税、资源税等税种，将税后利润的上缴统一改为开征“利润调节税”。但由于税收没有达到真正规范，企业经营仍然不能实现自主经营、平等竞争。而且随着利改税经济效应的逐步下降，到 1986 年底，利改税因为国有企业连续多月竟完不成缴税任务而难以为继。

3. 承包经营责任制（1987—1993）

1986 年 12 月，国务院颁布《关于深化企业改革、增强企业活力的若干规定》，围绕企业经营机制的转换来深化改革，出现了股份制、租赁制、资产经营责任制和承包经营责任制等企业改革形式。其中，承包经营责任制因其目标明确、操作简便在全国范围的国有企业当中得到迅速推广。尽管承包经营的具体形式不同，但其基本原则可以概况为“包死基数、保证上缴、超收全留、欠收自补”。但是，由于实践中无法做到“包死基数”以及容易造成企业短期行为，承包经营责任制也无法持续下去。

总的来说，第一阶段国有企业改革的特点在于：首先，国有企业管理体制的变化。新中国成立以来，国有企业曾先后实行过工厂管理委员会制，生产行政工作上的厂长负责制（一长制），党委领导下的厂长（经理）负责制，党委领导下的职工代表大会制、厂长负责制。但是却始终无法解决国有企业内部领导体制分则造成权力矛盾、合则缺乏监督的问题，影响国有企业的经营效率。其次，企业激励机制的变化。在对国有企业进行放权让利、承包经营等改革后，企业的激励机制也发生了变化，企业的劳动人事、工资分配和社会保险制度发生了变化，打破了“铁饭碗”、“铁交椅”、“铁工资”。但由于改革条件并不成熟，“破三铁”等激励方面的改革最终失败，并没有能够真正达到提高国有企业经营效率和经济社会稳定的目标。

（二）第二阶段（1993—2002）

1993 年 11 月，共产党第十四届三中全会提出国企改革的全新思路，即通过改革国有资产管理和企业制度创新来寻求国有经济与市场经济体制融合的有效途径。国有企业改革要建立产权清晰、权责明确、政企分开和管理科学的现代企业制度。其后，在 1994 年《公司法》颁布后，国务院实施并确定百家企业进行现代企业制度试点，并通过向大型企业派出稽查特派员、对国有大中型企业实行规范的公司制改革、向国有重点大型企业派出监事会以及建立董事制度、发布《上市公司治理准则》等措施，试图完善公司治理结构，提高国有企业经营效率，保证国有资产保值增值，保护投资者利益。但是，由于国有资本缺乏有效的退出通道，其收益权被忽视甚至被侵犯的情况时有发生，国有资产在管理和营运方面依然存在尖锐的问题和突出的矛盾。如何推动国有资产管理体制改革与产权制度改革成为解决问题的关键。这一阶段国有企业在董事会治理方面的特点主要有：

1. 董事会选举

《公司法》规定，公司设立董事会，其成员由股东大会选举和更换，董事会对股东大会负责。董事会设董事长 1 人，可以设副董事长 1～2 人。董事长和副董事长由董事会以全体董事的过半数选举产生，董事长为公司的法定代表人，董事任期由公司章程决定，但每届任期不得超过 3 年，可连选连任。

2. 董事会职权

董事会负责召集股东大会，并向股东大会报告工作；执行股东大会决议；决定公司的经营计划、投资方案、预算方案、分配方案；聘任或者解聘公司经理，根据经理的提名，聘任或者解聘公司副经理、财务负责人，决定报酬事项；制定公司的基本管理制度。

（三）第三阶段（2002 年至今）

2002 年，十六大召开，中央提出明确的国有资产管理宗旨，即中央政府与地方政府分别代表国家履行出资人职责，建立专门的管理机构，管人、管事和管资产相结合，权力、职责和义务相统一，试图解决长期以来国有资产管理中政出多门、效率低下、监管缺位、无人负责等问题，实现深化国企改革、国有资产保值增值的要求。在众多国有资产分级管理模式中，“三层管理”模式得到广泛的认可。在该模式中，第一层次是政府国有资产管理机构，第二层次是中间层公司，第三层次是从事生产经营的国有企业。其中，中间层公司的设立理论上被认为既可以解决国有企业国家股东缺位的问题，其监管职能又可以在一定程度上保证国有企业经营的规范性，而且管人和管资产权力的集中可以促进经理人市场发展，实现经理人选择与任免的市场化。这一阶段董事会制度建设的特点有：首先，上市公司独立董事制度和董事会专门委员会制度基本建立，大多数上市公司董事会成员中 1/3 是独立董事，近半数上市公司设立了专门委员会，为保障董事会的独立性和有效运作提供了基础。其次，中小股东选举董事的权利得到加强，半数以上的上市公司在其章程中规定了以累积投票方式选举董事，董事会成员的代表性普遍提高。再次，董事会议事机制逐步完善。90％以上的上市公司制定了较详细的董事会议事机制，初步建立了一个符合中国公司法和公司治理规范的董事会议事制度框架。最后，初步确定了追究公司董事责任（包括民事责任）的制度。

但是我们也要看到，现阶段国有控股上市公司的治理还存在较普遍的问题。一是政府对国有控股上市公司经营的行政干预仍较严重，行政任命领导层的做法仍较普遍，相当一部分国有控股上市公司的董事长和总经理仍具有行政级别；二是国有控股上市公司高管薪酬的决定程序和机制仍然具有行政管理和政府干预色彩；三是董事会制度形式化严重。流通股股东在董事会中代表性普遍不足，董事会通常由来自大股东的代表操控。

4.2 中国国有公司董事会治理的特征

在国外，所有根据公司法，包括根据特殊公司法设立的国有大公司（包括国有独资公司）都设董事会。董事会负责公司的战略决策或监控、财务监控、总经理等高管人员任免及决定其薪酬等，但是由于国有公司特殊的股权背景，使其具有不同于其他形式公司治理的特殊性，同时由于中国的国情，又使得中国国有公司董事会治理表现得更为特殊。

4.2.1 更为复杂的治理关系

中国国有公司董事会治理关系异常复杂，在公司内部包括董事会（董事）与股东大会（股东）的关系；董事会与高级管理层的关系；董事会与监事会的关系；董事会与公司党委的关系；董事会与公司工会、职工代表大会的关系；董事会与员工的关系。在公司外部包括董事会与监管机构的关系；董事会与地方和上级党委、政府管理部门的关系；董事会与行业协会、社会中介机构的关系（行业自律性组织、会计师、审计师、律师事务所）；董事会与利益相关者（股东、债权人、客户）的关系等。

4.2.2 国家股东的治理特征

国有公司的公司治理应体现国家作为股东的治理特殊性。中国国有公司的所有权分别属于中央政府、地方政府以及国有公司。作为国有公司产权主体的政府，同时又是宏观或中观经济的管理者。一方面作为产权主体需要追求公司经营活动的收益性与安全性；另一方面，作为宏观或中观经济管理者，从推动经济发展的目标出发，又希望放松预算约束，要求公司提供更多的金融支持。政府的二重角色常常令国有公司无所适从，公司也常常将满足政府的政策偏好作为其经营目标，这就从根本上决定了国有公司具有内在的政企不分的特征，而这也是其治理效率低下的根源。因此，国有公司的董事会治理应当体现国家作为股东的治理特殊性，即不仅要追求利润最大化和公司价值最大化，而且还要充分发挥国有公司的资源配置作用和宏观调控作用，为中国的市场经济建设做好服务和保障工作。但这种治理目标的多元不是过去计划经济条件下的多目标，而是在市场条件下的有限目标的多元。

4.2.3　员工参与治理的传统

传统的国有公司以职工代表大会、工会的形式让员工行使“主人翁”的功能，但实际运行时并非完全如此。现代公司理论认为，公司所有权的安排依赖于专用性资产的提供者占有准租金的可能性，而专用性人力资本与非人力资本均是公司准租金的源泉（Williamson，1987）。专用性资产所承担的风险也是衡量其对公司贡献大小的重要因素，人力资本在某种程度上承担了比财产资本更大的风险，从这个意义上来讲，向公司提供人力资本的员工是公司重要的利益相关者，理所当然要参与到公司治理中去。

4.2.4　董事选择的非市场化

中国国有公司多以党政干部标准来任免和管理董事，内部董事都由组织部门提名，外部董事由政府部门提名，股东大会只是履行形式上的程序。目前中央企业通过市场化方式选用的各级经营管理人才，约占总数的30%。内部董事有行政级别，其激励的主要方式为“升官”。

4.2.5 新老“三会”并存

目前中国国有公司既有党委会、职代会和工会等“老三会”，又有股东大会、董事会、监事会等“新三会”，新老“三会”并存，各有其责。

4.2.6 公司文化构建的中国特色

儒家文化背景、社会主义市场经济制度、人口最多的国家等等使中国国有公司具有不同于其他国有公司的社会、制度背景，无疑，中国国有公司的具有中国特色的公司文化。

4.3 中国国有公司董事会治理的实证分析

4.3.1 中国国有公司董事会治理的描述统计分析

（一）样本选择与数据来源

样本选择：本研究以上海证券交易所 2005 年以前上市的公司作为样本，以 2005—2007 年三年的资料作为研究对象。由于对国有公司的界定在学界无法达成一致意见，因此本研究采用了绝对控股的概念，只有国家股、国有法人股达到 50%以上的才作为研究对象。同时，又由于目前存在的地方利益、部门利益的差异，所以，本研究以单一国有法人控股 50%以上且在三年中都处于绝对控股地位的国有企业作为研究对象，并剔除一些资料不全的公司，共从上交所上市公司中得到三年共 357 个样本数据。

数据来源：本研究所使用的董事会规模、管理层董事、董事持股、董事会会议、独立董事等数据主要来源于上交所公布的各公司的年度报告。其中，2007 年的董事会专门委员会的数据则来自上海证券交易所公布的《上市公司治理专项活动自查报告和整改计划》。同时对一些不确定的数据则通过金融界、网易财经等途径进行核对，力求保证数据的准确性。

（二）样本的描述性分析

1. 董事会规模的描述分析

表4-1 董事会规模的描述统计

年度	最小值	最大值	均值	标准差	中位数	众数
2005	5	15	9.82	1.98	9	9
2006	5	15	9.71	1.80	9	9
2007	5	15	9.66	1.82	9	9

年度	5	6	7	8	9	10	11	12	13	14	15
2005	3	2	3	7	59	5	19	11	3	2	5
2006	2	2	5	3	65	3	23	9	3	0	4
2007	2	2	7	4	61	7	19	10	2	2	3

通过对董事会规模的分析可以看出，我国国有公司董事会人数在5～15人之间，合乎公司法的规定，当然也可能是国有公司适应法律规定的结果。通过连续三年对董事会人数的分析，我们能发现以下几点：

首先，董事会成员人数为偶数的国有公司仍占有一定比例。在这三年当中，董事会成员人数为偶数的国有公司分别为27家、17家和25家，占比分别为22.69%、14.29%和21.01%，总体占比为19.33%。也就是说，在国有公司中有近五分之一的公司董事会人数为偶数。考虑到董事会表决时达成决议的需要，董事会人数应该为奇数好些。但是，我们也不应该忽视国有公司绝对控股的现状，董事长在董事会中存在的权威性，所以，即使在董事会人数为偶数的情况下可能也并不影响决议的达成。同时，偶数的情况也可能是董事会换届暂时无法找到合适人选的原因所造成的。

其次，人数分布趋向合理。从2005到2007年间，董事会人数处于两端的情况减少，人数为 5 人的公司和人数为 15 人的公司均出现家数减少的现象，人数分布向中间靠拢。数据分析显示，三年中，无论是最大值、最小值还是中位数、众数，都是一样的，但均值在逐渐减少，说明董事会人数在向中间值集中。

最后，9 人董事会规模成为多数公司的选择。平均而言，采取 9 人董事会的公司家数在这三年当中的比例超过一半。这可能是各家公司顺应董事会研究结论的结果，毕竟董事会人数过少的话，容易产生少数人控制表决权的情况，而人数过多的话又可能产生议而不决的现象，也不会出现在偶数董事会情形下的无法形成决议的现象。

2. 董事长在股东单位任职情况分析

表 4-2　董事长在股东单位任职情况统计

年度	董事长是否在股东单位任职	
	是	否
2005	96	23
2006	96	23
2007	97	22

2002 年 1 月，中国证监会和国家经贸委联合发布《上市公司治理准则》，其中第十八条明确规定："上市公司人员和管理层应独立于控股股东。控股股东高级管理人员兼任上市公司董事应通过股东大会等规定的程序，并保证有足够的时间和精力承担上市公司的工作。"此规定的目的是保证上市公司的独立经营和董事会正常运作所需要的时间和精力。但通过对近三年董事长在股东单位的任职情况分析，仍然有不少国有公司的董事长在股东单位兼任总经理、副总裁等职务。如 2005 年在所研究的 119 家国有公司中有 96 家公司的董事长在控股股东单位担任董事长、董事、总经理等职务，这一数字在 2006 和 2007 年分别为 96 家和 97 家。当然，这种情况是和出于控股股东保持对上市公司控制权的需要有关。但同时，这种安排不利于董事长集中时间和精力处理好上市公司

的事务，特别是对于又在控股股东单位担任高层管理职务的董事长更是如此。

3. 在股东单位任职董事人数与比例

表4-3　在股东单位任职董事情况统计

年度	最小值	最大值	均值	标准差	中位数	众数
2005	1	11	3.91	1.85	4	3
2006	1	10	3.72	1.80	4	4
2007	1	9	3.60	1.60	4	4
年度	最小值	最大值	均值	标准差	中位数	众数
2005	0.11	0.75	0.39	0.15	0.36	0.33
2006	0.09	0.75	0.38	0.16	0.36	0.44
2007	0.07	0.72	0.37	0.14	0.36	0.44

除董事长在股东单位任职情况的分析以外，本研究还分析了119家国有公司的董事在控股股东单位的任职情况。作为国有公司而言，在不可能经常召开股东大会的情形下，控股股东单位为加强对上市公司经营管理的控制权，通过推荐选举内部人进入董事会，可以有效维护本（集团）公司利益。但是，作为上市公司来说，其运作应该独立于控股股东，不仅要考虑控股股东的利益维护，也要考虑中小股东的利益问题，更要以上市公司自身的利益为出发点，维护公司本身的利益。所以，近年来在公司治理的讨论中，董事的来源问题受到越来越多的关注。一方面，受控股股东控制的董事越多，越有可能为维护控股股东的利益而损害中小股东甚至公司利益；而另一方面，在拥有绝对控股地位的情况下，为保证上市公司的良好经营，维护自身利益，控股股东也完全有可能向上市公司输送利益。而且，和前面对董事长任职情况的分析相同，在股东单位任职的董事也存在是否有足够的精力和时间来处理上市公司事务的问题。所以，在股东单位任职董事人数的多少对上市公司的影响应该是双方面的。通过上面两张表的数据可以看出：无论是从相对比例

还是从绝对数值上看，在119家国有公司董事会中，同时在股东单位任职的董事都呈现出减少的趋势。每家公司在股东单位任职的董事绝对数值从平均3.91人减少到3.60人，占全体董事的比例也从0.39下降到0.37。这反映出在当前改善公司治理尤其是董事会治理结构的浪潮下，在董事会来源多元化的要求下，在强调中小股东利益保护的情形下，控股股东顺应形势要求，在一定程度上减少了董事在股东单位的兼职情况。

4. 兼任高级管理职务的董事人数与比例

表4-4 管理层董事情况统计

年度	最小值	最大值	均值	标准差	中位数	众数
2005	0	5	1.66	1.01	2	1
2006	0	5	1.82	1.07	2	1
2007	0	6	1.77	1.09	2	1
年度	最小值	最大值	均值	标准差	中位数	众数
2005	0	0.44	0.17	0.10	0.15	0.11
2006	0	0.44	0.19	0.11	0.18	0.11
2007	0	0.5	0.18	0.10	0.18	0.11

公司治理理论研究中，不同的理论对董事会职能的界定不同。但概括一下，董事会的职能大致有监督管理人员、帮助公司取得关键资源、为管理层提供战略性建议以及为公司的未来制定战略和决策等。由于对董事会职能的看法存在分歧，所以对董事会中管理层董事的比例多少为合适也存在不同的意见。

首先，作为股东利益的代表，董事会为防范公司出现内部人控制的情况，需要加强对公司管理层的监督，防止管理层为自身利益损害公司利益，这时董事会中就不应该有过多的管理层人员，否则表决通过的决议很可能都是从管理层的利益出发的而不是以大股东的利益为基础的，更别提公司的利益和中小股东的利益了。

其次，由于其他的管理人员都是总经理（总裁、CEO）的下属，所以这些管理人员如果进入董事会，其代表性很容易受到质疑。在表决中，是唯总经理（总裁、CEO）的马首是瞻还是以公司的利益为最终目的，不能不引起关注者对董事会运行效率的忧虑。

最后，从董事会的运作需要来看，管理层的董事又应该在董事会中占有一定的数量和比例。作为董事会成员，特别是外部董事或独立董事，由于并不参与公司的日常经营管理，对于公司经营状况的了解途径一般也就限于几次董事会以及获得的情况报告，自身没有时间、多数情况下也不愿花费过多的精力关注公司的经营状况。而管理层董事参与公司的日常经营管理，了解公司的经营状况，可以作为董事会重要的信息来源，为董事会的战略决策提高信息基础。而且，在管理层董事作用得到有效发挥的前提下，可以减少外部（独立）董事与总经理（总裁、CEO）之间的信息不对称，有利于董事会更有效地监督和评价总经理（总裁、CEO）的工作效率。

从上面表中的数据可以看出，管理层董事在董事会中所占的比例平均少于 20%，只有少数几家公司的管理层董事的比例较高，如 2007 年实际上只有 1 家公司的管理层董事人为 6 人，为 5 人的也只有 1 家公司。大多数公司管理层董事人数为 1 人或 2 人，而为 1 人的情况下又绝大多数为总经理出任董事。这种安排即符合国有控股股东利益的需要，在保证董事会控制的前提下，通过减少管理层董事的人数，防止内部人控制现象的产生，同时又契合了当前公司治理研究对优化董事会结构的提议。

5. 董事长与总经理兼任情况

表 4－5　董事长与总经理两职情况统计

年度	董事长与总经理是否两职合一	
	是	否
2005	6	113
2006	8	111
2007	8	111

2002 年 1 月，中国证监会和国家经贸委联合发布《上市公司治理准则》，其中第三十二条明确规定："董事长和总经理要明确各自的职责。为有利于董事会对经理层的监督，上市公司的董事长和总经理原则上不应该由同一人担任。如果董事长和总经理由同一人担任，则公司董事会成员中应至少包括 1/2 的独立董事。"一般来说，董事长和总经理分别作为监督决策机构和日常经营机构的组织者和领导者，两职的分离有利于监督职能的履行和战略职能的专一，有利于公司长期发展，也符合公司治理的基本要求。尽管从实证分析当中得出的结论不能完全支持两职分离对公司绩效的积极影响，而且对不同种类公司、不同股权结构公司的研究结论也不一致。

但是，考虑到研究的对象是国有企业，一般规模较大，且已经在市场上占有相应的地位，董事长兼任总经理的模式对公司经营灵活性的积极影响在此实际上无法体现，反而是在我国上市公司治理制度不完善的情况下，兼任模式将导致监督制衡机制难以真正发挥作用，影响公司的经营绩效。从对 119 家国有控股公司的两职分离及兼任的情况分析，只有少数几家仍然实行兼任模式，绝大多数已经按照《上市公司治理准则》的要求实现了两职分离。这种情况有利于国有公司通过董事会监督职能的完善，一方面防止出现内部人控制损害公司以及股东利益，另一方面也有利于对管理层业绩的评价，做好总经理的选择、更换以及继任工作，保证公司管理层以及日常经营的连续性。

6. 独立董事人数与比例

表 4-6 独立董事情况统计

年度	最小值	最大值	均值	标准差	中位数	众数
2005	2	5	3.32	0.71	3	3
2006	2	5	3.29	0.69	3	3
2007	2	6	3.34	0.71	3	3
2005	0.13	0.5	0.34	0.04	0.33	0.33
2006	0.13	0.5	0.34	0.04	0.33	0.33
2007	0.14	0.5	0.35	0.05	0.33	0.33

公司治理理论认为独立董事的存在可以提高多角度、多领域的建议，提高董事会决策的独立性、客观性和专业性，有利于董事会有效履行其职责，同时公司还可以凭借其声誉帮助公司得到必要的发展资源。但也有观点认为独立董事缺乏履行职责的足够的时间、精力和专业技能。而且，在实证分析方面也缺乏统一的独立董事与公司绩效间的关系。

我国上市公司多由原来的国有企业改制而来，大股东侵害中小股东利益现象大量滋生。2001 年，证监会出台《关于在上市公司建立独立董事制度的指导意见》，要求各境内上市公司应当按照指导意见的要求修改公司章程，聘任适当人员担任独立董事，在 2002 年 6 月 30 日前，董事会成员中至少包括 2 名独立董事，在 2003 年 6 月 30 日前，董事会成员中至少包括 1/3 独立董事，以增进董事会独立性，保护中小股东利益。

在我国上市建立独立董事制度的这几年间，独立董事的作用在理论上得到了肯定，但在实际中的效果却没有得到足够的认同。一方面现实中存在的“人情董事”、“花瓶董事”的现象导致独立董事在增进董事会独立性、保护中小股东利益方面的作用受到质疑，另一方面，独立董事对上市公司绩效的积极影响在实证分析中也得不到一致认同。从 2005—2007 年三年的董事会中独立董事的人数以及占董事会成员的比例来看，在人数方面，所研究的 119 家国有公司已经全部达到指导意见的要求，独立董事的人数均在两人或两人以上。但从对独立董事所占比例的分析来看，三年的最低比例分别为 0.13、0.13 和 0.14，分别有 12 家、11 家和 9 家公司的独立董事比例没有达到意见要求的 1/3。对此，有上市公司的解释是董事会换届，一时没有找到合适的独立董事人选。但通过数据显示，有 5 家上市公司在这三年当中独立董事的比例持续低于 1/3，显然不是难以找到合适人选所能解释的。

而且，无论是平均人数还是平均比例，三年中变化极小，反映出上市公司对独立董事的作用期望不大，1/3 的比例仅仅是为满足监管部门的要求而已。

7. 独立董事参加会议比例

表 4-7 独立董事参加会议情况统计

年度	最小值	最大值	均值	标准差	中位数	众数
2005	0.58	1	0.91	0.11	0.93	1
2006	0.53	1	0.91	0.09	0.93	1
2007	0.56	1	0.92	0.09	0.95	1

独立董事在上市公司董事会治理中发挥作用的主要途径就是参加董事会会议以及专门委员会会议，由于专门委员会会议的召开情况信息披露不祥。所以，本研究中采用独立董事亲自参加董事会会议的比例作为独立董事发挥作用的一个衡量指标。

通过对 119 家国有公司独立董事参会比例的分析可以看出，三个年度中参会比例最少分别为 0.58、0.53 和 0.56，这意味着有些公司的独立董事仅仅参加了一半的董事会会议。尽管通过上市公司年报披露的信息发现，独立董事真正缺席董事会会议的次数极少，多数在不能参与的情况下都是委托其他董事代为表决的，但这也从侧面反映出部分独立董事可能并没有足够的时间以其专业技能为公司的战略决策、管理层业绩评价等提供独立建议。当然，从总体情况来看，数据分析显示独立董事参加董事会会议的平均比例在各年度均超过了 90%，说明绝大多数独立董事还是有充足的时间履行其职责，为上市公司提高专业性较强的决策、监督等服务。

8. 董事会年度会议情况

表 4-8 董事会年度会议情况统计

年度	最小值	最大值	均值	标准差	中位数	众数
2005	3	19	7.59	3.17	7	6
2006	3	24	7.8	3.23	7	7
2007	4	29	9.65	3.42	9	9

（续表）

年度	3	4	5	6	7	8	9	10	11	12	13	14	15	多于 15
2005	2	11	18	27	13	11	11	8	5	4	2	1	0	6
2006	1	9	13	20	25	17	11	8	3	5	2	0	0	5
2007	0	1	4	11	14	17	19	17	11	10	5	3	1	6

足够的工作时间是保证董事能够有效履行职能的基础，每月一次的董事会议可能稍嫌过多，但每年少于 4 次，每次少于 1 天的董事会会议显然无法满足公司战略决策和经营监督的职能，更何况还有选择董事会成员、考察继任总经理人选等工作要做。所以“越来越多的董事会转向每年 6 次会议，每次会议不少于 6 个小时，每年举行一次 2～3天的异地‘度假会议’，这些会议帮助董事会深入探讨公司战略等重大议题”。

从整理分析的我国 119 家国有公司董事会年度会议数据来看，在 2005 年度，有 13 家公司的董事会会议次数在 4 次及以下，次数偏少。毕竟，即使在市场环境相当稳定的情况下，身负战略决策和监督职能的董事会应该也绝不仅仅只需要每年 4 次会议就可以把握住上市公司的发展状况。从趋势上看，这一数字在 2006 年，特别是 2007 年有了较大的变化，可见上市公司对董事会会议的作用有了更深入的认识。从年度会议的集中度来看，6～9 次的董事会会议在所有公司中是采用最多的，既能够及时解决公司面临的问题，又不至于因为次数太多而使董事会成员过度疲劳，工作缺乏效率。

当然，从数据来看，2007 年的董事会会议次数出现了明显的增加，均值从少于 8 次突然上升到 9.65 次，增加了将近 2 次，中位数和众数也从 7 和 6、7 和 7 上升到 9 和 9。这种突然的增加可能和我国 2006 年的经济形势有关，信贷收缩、原材料价格上升、股票市场下半年的回落，致使上市公司需要更多的董事会会议来指导公司渡过影响公司正常经营的局势。

此外，还有一些极端数据的存在，每年超过 15 次以上的董事会会议过于频繁，对董事会成员来说，强度过高。当然，这可能和公司遇到的重大投资机遇或者经营困难有很大的关系。

9. 董事会成员持股情况

表 4－9　董事会成员持股情况统计

年度	最小值	最大值	均值	标准差	中位数	众数
2005	0	0.0011	0.000036	0.000121	0	0
2006	0	0.0009	0.000047	0.000136	0	0
2007	0	0.0009	0.000046	0.000151	0	0

经营者的薪酬通常包括工资、奖金、期权和福利计划。长期以来，我国国有企业经营者的工资由国家规定，缺乏科学性。放弃让利后，虽有奖金发放，但和普通职工差距有限，而且与业绩挂钩的效益工资对企业经营业绩真假缺乏客观的确认和科学的评价机制。所以国有企业领导人就会尽量增加职务消费，以弥补现金薪酬激励的不足，而这部分在职消费甚至还有福利计划是一个难以确认的数字，期权更是少之又少的现象。从整体上来看，我国国有企业的经营者与国外或者私营企业的经营者在工资和奖金、期权方面都存在较大差距，但在职消费部分却极大地缩小了这一差距，所以将这部分转化为经营者的收入是薪酬合理化和透明化的一个较好办法。

近年来，在公司治理浪潮的推动下，国有企业也开始越来越注重对经营者的长期激励问题，尽管无论从理论上还是从实证方面其效果都还存在争议之处，但期权计划表面看来不失为一个较好的办法。2006 年 1 月，证监会发布《上市公司股权激励管理办法》，允许完成股权分置改革的上市公司实施股权激励。3 月 1 日，国资委发布《国有控股上市公司（境外）实施股权激励试行办法》规定，股权激励的方式包括股权期权、股票增值权等。但由于实行起来比较困难，目前在所研究的国有公司中还并未普遍实行股权激励。

从整理的数据来看，国有公司董事的持股比例平均偏低，三年平均董事人均持股比例只有 0.0043%，且中位数和众数都为零，说明大多数公司的董事均不持有上市公司的股票。

10. 董事会专门委员会建设情况

表 4 - 10　董事会专门委员会情况统计

年度	最小值	最大值	均值	标准差	中位数	众数
2007	0	6	3.34	1.20	4	

年度	0	1	2	3	4	5	6
2007	9	1	9	27	69	2	2

董事会专门委员会制度的建立有许多优点，如发挥董事会成员的专业优势，能够提高董事会决策的效率等。董事会的专门委员会一般有薪酬委员会、审计委员会、提名委员会、战略委员会。但委员会的设立并非固定不变，在不同的公司中，可以根据业务需要设定其他的委员会。但对大多数董事会来说，只需要 3～4 个委员会。在中国证监会和国家经贸委联合发布的《上市公司治理准则》中，第三十六条规定："上市公司要按照股东大会的有关决议，设立战略决策、审计、提名、薪酬与考核等专门委员会。审计委员会、薪酬与考核委员会中独立董事应占多数并担任负责人，审计委员会中至少应有一名独立董事是会计专业人士。"

但是，由于公司治理理论在我国产生广泛影响的时间不长，虽有上述准则，但董事会专门委员的作用和建设并没有受到足够的重视。在研究的国有公司中，不少公司董事会没有建立专门委员会；有的公司虽建立了专门委员会，但在董事会报告中却只字未提；有的公司仅在年度报告中提到"董事会下设专门委员会"，名称、活动情况等内容皆无；有的公司提到设立的委员会名称，但却没有召开专门委员会会议的情况。只有在 2007 年《上市公司治理专项活动自查报告和整改计划》中才对专门委员会的设立进行了统一的披露。所以，鉴于资料不全，本研究只分析了 2007 年度董事会专门委员会的建设情况。

从数据分析看，到 2007 年自查报告公布为止，在 119 家公司中仍有 9 家公司未设立专门委员会，多数公司设立了 3～4 个委员会，也有的公司委员会数量较多，设立 5 个和 6 个委员会的公司也分别有 2 家。从总体上看，设立专门委员会的公司数达到了研究样本的 92.44%，似乎情况不错。但样本公司的自查报告的说法，“但限于公司董事会人数较少，独立董事仅两人，各专门委员会的人员重复、职能混淆的情况比较突出，不利于专门委员会的工作开展”，“公司独立董事在外地工作，董事会专门委员会要经常召集活动存在一定的不便利，因此往往以董事会会议集体审议替代董事会专门委员会的职能，没有较好地发挥董事会下设各专业委员会的作用”，“由于本公司专门委员会成立时间不长，因此尚未实质运作”等，足以说明不少公司专门委员会的作用并未得到充分发挥。

4.3.2 国有公司董事会治理特征与公司绩效的回归分析

在对上述国有公司董事会结构的各种特征进行描述性统计分析的基础上，下面将建立回归模型来研究董事会特征各个指标与公司绩效之间的关系。公司绩效的衡量选用了两个在分析研究中常用的指标：净资产收益率和每股收益。研究中将先分别建立单独某个指标与净资产收益率、每股收益之间的关系，然后再建立多元回归模型研究所选取的各种董事会特征指标与净资产收益率、每股收益间的关系。

（一）董事会规模与公司绩效的回归分析

研究中，先对董事会规模与净资产收益率、每股收益进行了分年度回归分析，回归结果如表 4 - 11、表 4 - 13 所示。首先，净资产收益率与董事会规模在 2005、2006 年度呈现正相关关系，而在 2007 年度却表现为负相关关系，但在各年度均不具备统计上的显著性。其次，每股收益与董事会规模在三个年度当中均呈现正相关关系，但只有 2005 年度具备统计上的显著性（在 0.05 置信度水平下），2006、2007 年度并不具备统计上的显著性。最后，考虑到曾有研究发现董事会规模与公司绩效呈现倒 U 形二次曲线关系，本研究进行了非线性的回归分析，结果如表 4－12、表 4－14 所示，并没有发现公司绩效与董事会规模间存在显著的相关关系。

表 4－11　净资产收益率与董事会规模回归分析

年度		系数	标准误差	t 值	P
2005	截距	0.040405	0.039204	1.030638	0.304836
	X 变量	0.005068	0.003916	1.29416	0.198159
2006	截距	0.034423	0.077619	0.443487	0.658233
	X 变量	0.00475	0.007858	0.604402	0.546747
2007	截距	0.104286	0.10443	0.998623	0.320038
	X 变量	−0.00121	0.01062	−0.11392	0.909498

表 4－12　净资产收益率与董事会规模非线性回归分析

年度		系数	标准误差	t 值	P
2005	截距	0.029485	0.131923	0.223504	0.823536
	变量 X	0.007263	0.025614	0.283552	0.777259
	变量 X^2	−0.00011	0.001222	−0.08673	0.931037
2006	截距	0.033276	0.264351	0.125877	0.900047
	变量 X	0.004981	0.051613	0.096512	0.923281
	变量 X^2	−1.1E−05	0.00249	−0.00454	0.996383
2007	截距	0.092246	0.360085	0.256179	0.798266
	变量 X	0.001242	0.070969	0.017507	0.986062
	变量 X^2	−0.00012	0.00345	−0.03495	0.972178

表 4－13　每股收益与董事会规模回归分析

年度		系数	标准误差	t 值	P
2005	截距	−0.00377	0.170949	−0.02207	0.982427
	X 变量	0.034624	0.017075	2.027765	0.044856
2006	截距	0.185176	0.298663	0.620015	0.536453
	X 变量	0.018993	0.030237	0.62815	0.53113
2007	截距	0.297467	0.32257	0.922177	0.358334
	X 变量	0.020047	0.032805	0.611099	0.54232

表 4－14　每股收益与董事会规模非线性回归分析

年度		系数	标准误差	t 值	P
2005	截距	0.468867	0.573424	0.817662	0.415227
	变量 X	−0.06038	0.111334	−0.54237	0.588604
	变量 X^2	0.004588	0.005313	0.863599	0.389591
2006	截距	0.067072	1.0171	0.065944	0.947536
	变量 X	0.042842	0.198584	0.215736	0.829572
	变量 X^2	−0.00116	0.009579	−0.12152	0.903488
2007	截距	0.145505	1.112162	0.130831	0.896136
	变量 X	0.050999	0.219195	0.232664	0.816433
	变量 X^2	−0.00152	0.010655	−0.14283	0.886673

（二）管理层董事比例与公司绩效的回归分析

表 4－15　净资产收益率与管理层董事比例回归分析

年度		系数	标准误差	t 值	P
2005	截距	0.084569	0.015141	5.585469	1.54E−07
	X 变量	0.032563	0.075841	0.429358	0.668452
2006	截距	0.057296	0.028434	2.015012	0.046196
	X 变量	0.122567	0.130329	0.940446	0.348927
2007	截距	0.148407	0.03868	3.836745	0.000203
	X 变量	−0.3042	0.183429	−1.65841	0.099913

表 4-16 每股收益与管理层董事比例回归分析

年度		系数	标准误差	t 值	P
2005	截距	0.306779	0.066674	4.601209	1.07E—05
	X 变量	0.170992	0.33397	0.511996	0.609619
2006	截距	0.358025	0.109829	3.259844	0.00146
	X 变量	0.061412	0.503401	0.121994	0.903113
2007	截距	0.53863	0.120956	4.453099	1.95E—05
	X 变量	—0.25852	0.573595	—0.45071	0.653034

首先，净资产收益率与管理层董事比例在2005、2006年度具有正相关性，但却不具有统计上的显著性，而在2007年度，却具有显著的负相关性（在0.1的置信度水平下）。其次，每股收益与管理层董事比例在2005、2006年度具有正相关性，而在2007年度表现为负相关性，但均不具有统计上的显著性。最后，分别对净资产收益率、每股收益与管理层董事比例的关系进行非线性回归分析，试图建立二次曲线，仍没有发现显著的相关关系（研究结果不再在此列出）。

（三）独立董事比例与公司绩效的回归分析

表 4-17 净资产收益率与独立董事比例回归分析

年度		系数	标准误差	t 值	P
2005	截距	0.149246	0.06266	2.381849	0.018839
	X 变量	—0.17327	0.182289	—0.95051	0.343814
2006	截距	0.190466	0.110319	1.726496	0.086898
	X 变量	—0.32262	0.321217	—1.00437	0.317274
2007	截距	—0.11045	0.148	—0.748	0.456195
	X 变量	0.583254	0.421	1.386	0.168375

首先，净资产收益率与独立董事比例在2005、2006年度具有负相关性，但却不具有统计上的显著性，而在2007年度，却具有稍强的正

相关性，但仍不具备统计上的显著性。其次，每股收益与独立董事比例在三个年度均具有负相关性，而只在2007年度具有统计上的显著性（在0.05的置信度水平下）。

表4－18　每股收益与独立董事比例回归分析

年度		系数	标准误差	t值	P
2005	截距	1.102169	0.267729	4.116731	7.19E−05
	X变量	−2.24603	0.778877	−2.88368	0.004679
2006	截距	0.909933	0.42338	2.149208	0.033678
	X变量	−1.58589	1.232756	−1.28645	0.200824
2007	截距	0.892746	0.459	1.9439	0.054312
	X变量	−1.15346	1.308	−0.882	0.379714

考虑到独立董事的比例可能会对下一年度的公司绩效产生影响，研究对本年度的公司绩效与上一年度的独立董事比例进行了回归分析，结果如表4－19、表4－20所示。发现独立董事的比例对后一年度的净资产收益率并没有产生显著的影响。

表4－19　净资产收益率与上年度独立董事比例回归分析

年度		系数	标准误差	t值	P
2005独董与2006净资产收益率	截距	0.238784	0.112693	2.118888	0.036215
	X变量	−0.46387	0.327846	−1.41489	0.159756
2006独董比与2007净资产收益率	截距	0.087267	0.151902	0.574497	0.56673
	X变量	0.015637	0.442293	0.035355	0.97186

表4－20　每股收益与上年度独立董事比例回归分析

年度		系数	标准误差	t值	P
2005独董比与2006每股收益	截距	0.889996	0.434672	2.047511	0.042847
	X变量	−1.52543	1.264547	−1.2063	0.230134

（续表）

年度		系数	标准误差	t 值	P
2006 独董比与 2007 每股收益	截距	1.078967	0.466727	2.311774	0.02254
	X 变量	−1.72538	1.358968	−1.26962	0.20674

（四）董事持股比例与公司绩效的回归分析

表 4-21 是净资产收益率与董事持股比例的回归分析，结果显示只有在 2006 年度董事持股比例与净资产收益率具有显著的负相关性，而其他两个年度相关性一为负、一为正，且不具统计上的显著性。表 4-22 是每股收益与董事持股比例分年度的回归分析，结果显示两者均具有负相关性，但不显著。

表 4-21　净资产收益率与董事持股比例回归分析

年度		系数	标准误差	t 值	P
2005	截距	0.091487	0.008114	11.27507	2.08E−20
	X 变量	−37.3749	64.6032	−0.57853	0.564018
2006	截距	0.09523406	0.014334	6.644078	1.01E−09
	X 变量	−309.44891	99.98843	−3.09485	0.002464
2007	截距	0.091026	0.020186	4.50926	1.55E−05
	X 变量	33.74852	128.3741	0.262892	0.793096

表 4-22　每股收益与董事持股比例回归分析

年度		系数	标准误差	t 值	P
2005	截距	0.341264	0.035754	9.544748	2.58E−16
	X 变量	−144.929	284.6697	−0.50911	0.611632
2006	截距	0.39514656	0.05693	6.940926	2.32E−10
	X 变量	−537.05771	397.1302	−1.35235	0.178873
2007	截距	0.509605	0.062202	8.19278	3.63E−13
	X 变量	−396.049	395.5676	−1.00122	0.318788

（五）董事会会议次数与公司绩效的回归分析

表 4 - 23 是净资产收益率与董事会会议次数的回归分析，从结果看，只有 2006 年两者具有显著的负相关性，其他两个年度具有弱相关性且不显著。而表 4 - 25 每股收益与董事会会议的回归分析表明，前两年具有负相关性，2007 年两者的相关性则为正，但都不具显著性。

考虑到董事会会议次数过少或者过多，对公司绩效的影响可能都不利，本研究又进行了非线性回归分析，建立二次曲线模型进行研究。表 4 - 24 的分析结果显示 2005、2006 年度净资产收益率与董事会会议次数存在倒 *U* 形的显著关系，说明公司董事会会议存在一个适度的次数，过多或过少都对净资产收益率存在负面影响，而在 2007 年则不具显著关系。表 4 - 26 的分析表明每股收益与董事会会议次数间并不存在显著的二次曲线关系。

表 4 - 23　净资产收益率与董事会会议次数回归分析

年度		系数	标准误差	*t* 值	*P*
2005	截距	0.092687	0.020279	4.570546	1.21*E*−05
	X 变量	−0.00033	0.002468	−0.13571	0.892281
2006	截距	0.153108	0.036205	4.228871	4.68*E*−05
	X 变量	−0.0093	0.004292	−2.16724	0.032243
2007	截距	0.034566	0.057687	0.599199	0.550199
	X 变量	0.006015	0.005639	1.066707	0.2883

表 4 - 24　净资产收益率与董事会会议次数非线性回归分析

年度		系数	标准误差	*t* 值	*P*
2005	截距	−0.00658	0.047769	−0.13781	0.890632
	变量 *X*	0.023982	0.010908	2.198589	0.029892
	变量 X^2	−0.00126	0.000552	−2.28647	0.024041

（续表）

年度		系数	标准误差	t 值	P
2006	截距	0.035026	0.076856	0.455733	0.649434
	变量 X	0.016394	0.015352	1.067858	0.287802
	变量 X^2	−0.00116	0.000661	−1.75313	0.082221
2007	截距	−0.01742	0.118688	−0.14674	0.883593
	变量 X	0.015173	0.019112	0.793899	0.428876
	变量 X^2	−0.00035	0.000693	−0.50165	0.616865

表 4－25　每股收益与董事会会议次数回归分析

年度		系数	标准误差	t 值	P
2005	截距	0.454911	0.088541	5.137862	1.12E−06
	X 变量	−0.01566	0.010774	−1.45372	0.148702
2006	截距	0.50211	0.141479	3.54901	0.000558
	X 变量	−0.01698	0.016774	−1.0124	0.313435
2007	截距	0.384989	0.179026	2.150469	0.033576
	X 变量	0.011009	0.0175	0.629113	0.530501

表 4－26　每股收益与董事会会议次数非线性回归分析

年度		系数	标准误差	t 值	P
2005	截距	0.299727	0.212621	1.409673	0.161312
	变量 X	0.022352	0.048552	0.460366	0.646115
	变量 X^2	−0.00197	0.002457	−0.80303	0.423598
2006	截距	0.257596	0.303223	0.849528	0.397337
	变量 X	0.036516	0.060569	0.602889	0.547759
	变量 X^2	−0.00243	0.002606	−0.93205	0.353247
2007	截距	0.090916	0.367407	0.247454	0.804994
	变量 X	0.062817	0.059162	1.061778	0.290542
	变量 X^2	−0.00197	0.002144	−0.91677	0.361165

（六）在股东单位任职董事与公司绩效的回归分析

表 4-27 的分析结果显示净资产收益率在 2005、2006 年度与在股东单位任职的董事比例存在正相关性，但却不具显著性。而在 2007 年度，两者表现出了显著的正相关性（0.1 的置信度水平下），说明同时在股东单位任职的董事比例越高，公司的净资产收益率越高。表 4-28 分析的每股收益与在股东单位任职的董事比例关系具有同样的结果，2005、2006 年度具有正相关性，但却不具显著性，只有 2007 年度表现出了显著的正相关性（0.1 的置信度下）。

表 4-27　净资产收益率与股东单位任职董事比例回归分析

年度		系数	标准误差	t 值	P
2005	截距	0.084764	0.022086	3.837893	0.000202
	X 变量	0.013687	0.052562	0.260393	0.795019
2006	截距	0.054574	0.036939	1.477406	0.142254
	X 变量	0.068417	0.089953	0.760586	0.448435
2007	截距	0.002255	0.053021	0.042535	0.966145
	X 变量	0.242793	0.133012	1.825351	0.070499

表 4-28　每股收益与股东单位任职董事比例回归分析

年度		系数	标准误差	t 值	P
2005	截距	0.27807	0.097148	2.86232	0.004984
	X 变量	0.147481	0.2312	0.637893	0.52479
2006	截距	0.172112	0.141127	1.21956	0.225084
	X 变量	0.520129	0.343671	1.513451	0.132862
2007	截距	0.208777	0.163977	1.273212	0.205467
	X 变量	0.759026	0.411364	1.845145	0.067545

（七）独立董事参会比例与公司绩效的回归分析

表 4－29 的分析结果显示，净资产收益率与独立董事的参会比例在 2005、2007 年度具有较强的负相关性，但却不具统计上的显著性，而这一相关性在 2006 年却为正。表 4－30 的分析结果表明，每股收益与独立董事的参会比例在 2005 年度具有显著的负相关性（在 0.1 置信度下），但在 2006、2007 年度却分别表现出了较强的负相关性和弱的正相关性。

表 4－29　净资产收益率与独立董事参会比例回归分析

年度		系数	标准误差	t 值	P
2005	截距	0.172979	0.067134	2.576644	0.01122
	X 变量	－0.0913	0.073503	－1.24214	0.216668
2006	截距	0.046822	0.143396	0.326523	0.744612
	X 变量	0.03689	0.156027	0.236432	0.813511
2007	截距	0.311378	0.194941	1.597292	0.112898
	X 变量	－0.23805	0.211079	－1.12778	0.26172

表 4－30　每股收益与独立董事参会比例回归分析

年度		系数	标准误差	t 值	P
2005	截距	0.833782	0.294042	2.835588	0.005391
	X 变量	－0.5486	0.32194	－1.70403	0.09103
2006	截距	0.977865	0.549056	1.780992	0.077509
	X 变量	－0.66496	0.597422	－1.11306	0.267966
2007	截距	0.392014	0.606273	0.646597	0.519159
	X 变量	0.107918	0.656462	0.164393	0.869705

（八）董事会特征与公司绩效的多元回归分析

为探讨多种董事会特征因素综合对公司绩效的影响，本研究最后进行了多元回归分析，结果见表 4－31、表 4－32。

表 4-31 净资产收益率与董事会特征的多元回归分析

年度		系数	标准误差	t 值	P
2005	截距	0.156885	0.121295	1.29342	0.198551
	董事规模	0.004436	0.004138	1.072054	0.286021
	独董比	−0.10506	0.206838	−0.50796	0.612493
	管董比	0.057761	0.082857	0.697118	0.487186
	股东董事比	−0.00752	0.061363	−0.12261	0.902641
	董事持股	−38.9357	66.00098	−0.58993	0.556439
	会议	7.09E−05	0.002552	0.027778	0.977889
	独董参比	−0.08875	0.076791	−1.15576	0.250262
2006	截距	0.042983	0.235752	0.182323	0.855662
	董事规模	0.004655	0.007826	0.594852	0.553153
	独董比	−0.01064	0.342012	−0.03112	0.975231
	管董比	0.205931	0.142612	1.443998	0.151556
	股东董事比	0.092655	0.103798	0.892646	0.373978
	董事持股	−278.187	103.1296	−2.69745	0.008078
	会议	−0.00664	0.004357	−1.52385	0.13039
	独董参比	−0.01458	0.153162	−0.09522	0.924315
2007	截距	−0.10721	0.319746	−0.33531	0.738025
	董事规模	0.002412	0.010877	0.221732	0.82493
	独董比	0.629294	0.451396	1.394106	0.16607
	管董比	−0.10583	0.212359	−0.49836	0.61922
	股东董事比	0.239161	0.153187	1.561233	0.121316
	董事持股	−33.8229	131.5799	−0.25705	0.797615
	会议	0.006128	0.005659	1.082775	0.281255
	独董参比	−0.18463	0.222674	−0.82914	0.408803

表 4－32　每股收益与董事会特征的多元回归分析

年度		系数	标准误差	t 值	P
2005	截距	1.197992	0.511434	2.342415	0.020942
	董事规模	0.025348	0.017449	1.452711	0.149125
	独董比	－1.82821	0.872123	－2.09627	0.03833
	管董比	0.32962	0.349363	0.943488	0.347481
	股东董事比	－0.09478	0.258736	－0.36632	0.714824
	董事持股	－104.231	278.2907	－0.37454	0.708717
	会议	－0.01167	0.010759	－1.08444	0.28052
	独董参比	－0.45636	0.323787	－1.40944	0.1615
2006	截距	1.0008	0.937438	1.06759	0.288022
	董事规模	0.011909	0.031118	0.382692	0.70268
	独董比	－0.77636	1.359965	－0.57087	0.569244
	管董比	0.501143	0.567076	0.883732	0.378751
	股东董事比	0.492804	0.412739	1.193984	0.23503
	董事持股	－472.662	410.0811	－1.15261	0.251548
	会议	－0.01003	0.017324	－0.57917	0.563649
	独董参比	－0.72598	0.609027	－1.19203	0.235792
2007	截距	0.235833	1.00107	0.23558	0.814192
	董事规模	0.012971	0.034053	0.380897	0.704008
	独董比	－0.49723	1.413243	－0.35184	0.725626
	管董比	0.259635	0.664859	0.390511	0.696907
	股东董事比	0.842128	0.479602	1.755889	0.081866
	董事持股	－439.564	411.9538	－1.06702	0.288277
	会议	0.012887	0.017719	0.72732	0.468561
	独董参比	－0.176	0.697155	－0.25245	0.80116

董事会规模与净资产收益率、每股收益都呈现正相关性，但只有2005年度稍强，其他年度只具弱相关性，但都不具统计上的显著性。

独立董事比例只在2005年度与每股收益呈现显著的负相关关系，而在其他年度基本表现为弱负相关性。

管理层董事的比例与公司绩效的关系则基本为弱正相关性，只在2007年度与净资产收益率表现为弱负相关性。

股东单位任职董事比例与公司绩效的关系在2005年度均为负相关，而在2006、2007年度均为正相关，只在2007年与每股收益呈现显著的正相关性，而其他均不显著。

董事持股比例与公司绩效的关系在各年度均为负相关，但都不具备显著性。

董事会年度会议次数与净资产收益率在2005、2007年度负相关，2006年度正相关，与每股收益在2005、2006年度负相关，而在2007年度正相关，但均不具显著性。

独董参会比例与公司绩效在各年度都表现出负相关性，但不具显著性。

4.3.3 结论与启示

（1）董事会规模与两个公司绩效指标均具有较弱的正相关性，说明董事会规模在一定程度的扩大有助于公司绩效的提高。但当董事会规模超过一定的限度后，公司绩效反而会随董事会规模的增加而下降，所以规模较大时，减少董事会人数可能会提高公司绩效。而且，董事会规模过大还会造成协调和沟通困难，决策效率下降。作为国有控股公司，董事会规模较小，虽有利于对董事会的控制，但却无法更多地利用不同董事的专业技能，借鉴不同建议，作出合理决策。另外，董事会规模与公司绩效的弱相关还说明目前公司增加或减少董事会人数的出发点并不是为了公司的绩效提高，而是由于利益各方的制衡以及适应法律的要求。

（2）回归结果显示独立董事比例与公司绩效基本为负相关关系，这种情况可能和我国目前独立董事的作用发挥受到限制有很大的关系，上市公司特别是国有控股公司设立独立董事很大程度上是为了满足监管部门的要求，对其作用的发挥并没有高期望，甚至可能认为独立董事的存在会干扰代表控股股东的董事会决策的制定。而且，独立董事知识背景和经验存在限制，可能并不了解上市公司的业务，同时由于时间和精力的限制也导致他们无法对公司作更深入的了解，对决策的建议也仅仅是来自于上市公司提供的一些信息，且很可能是不完全的信息。另外，我国目前的独立董事还无法做到真正独立，其推举和任命值得质疑之处甚多，所以也无法形成真正的监督和制衡，对上市公司绩效产生积极影响。

（3）管理层董事比例与在股东单位任职董事比例反映了内部董事与公司绩效的关系和控股股东对董事会的控制以及董事任职多少对其专注于上市公司业务的影响。在国有控股公司中，很多高级管理人员特别是总经理实际上是由主管部门任命的，其薪酬主要还是来自工资。一方面他们有自身利益的诉求，另一方面又有仕途的考虑，所以既有提高上市公司绩效的愿望（管理层董事比例高将产生积极影响），又有增加职务消费弥补薪酬较低的动机（管理层董事比例过高则不利于上市公司的绩效）。同样，作为在股东单位任职的董事，如果经验、能力、时间、精力能够满足两处甚至多处任职的要求，就能够对公司绩效产生积极影响；否则，可能不利于董事会的决策效率或作出合理的决策。

（4）目前，国有公司董事所持股份既有来自于公司的股权激励，也有董事二级市场购入，且持股比例偏低。尽管有较多研究认为股权激励会对公司绩效提高产生显著的影响，但就国有公司来看，在股权激励设计不够完善的情况下，原有的提升与解聘不失为较好的激励办法，否则股权激励不仅不能提高公司绩效，反而会适得其反。

（5）单因素以及多元回归分析董事会年度会议次数以及独立董事参会比例与公司绩效的关系并不确定，原因可能与我国宏观经济以及证券市场的变化有关。仅就股票市场而言，股权分置改革、股指上扬、大小非解禁、股指下行都可能对上市公司的经营产生巨大影响，董事会会议以及独立董事的参会可能在处理公司所面对的问题时都感到难以应对，决策的效率下降，影响公司绩效。当然，可能也和董事会以及独立董事会议能否真正发挥作用有关。

总之，董事会治理作为公司治理的核心，其若干因素对公司绩效的影响都或多或少地存在，尽管并不显著且受到时间、市场等因素的限制。所以如何提高董事会治理的水平，充分发挥各因素的作用，对于提高公司绩效还是具有相当重要的影响。

4.4 国有公司董事会治理存在的主要问题

董事会决策的规则是董事“一人一票”、“多数决议”，是在董事个人责任基础上的集体决策。由于长期计划经济体制的影响，中国国有公司董事会运作仍存在许多深层次的矛盾和问题，这些问题严重制约了公司董事会运作的独立性和有效性。

4.4.1 董事会制度形式化严重

主要表现在：一是董事会权力个人化，董事长往往享有过大的权力。事实上，几乎所有的议事程序均由董事长或大股东代表决定；二是许多公司董事往往是在董事会召开前很短时间内才知道会议内容，董事会基本没有发挥决策和监督作用；三是中小股东在董事会中的代表性普遍缺乏，董事会常常被大股东操控；四是董事会会议的出席率偏低，独立董事参与不足。因此，内部人控制问题极为突出，高级管理层控制了公司的决策权，并逆向操纵董事会和股东大会的选举结果，公司的经营决策权集中于少数关键人手中，董事会运作流于形式。

4.4.2 董事会成员产生的非市场化

中国国有公司的大股东是国家或地方政府，目前尚未形成一支真正的职业董事队伍，多以党政干部标准来任免和管理董事，股东大会只是履行形式上的程序。内部董事的管理按照行政官员的方法进行，包括行政级别，工资标准等等。其可能的结果是强化董事的“官本位”意识，而对各种经济激励不能做出正确反应，公司经营管理目标异化，经营管理和创新能力不足。

4.4.3　董事会人员组成的内部化

目前中国国有公司董事会主要由股东董事和执行董事（高级管理人员）组成，独立董事比例低。以上市公司为例，其独立董事比例也仅占董事会人员总数的 35%（平均数）。国有股东的代表基本上控制了董事会，非国有股东在董事会的代表性不足，董事会成为“经理理事会”，从而导致内部人控制现象严重，主要表现在：经理人的在职过度消费；虚报财务账；滥发奖金，随意提高工薪报酬；短期行为，经理人不考虑公司的长期利益和发展，而只考虑眼前的成绩、地位和利益，过度投资，低效率使用国有资产；转移和侵蚀国有资产。内部人控制在大量为内部人谋取利益的同时，损害了出资者——国家和中小股东的利益。

4.4.4　独立董事缺乏独立性，董事不“懂事”的现象大量存在

独立董事聘任程序不够规范，总体上难以保证其独立性要求。事实上，绝大部分的独立董事是由第一大股东提名的，有的公司即使引进了独立董事，也只是“人情董事”、“花瓶董事”，仅仅是董事会的装饰品。独立董事多为社会名流，相当多的独立董事来自高等院校和科研单位，很难保证其有足够的时间、精力和实践经验履行职责；董事会成员缺乏相应的专业知识和管理经验，基本不了解公司的业务，也不关心公司的经营事务。由于这样的外部董事的存在，使得执行层对由此形成的董事会决议并不心服、信服，进而在心理上影响了对决议的执行力度。

4.4.5　董事会专门委员会作用发挥不够

首先，由于独立董事人数不足，通常一个独立董事需要在多个专门

委员会任职，从而使得专门委员会难以有效展开工作；其次，专门委员会运作缺乏足够的信息知情权和调查权；再次，专门委员会同其他机构（如监事会）在职能设置上存在冲突。

4.4.6 新老“三会”并存，相互关系不清

在传统的国有公司管理模式中，有党委会、职代会和工会，而股东大会、董事会、监事会是公司治理结构中“新三会”的制衡机制，是现代公司制的重要内容。客观地讲，新、老三会在性质和设置目的上存在很大差异。由于新老三会设置基点和运作目标不一致，必然产生协调上的矛盾。主要表现在内部权责交叉而产生的矛盾，比如按照“党管人事”的原则，党委会具有人事选拔权，这与股东大会和董事会的权利相交叉，在选人的问题上，往往会出现矛盾，而一旦出现人事任免不当，造成经济损失，却往往责任追究不到位。目前，大多数国有公司存在董事会、总经理会、党委会“三会不分”问题。

4.4.7 董事会经理层职责不清

董事会和经理层的职责界定不清，从而造成董事会和经理层在部分业务上出现权力重叠、权力纷争与权力真空并存的现象。一方面，部分公司董事会对公司运作中的一些问题本应属于正常监督，但总经理却认为董事会在干涉经理层的工作，而另一方面，对有些业务，双方则又均认为属对方职权所在，从而造成“多头管理”或“无人理睬”的局面。有些人仍将现代公司治理结构按过去的惯性思维模式理解为“董事会领导下的总经理负责制”，突出总经理负责这一“核心”，从而造成了董事会与经理层、董事长与总经理的职责权限不明确。

4.4.8 激励和约束机制缺乏

激励机制单一，缺乏动态化的、长期的针对董事的激励与约束机制。在目前国有公司内部的权利配置结构中，剩余索取权和控制权在很

大程度上是错位的，主要表现在国有公司内部拥有控制权（也就是对国有公司资源使用的投票权、支配权、决策权）的经营者基本上没有剩余索取权，但却拥有许多重大事项的决策权、控制权，这种剩余索取权和控制权的错位，造成了国有公司缺乏完善的、清晰的、市场化的激励和约束机制。表现在：一方面，董事的收入水平事先确定（根据行政级别），与业绩水平关系不大；另一方面，由于薪酬激励机制僵化，公司经营的透明度不高，使得一部分董事可能转向控制权收益（非正常所得）。

4.4.9　法律体系不完善

董事的民事权利与民事责任欠明确且不对等。中国现行财产责任机制还很不完善，往往存在重刑事处罚和行政处罚、轻民事责任的情况，甚至以前者抵消后者的情况也屡有发生。中国法律对有关责任人民事责任的规定语焉不详，而且，对于虚假陈述以外的案件目前尚缺乏立案依据。因此，立法上和实践中，对董事侵害股东和其他利益相关者利益的行为未能予以有效的制裁，投资者的司法救济手段十分有限。

4.5　本章小结

本章首先对中国国有公司董事会治理进行了简单回顾，介绍了中国国有公司的产生及其改革，回顾了中国国有公司董事会的建立与完善。

其次，概括了中国国有公司董事会治理的特征为：更为复杂的治理关系、国家股东的治理特征、员工参与治理的传统、董事选择的非市场化、新老“三会”并存、公司文化构建的中国特色。

再次，对中国国有公司董事会治理分别用描述统计分析和回归分析方法进行了实证分析。从董事会规模、董事长在股东单位任职、在股东单位任职董事人数与比例、兼任高级管理职务的董事人数与比例、董事长与总经理兼任情况、独立董事人数与比例、独立董事参加会议比例、董事会年度会议情况、董事会成员持股情况、董事会专门委员会建设情况等方面进行了描述性统计分析。从董事会规模、管理层董事比例、独立董事比例、董事持股比例、董事会会议次数、股东单位任职董事、独立董事参会比例等方面与公司绩效进行了多元回归分析。通过分析研究，我们发现：董事会规模与公司绩效指标具有较弱的正相关性，说明董事会规模在一定程度上的扩大有助于公司绩效的提高。但当董事会规模超过一定的限度后，公司绩效反而会随董事会规模的增加而下降，所以规模较大时，减少董事会人数可能会提高公司绩效；独立董事比例与公司绩效基本为负相关关系；就国有公司来看，在股权激励设计不够完善的情况下，原有的提升与解聘不失为较好的激励办法，否则股权激励不仅不能提高公司绩效，反而会适得其反；董事会年度会议次数以及独立董事参会比例与公司绩效的关系并不确定。

最后，对国有公司董事会治理存在的主要问题进行了简单总结：董事会制度形式化严重；董事会成员产生的非市场化；董事会人员组成的内部化；独立董事缺乏独立性，董事不"懂事"的现象大量存在；董事会专门委员会作用发挥不够；新老"三会"并存，相互关系不清；董事会经理层职责不清；激励和约束机制缺乏；法律体系不完善。

注释

① 张文魁，袁东明．中国经济改革30年：国有企业卷［M］．重庆：重庆大学出版社，2008.

② 吴水澎．公司董事会、监事会效率与内控机制研究［M］．北京：中国财政经济出版社，2005.

③ 上海证券交易所研究中心．中国公司治理：国有控股上市公司治理［M］．上海：复旦大学出版社，2006.

④ 高尚全，杨启先．中国国有企业改革［M］．济南：济南出版社，1999：36.

⑤ 高尚全，杨启先．中国国有企业改革［M］．济南：济南出版社，1999：45.

⑥ Williamson O E．Corporate Finance and Corporate Governance［J］．Journal of Finance，1987（43）．

⑦ 拉姆·查然．顶级董事会运作［M］．北京：中国人民大学出版社，2003.

第 5 章　中国民营公司董事会治理的特征

5.1　中国民营公司董事会治理的回顾

5.1.1　民营企业的定义

民营公司是公司制的民营企业，但到目前为止，对于什么是民营企业却并没有统一的定论。综观国内外学者对民营企业的界定，主要是从所有权的归属以及对企业的控制角度来定义民营企业的。

一是从所有权角度对民营企业的界定。如盖尔西克（1998）认为应从民营拥有所有权的比例来确定某一企业是否是民营企业，但问题在于应拥有多大比例才能认为是民营企业，与其他股东的持股比例拉开多大差距才可称为相对控股；二是从经营控制权（或民营成员的参与程度）角度对民营企业的界定。如哈佛大学唐纳利教授认为，同一民营企业至少有两代参与这家公司的经营管理，并且这种两代衔接的结果，使企业的政策与民营的利益和目标有相互影响的关系，即可构成民营企业；三是从所有权和经营权统一角度对民营企业的界定。如 Rosenblatt、Demik 等（1985）认为，某个民营掌握企业的控股权或控制权，而且该民营两个或两个以上的成员一直或不时地直接参与到企业事务中，才是民营企业。潘必胜（1998）认为民营企业是被一个民营企业或数个具有紧密联盟关系的民营企业拥有全部或部分所有权并直接或间接控制经营权的企业。

5.1.2 民营企业的发展阶段

自中国共产党的“十五大”明确了“非公有制经济是我国社会主义市场经济的重要组成部分”、“公有制为主体、多种所有制经济共同发展，是社会主义初级阶段的一项基本经济制度”以来，私营企业无论在数量上还是规模上都取得了飞速发展。而私营企业90%以上是民营企业，所以我国现阶段的民营企业是和私营企业的发展阶段分不开的。

（一）第一阶段（1978—1987）：萌芽和探索阶段

改革开放以后，国家开始允许个体经济的存在和发展，经济体制改革也由片面强调单一的公有制转向公有制为主体、多种经济成分并存，认识到“个体私营经济是公有制经济必要的、有益的补充”。一些地方的私营经济得到发展，但以小规模自营方式为主，家庭作坊特征突出。1981年，《关于实行工业企业经济责任制若干问题的意见》提出“盈亏包干”的经济责任制形式，并在1983年初提出“包字进程，一包就灵”的口号后短短两三个月内，全国国营企业普遍实行了利润包干制，企业由个人承包，承包者招募家庭成员，实行家长式管理，民营企业获得了最初的发展。

（二）第二阶段（1988—1996）：稳步发展阶段

1988年，全国人大通过的《中华人民共和国宪法修正案》从立法上肯定了私营经济的合法地位。此后，私营经济规模日益扩大，对国民经济的贡献日益显现。1992年，中共十四大报告指出，个体经济、民营经济、外资经济是公有制的必要的和有益的补充，使私营企业在国家的法律保护下，在规定的范围内，在平等参与市场竞争条件下稳步发展。

（三）第三阶段（1997年至今）：迅速发展阶段

1997年，党的十五大对市场经济条件下的所有制结构问题有了更深的认识，报告提出“非公有制经济是我国社会主义市场经济的重要组成部分”。此后，1999年的《中华人民共和国宪法修正案》对非公有制经济的地位和作用进行了确认。2005年初，《国务院关于鼓励支持和引导个体民营等非公有制经济发展的若干意见》颁布，私营经济进入了一个迅速发展的通道。

5.1.3　民营企业公司治理的发展进程

（一）家长式管理阶段

民营企业创业初期，创业者既是企业的所有者又是企业的经营者，其他的民营成员处于协助经营和管理的地位。家长（创业者）处于经营管理的核心，企业的重要决策由家长最后决定，家长的能力和经验对企业的生存和发展至关重要。这个阶段可以说基本不存在公司治理问题，一切都由家长说了算。好处是在家长的能力能满足企业发展需要情况下，经营灵活，在企业发展的初级阶段能够迅速适应市场形势，及时反应，决策迅速；同时也能够团结民营成员，调动他们的积极性，凝聚在企业内，共同奋斗，并降低交易成本和管理成本。这一阶段的董事会全部由创业者构成，这几个创业者的关系包括诸如同学之间的关系、同事之间的关系、邻居之间的关系、生意合作伙伴之间的关系等。一般有三种类型：一是资源互补型，二是能力互补型，三是性格互补型。这三种类型都是从管理企业干实事而不是从董事会管理角度来相互选择的。从管理者成为董事时，就会发现一个现实的尴尬：好的创业者，未必是好的管理者；好的管理者，未必是合适的董事。

（二）管理权多元化阶段

民营企业有了一定发展后，规模比当初扩大了，面对的市场环境也更复杂了。这时作为家长（创业者）的能力和经验可能已不能够满足企业经营管理和继续发展的需求，家长开始将一部分决策权交给其他的民营成员并成为主要管理人员或者董事会成员，并且伴之以股权的多元化，由其他的民营成员适当持有一定的股份。这一阶段的董事会由创业者和外部后来进入的代表资金或技术的新股东董事构成，包括外国投资者、风险投资公司、战略投资者等。这是董事会发展到一定阶段的产物和标志之一。在所有权多元化和经营管理权分散化的情况下，如何构建适合公司发展和市场环境的治理结构就是企业面临的重要问题。但是这个阶段的公司治理仍不规范，主要靠亲情关系而不是制度来管理企业，很容易发生如利益争执、权力争夺等问题。

（三）现代公司治理阶段

在公司治理浪潮的推动下，原有的民营企业认识到民营成员过多地参与企业的经营管理以及由此带来的问题已经影响到了企业的进一步发展。民营企业开始借鉴治理理论来构建公司的治理结构，民营成员退出经营管理而只保留所有权、招聘职业经理人，同时由家长担任董事长或董事会安排民营成员或密切关系人以保证对企业的最终决策权。一些民营企业为满足上市要求，在董事会和管理层方面进行了变动，具有更多的公众公司的特征。这一阶段的董事会由创业者和外部战略投资者加上第三方董事形成，这第三方董事包括三种类型：第一类是老员工通过“员工持股计划”（ESOP）以员工持股会代表的身份进入股东会并进入董事会。这种类型的第三方董事是代表“纯”经营管理层的，因而可以更好地贯彻公司董事会决策，起到员工凝聚力的作用。第二类是职业经理人空降到公司担任主要或重要管理岗位后，因其管理岗位重要而作为管理层力量代表进入董事会。这种第三方董事带来了外部的先进理念，且作为管理者又可以在资本方和民营企业老创业者之间起到缓冲和沟通的作用。第三类是引入外部独立董事，他们以纯粹独立的身份进入董事会。外部独立董事有八种类型：经济学家、大学教授、同行业或相关行业大企业高层管理人员、客户高层管理人员、行业协会人员、金融证券财务从业人员、法律人员、管理咨询顾问。

5.2　中国民营公司董事会治理的特征

（1）从股权结构看，公司的股东均为私人股东，股份持有相对集中，股票主要被少数私人民营所持有，持股比例一般在50%以上。

（2）从持股的稳定性看，股东持股的目的主要是对自己的投资行使直接的控制，而不是通过股票买卖投机获利，因而持股的稳定性很强。

（3）从持股形式看，长期性、投资性持股是主要形式。大股东大都采取“参与制”持股，即私人资本以其所开办并直接掌握的股份公司作为“母公司”，去购买别的公司的股票，掌握一定的股票控制额，使其从属于自己，成为自己的“子公司”，各“子公司”又用同样的方式控制更多的公司，使其成为“孙公司”等等，如此逐级控制，就形成了庞大的资本联合体。

（4）从权力结构看，公司主要设立股东大会、董事会、总经理等三个机构。由于股票持有很集中，大股东往往支配着股东大会和董事会，有关公司运营的各项重大决策均由大股东亲自参与做出，公司董事会全面负责这些决策的落实和贯彻，职业经理只负责公司的日常管理事务，如生产、开发、人事、营销、融资等。

（5）从外部控制机制看，资本市场已有初步的发展，例如流动性较强的股票市场。资本市场为股票交易提供了条件，使大股东通过购买股票控制别的企业成为可能。因此，资本市场也为公司通过并购扩大自身规模创造了条件。由于大股东持股比较稳定，对职业经理的约束主要来自公司内部强有力的董事会，所以资本市场对公司运营的影响不大。股东主导型治理模式是股份制公司产生初期普遍存在的模式，其最基本的特点是所有权与经营权相分离，而所有权与控制权相统一，大股东能够对公司的运营施加直接而有力的影响，所以经理人员违背大股东意志谋求私利的情况极少发生。在这里，所谓“代理成本”几乎不会产生。

5.3 中国民营公司董事会治理的实证分析

5.3.1 中国民营公司董事会治理的描述统计分析

(一) 样本选择与数据来源

样本选择：本研究以上海证券交易所 2005 年以前上市的公司作为样本，以 2005—2007 年三年的资料作为研究对象。由于对民营公司的界定在学界无法达成一致意见，因此本研究采用了所有权与经营权相统一的概念，只有民营具有相对控股权（以持股比例超过第二、第三、第四、第五位股东持股之和为标准）且实际控制人为董事（长）或有民营成员担任董事会成员的公司作为研究对象，并剔除一些资料不全的公司，共从上交所上市公司中得到三年共 129 个样本数据。

数据来源：本研究所使用的董事会规模、管理层董事、董事持股、董事会会议、独立董事等数据主要来源于上交所公布的各公司的年度报告。其中，2007 年的董事会专门委员会的数据则来自上海证券交易所公布的《上市公司治理专项活动自查报告和整改计划》。同时对一些不确定的数据则通过金融界、网易财经等途径进行核对，力求保证数据的准确性。

(二) 样本的描述性分析

1. 董事会规模的描述分析

表 5－1 董事会规模的描述统计

年度	最小值	最大值	均值	标准差	中位数	众数
2005	6	15	9.33	1.84	9	9
2006	6	15	9.19	1.65	9	9
2007	5	15	9.02	1.81	9	9

年度	5	6	7	8	9	10	11	12	13	14	15
2005	0	2	3	5	22	2	3	4	0	1	1
2006	0	2	3	5	23	2	4	3	0	0	1
2007	1	2	4	3	25	2	3	1	0	1	1

通过统计数据可以看出，三个年度当中各民营公司的董事会规模均在 5～19 人之间，符合公司法的要求。其次，董事会成员人数为偶数的公司仍占有一定比例。在这三年当中，董事会成员人数为偶数的公司分别有 14 家、12 家和 9 家，占比分别为 32.56%、27.91%和 20.93%，总体占比为 27.13%，这一比例要比国有公司高出 8%。也就是说，在民营公司中有超过 1/4 的公司董事会人数为偶数。考虑到董事会表决时达成决议的需要，董事会人数应该为奇数更好些。但是，考虑到民营公司实际控制人的权威，董事会人数为偶数可能也并不影响决议的达成。有些公司董事会换届也可能是同时造成偶数情况的原因。

再次，人数分布向中间靠拢。数据分析显示，三年中，无论是最大值还是中位数、众数，都是一样的，但均值在逐渐减少，说明董事会人数在向中间值集中。其中，2007 年永鼎股份三名董事因工作调动离开董事会是造成 2007 年出现 1 家公司董事会人数为 5 人的原因。

最后，9 人董事会规模成为多数公司的选择。平均而言，采取 9 人董事会的公司数量在这三年当中的比例超过一半。

2. 董事长来自民营或控股单位情况分析

表 5-2　董事长来自民营或控股单位情况统计

年度	董事长是否来自民营或控股单位	
	是	否
2005	42	1
2006	41	2
2007	41	2

从统计情况看，董事长来自民营或实际控制人（民营）控制的单位的数字在这三年当中基本没有变化。反映出当前民营企业对控制权还是相对重视的，尽管经营权可以通过聘请职业经理人来行使，但最终的决策权还是留给了实际控制人自己、民营成员或与民营关系密切的相关人士。

3. 来自民营或控股单位董事人数分析

表 5-3　来自民营或控股单位董事人数统计

年度	最小值	最大值	均值	标准差	中位数	众数
2005	1	5	3.14	1.17	3	3
2006	1	7	3.32	1.41	3	3
2007	1	5	3.09	1.17	3	
年度	最小值	最大值	均值	标准差	中位数	众数
2005	0.08	0.63	0.35	0.14	0.33	0.33
2006	0.09	0.67	0.37	0.15	0.33	0.33
2007	0.10	0.56	0.35	0.13	0.33	0.33

由于来自民营成员的董事人数不好统计，虽然有些民营公司在《上市公告书》、《招股说明书》进行了披露，但对董事会变动后的情况却并没有在年度报告中披露董事会成员与民营的关系。所以，这一部分根据能够寻找到的信息统计了来自民营成员的董事以及来自实际控制人（民营）控制的控股公司的董事，因为这些虽可能不是民营成员，但却来自其控制的上市公司的控股公司，应该说与民营的关系是较为密切的。

通过统计数据可以看到，与民营密切相关的董事数量平均超过三人，占比超过 1/3，体现了民营对董事会的控制力。

4. 兼任高级管理职务的董事人数与比例分析

表 5－4　管理层董事情况统计

年度	最小值	最大值	均值	标准差	中位数	众数
2005	0	4	1.91	1.15	2	2
2006	0	4	1.98	1.14	2	2
2007	0	4	1.93	1.10	2	1
年度	最小值	最大值	均值	标准差	中位数	众数
2005	0	0.44	0.21	0.13	0.22	0.33
2006	0	0.57	0.22	0.13	0.22	0.33
2007	0	0.44	0.21	0.12	0.22	0.11

从上面表中的数据可以看出，管理层董事在董事会中所占的比例平均稍多于 20%，只有少数几家公司的管理层董事的比例较高。大多数公司管理层董事人数为 1 人或 2 人，而为 1 人的情况下又绝大多数为总经理出任董事。这种安排即符合民营控制公司的利益需要，在保证董事会控制的前提下，通过减少管理层董事的人数，防止内部人控制现象的产生，同时也符合当前公司治理研究对优化董事会结构的建议。

5. 董事长与总经理兼任情况分析

表 5－5　董事长与总经理两职情况统计

年度	董事长与总经理是否两职合一	
	是	否
2005	6	37
2006	4	39
2007	6	37

但是，考虑到研究的对象是民营公司，一般规模较小，董事长兼任总经理的模式对公司经营灵活性应该具有积极影响，但由于我国上市公

司治理制度不完善，兼任模式也会导致监督制衡机制难以真正发挥作用，影响公司经营绩效，损害其他股东利益。从对研究的 43 家民营公司的两职分离及兼任的情况分析，只有少数几家仍然实行兼任模式，绝大多数已经按照《上市公司治理准则》的要求实现了两职分离。这种情况有利于实际控制人一方面通过职业经理人摆脱日常经营工作的干扰，专注于公司战略，同时又通过董事会的监督职能，防止出现内部人控制损害公司以及股东利益，保证公司管理层以及日常经营的连续性。

6. 独立董事人数与比例分析

表 5-6 独立董事情况统计

年度	最小值	最大值	均值	标准差	中位数	众数
2005	2	5	3.30	0.60	3	3
2006	2	5	3.19	0.56	3	3
2007	2	5	3.21	0.56	3	3
年度	最小值	最大值	均值	标准差	中位数	众数
2005	0.25	0.5	0.36	0.05	0.33	0.33
2006	0.25	0.5	0.35	0.04	0.33	0.33
2007	0.33	0.6	0.36	0.05	0.33	0.33

从 2005—2007 年三年的董事会中独立董事的人数以及占董事会成员的比例来看，在人数方面，所研究的 43 家民营公司已经全部达到指导意见的要求，独立董事的人数均在两人或两人以上。但从对独立董事所占比例的分析来看，三年的最低比例分别为 0.25、0.25 和 0.33，较前章所研究的国有公司要高，而平均人数超过 3 人，比例超过 1/3，但各年度变化非常小。同样反映出目前对设立独立董事仅仅是为满足要求，而不是期望更多地利用独立董事的专业技能来优化战略决策和发挥监督、制衡作用。

7. 独立董事参加会议情况分析

表5-7　独立董事参加会议情况统计

年度	最小值	最大值	均值	标准差	中位数	众数
2005	0.71	1	0.94	0.08	0.97	1
2006	0.71	1	0.94	0.07	0.96	1
2007	0.86	1	0.96	0.04	0.97	1

通过对43家民营公司独立董事参会比例的分析可以看出，三个年度中参会比例最低分别为0.71、0.71和0.83，这一比例比国有公司独立董事的最低参会比例要高得多，说明独立董事在所有者在位的民营公司和所有者缺位的国有公司董事会中的负责态度还是有着明显的差异的。与国有公司存在的相同问题是，尽管独立董事真正缺席董事会会议的次数极少，在不能参与的情况下，多数都是委托其他董事代为表决的，但这也从侧面反映出部分独立董事可能并没有足够的时间以其专业技能为公司的战略决策、管理、业绩评价等提供独立建议。

8. 董事会会议情况分析

表5-8　董事会年度会议次数统计

<table>
<tr><td>年度</td><td colspan="2">最小值</td><td colspan="2">最大值</td><td colspan="2">均值</td><td colspan="2">标准差</td><td colspan="2">中位数</td><td colspan="2">众数</td></tr>
<tr><td>2005</td><td colspan="2">4</td><td colspan="2">30</td><td colspan="2">8.30</td><td colspan="2">4.53</td><td colspan="2">7</td><td colspan="2">7</td></tr>
<tr><td>2006</td><td colspan="2">4</td><td colspan="2">33</td><td colspan="2">9.07</td><td colspan="2">4.89</td><td colspan="2">8</td><td colspan="2">7</td></tr>
<tr><td>2007</td><td colspan="2">5</td><td colspan="2">21</td><td colspan="2">10.70</td><td colspan="2">3.84</td><td colspan="2">10</td><td colspan="2">9</td></tr>
<tr><td>年度</td><td>4</td><td>5</td><td>6</td><td>7</td><td>8</td><td>9</td><td>10</td><td>11</td><td>12</td><td>13</td><td>14</td><td>15</td><td>多于15</td></tr>
<tr><td>2005</td><td>3</td><td>4</td><td>9</td><td>10</td><td>5</td><td>0</td><td>4</td><td>3</td><td>1</td><td>2</td><td>0</td><td>0</td><td>2</td></tr>
<tr><td>2006</td><td>2</td><td>2</td><td>8</td><td>9</td><td>3</td><td>4</td><td>5</td><td>3</td><td>2</td><td>2</td><td>1</td><td>0</td><td>2</td></tr>
<tr><td>2007</td><td>0</td><td>1</td><td>1</td><td>5</td><td>6</td><td>7</td><td>6</td><td>5</td><td>4</td><td>0</td><td>1</td><td>2</td><td>5</td></tr>
</table>

从整理分析的43家民营公司董事会年度会议数据来看，在2005年度，有3家公司的董事会会议次数在4次及以下，次数偏少。从趋势上

看，处于左端的公司数在 2006、2007 年有了较明显的变化，可见上市公司对董事会会议的作用有了更深入的认识。从年度会议的集中度来看，6～9 次的董事会会议在所有公司中是采用最多的。

还有，从数据来看，民营公司董事会年度会议的平均值在三年中均高于国有企业，这可能和民营企业面对的是更加多变的市场环境有关，需要董事会做出更多的决策。同时，2007 年的董事会会议次数也有明显的增加，均值从 9.07 次突然上升到 10.70 次，增加了 1.63 次，中位数和众数也从 7 和 7、8 和 7 上升到 10 和 9。这种突然的增加可能和我国去年的经济形势有关，信贷收缩、原材料价格上升、股票市场下半年的回落，致使民营公司需要更多的董事会会议来指导公司在复杂多变的环境中做出正确的决策。

此外，还有一些极端数据的存在，这可能和公司遇到的重大投资机遇或者经营困难有很大的关系。

9. 董事会成员持股情况分析

表 5－9　董事会成员持股情况统计

年度	最小值	最大值	均值	标准差	中位数	众数
2005	0	0.223358	0.013826	0.042884	0.000027	0
2006	0	0.168284	0.010986	0.035041	0.000015	0
2007	0	0.236543	0.014203	0.051614	0	0

在统计民营企业董事会持股情况时，本研究将实际控制人（在公司董事会中任职）的持股数量排除在外，只计算其他董事（包括民营成员以及非民营成员董事）的持股数量，原因是有些实际控制人在公司持股比例较高，会对平均数形成较大影响，能更容易观察到其他董事持股对公司绩效产生的影响。

从统计结果看，民营公司董事会成员的持股数量平均明显要较国有公司高，其中，2007 年的均值最大，达到了 1.42%（每家公司的所有董事的平均持股比例），但也有不少公司（2005 年 15 家，2006 年 19

家，2007 年有 25 家）的董事会成员持股数量为零。

10. 董事会专门委员会情况分析

表 5 - 10　董事会专门委员会情况统计

年度	最小值	最大值	均值	标准差	中位数	众数
2007	0	4	3.00	1.62	4	4

年度	0	1	2	3	4
2007	9	0	1	5	28

在研究的民营公司中，存在着与国有公司相同的问题。不少公司董事会没有建立专门委员会；有的公司虽建立了专门委员会，但在董事会报告中却只字未提；有的公司仅在年度报告中提到“董事会下设专门委员会”，名称、活动情况等内容皆无；有的公司提到设立的委员会名称但却没有召开专门委员会会议的情况。所以，鉴于资料不全，本研究仍然根据 2007 年《上市公司治理专项活动自查报告和整改计划》只分析了 2007 年度董事会专门委员会的建设情况。

从数据分析看，到 2007 年自查报告公布为止，在 43 家民营公司中仍有 9 家公司未设立专门委员会，多数公司设立了 3～4 个委员会，但未出现设立 5 个和 6 个委员会的公司，可能和相对于国有公司较小的公司规模有关（比较表 4 - 1 和表 5 - 1）。从总体上看，设立专门委员会的公司数达到了研究样本的 79.07%，比例比国有公司的 92.44%低不少。同时，通过样本公司的自查报告的说法，“公司董事会四个专门委员会成立并确定分工的时间不长，且公司尚未对董事会专门委员会的职责分工制定完善的议事规则，董事会专门委员会尽管在公司的生产经营中起到了积极的作用，但尚需充分挖掘、发挥和加强其专业职能”，“公司董事会根据需要按照股东大会的有关决议，设立等专门委员会，但在日常工作中，各项委员会的工作并没有落实”，“但长期以来各专业委员会的工作时紧时松，不够平衡，实际发挥的监督和咨询作用有限。因此，公司董事会有待进一步强化专业委员会的功能，有效发挥各委员会的作用，制定严格的操作规程”，足以说明不少公司专门委员会的作用并未得到充分发挥。

5.3.2 民营公司董事会治理特征与公司绩效的回归分析

（一）董事会规模与公司绩效的回归分析

表5－11、表5－12分别是净资产收益率、每股收益和董事会规模的线性回归分析，结果显示存在正相关关系，但在统计上不具显著性。考虑到董事会规模可能与公司绩效存在二次曲线的关系，又进行了非线性回归分析，但仍没有发现公司绩效与董事会规模间存在显著关系。

表5－11 净资产收益率与董事会规模的回归分析

年度		系数	标准误差	t 值	P
2005	截距	－0.00621	0.069245	－0.08966	0.928991
	X 变量	0.009295	0.007289	1.27531	0.209379
2006	截距	－0.10767	0.156202	－0.68929	0.494525
	X 变量	0.018564	0.016742	1.108832	0.273965
2007	截距	－0.06248	0.196268	－0.31835	0.751834
	X 变量	0.014975	0.021338	0.701821	0.486756

表5－12 每股收益与董事会规模的回归分析

年度		系数	标准误差	t 值	P
2005	截距	－0.05636	0.215151	－0.26198	0.794651
	X 变量	0.032597	0.022647	1.439357	0.157641
2006	截距	－0.07097	0.38225	－0.18565	0.853631
	X 变量	0.032058	0.040971	0.782455	0.438443
2007	截距	－0.15031	0.346605	－0.43366	0.666806
	X 变量	0.05276	0.037682	1.400137	0.168994

表 5-13　净资产收益率与董事会规模的非线性回归分析

年度		系数	标准误差	t 值	P
2005	截距	−0.02382	0.266173	−0.0895	0.929128
	变量 X	0.012884	0.052826	0.243889	0.808563
	变量 X^2	−0.00018	0.00256	−0.0686	0.94565
2006	截距	−0.04066	0.56025	−0.07258	0.9425
	变量 X	0.004688	0.11259	0.041641	0.966992
	变量 X^2	0.000695	0.005572	0.124663	0.901415
2007	截距	0.171812	0.607416	0.282857	0.778745
	变量 X	−0.03449	0.123118	−0.28014	0.780813
	变量 X^2	0.002506	0.006142	0.408081	0.685391

表 5-14　每股收益与董事会规模的非线性回归分析

年度		系数	标准误差	t 值	P
2005	截距	0.324173	0.824725	0.393068	0.696357
	变量 X	−0.04492	0.163678	−0.27446	0.785146
	变量 X^2	0.003793	0.007931	0.478297	0.635043
2006	截距	0.009891	1.371217	0.007213	0.994281
	变量 X	0.015313	0.275565	0.055569	0.955962
	变量 X^2	0.000838	0.013637	0.061466	0.951294
2007	截距	0.757485	1.06413	0.711835	0.480698
	变量 X	−0.1389	0.215691	−0.64398	0.523265
	变量 X^2	0.009711	0.01076	0.902533	0.372177

（二）管理层董事与公司绩效的回归分析

表 5-15、表 5-16 的分析结果显示，净资产收益率、每股收益与管理层董事比例在 2005、2007 年度均呈现正相关性，而在 2006 年度表现为负相关性，但都不具显著性。

表 5-15　净资产收益率与管理层董事比例的回归分析

年度		系数	标准误差	t 值	P
2005	截距	0.0724	0.026	2.7793	0.008185
	X 变量	0.0393	0.1079	0.3646	0.717314
2006	截距	0.104248	0.05311	1.962864	0.056471
	X 变量	−0.18748	0.205966	−0.91024	0.368016
2007	截距	−0.003	0.0805	−0.036	0.97153
	X 变量	0.3523	0.3314	1.0631	0.293965

表 5-16　每股收益与管理层董事比例的回归分析

年度		系数	标准误差	t 值	P
2005	截距	0.175	0.0804	2.1784	0.03518
	X 变量	0.3513	0.333	1.0551	0.297571
2006	截距	0.282572	0.129866	2.175874	0.035382
	X 变量	−0.26753	0.503632	−0.53121	0.59814
2007	截距	0.1852	0.1445	1.2818	0.207118
	X 变量	0.6557	0.5949	1.1022	0.276816

（三）独立董事与公司绩效的回归分析

对净资产收益率、每股收益与独立董事比例的分年度分析结果如表 5-17、表 5-18 所示。净资产收益率与独立董事比例在 2005 年度表现为负相关性，而在 2006、2007 年度为正相关性，但都不显著。每股收益与独立董事的比例在 2005、2006 年度为负相关性，而在 2007 年度表现为正相关性，但同样不显著。

表 5-17　净资产收益率与独立董事比例的回归分析

年度		系数	标准误差	t 值	P
2005	截距	0.153972	0.102896	1.496388	0.142211
	X 变量	−0.20529	0.284957	−0.72041	0.475358

（续表）

年度		系数	标准误差	t 值	P
2006	截距	0.060843	0.232753	0.261405	0.795089
	X 变量	0.00578	0.660945	0.008745	0.993065
2007	截距	−0.04464	0.264124	−0.16902	0.866614
	X 变量	0.324941	0.724053	0.448781	0.655953

表 5－18　每股收益与独立董事比例的回归分析

年度		系数	标准误差	t 值	P
2005	截距	0.595748	0.31872	1.869188	0.068751
	X 变量	−0.97237	0.882654	−1.10165	0.277041
2006	截距	0.24473	0.565395	0.432849	0.667393
	X 变量	−0.06067	1.605541	−0.03779	0.970039
2007	截距	0.310446	0.475772	0.652509	0.517715
	X 变量	0.04243	1.304254	0.032532	0.974206

考虑到独立董事的比例可能会对下一年度的公司绩效产生影响，研究对本年度的公司绩效与上一年度的独立董事比例进行了回归分析，结果见表 5－19、表 5－20。发现独立董事的比例对后一年度的净资产收益率并没有产生显著的影响。

表 5－19　净资产收益率与上年度独立董事比例回归分析

年度		系数	标准误差	t 值	P
2005 独董比与 2006 净资产收益率	截距	0.11949	0.212822	0.561455	0.577544
	X 变量	−0.15816	0.589383	−0.26836	0.78977
2006 独董比与 2007 净资产收益率	截距	−0.06248	0.320895	−0.19471	0.84658
	X 变量	0.386469	0.91124	0.424113	0.6737

表 5－20　每股收益与上年度独立董事比例回归分析

年度		系数	标准误差	t 值	P
2005 独董比与 2006 每股收益	截距	0.501481	0.515585	0.972644	0.336434
	X 变量	−0.77639	1.427846	−0.54375	0.589557
2006 独董比与 2007 每股收益	截距	0.090925	0.57671	0.157662	0.875497
	X 变量	0.67164	1.637674	0.410118	0.683854

（四）董事持股比例与公司绩效的回归分析

净资产收益率与董事持股比例分析结果，见表 5－21。2005、2007 年呈现正相关性，而 2006 年为负相关性，但结果均不显著。每股收益与董事持股比例在 2005 年显著正相关（0.05 置信度下），但 2006 年为负相关，2007 年为正相关，与净资产收益率与董事持股比例的相关性相同，但都不显著。

表 5－21　净资产收益率与董事持股比例的回归分析

年度		系数	标准误差	t 值	P
2005	截距	0.074837	0.013891	5.387619	3.2E−06
	X 变量	0.40781	0.311584	1.308831	0.197881
2006	截距	0.069682	0.028876	2.413153	0.02037
	X 变量	−0.62061	0.794787	−0.78085	0.439375
2007	截距	0.066391	0.039602	1.676446	0.101261
	X 变量	0.440266	0.747917	0.588656	0.559321

表 5－22　每股收益与董事持股比例回归分析

年度		系数	标准误差	t 值	P
2005	截距	0.205022	0.038739	5.292376	4.36E−06
	X 变量	3.080968	0.868971	3.545535	0.000996
2006	截距	0.248001	0.069524	3.567098	0.000936
	X 变量	−2.22859	1.913605	−1.1646	0.250912
2007	截距	0.313872	0.071127	4.412823	7.24E−05
	X 变量	0.837016	1.343282	0.623112	0.536662

（五）董事会会议与公司绩效的回归分析

表5－23是净资产收益率与董事会会议次数的回归分析，从结果看，三个年度均具有弱相关性，不显著。而表4－24每股收益与董事会会议的回归分析表明，前两年具有负相关性，2007年两者的相关性则为正，但都不具显著性。

考虑到董事会会议次数过少或者过多，对公司绩效的影响可能都不利，本研究又进行了非线性回归分析，建立二次曲线模型进行研究。表5－25、表5－26的分析结果显示净资产收益率、每股收益与董事会会议次数间并不存在显著的二次曲线关系。

表5－23　净资产收益率与董事会会议次数的回归分析

年度		系数	标准误差	t 值	P
2005	截距	0.06385	0.028229	2.261833	0.029075
	X 变量	0.002003	0.002992	0.669239	0.507094
2006	截距	0.015614	0.058357	0.267556	0.790383
	X 变量	0.00521	0.005678	0.917498	0.364248
2007	截距	0.00822	0.114111	0.072037	0.942922
	X 变量	0.006022	0.010053	0.599036	0.552444

表5－24　每股收益与董事会会议次数回归分析

年度		系数	标准误差	t 值	P
2005	截距	0.308336	0.087991	3.504167	0.001123
	X 变量	−0.00731	0.009327	−0.78409	0.437493
2006	截距	0.246474	0.14315	1.721785	0.092646
	X 变量	−0.00253	0.013928	−0.18173	0.85669
2007	截距	0.255841	0.20562	1.244244	0.220476
	X 变量	0.006536	0.018115	0.360796	0.720104

表 5－25　净资产收益率与董事会会议次数非线性回归分析

年度		系数	标准误差	t 值	P
2005	截距	0.115071	0.060741	1.894455	0.06541
	变量 X	－0.00758	0.010497	－0.72228	0.474322
	变量 X^2	0.000319	0.000334	0.952677	0.346476
2006	截距	－0.01187	0.124364	－0.09547	0.92442
	变量 X	0.009887	0.019493	0.507223	0.614784
	变量 X^2	－0.00014	0.000563	－0.25111	0.803013
2007	截距	－0.11742	0.355045	－0.33073	0.742576
	变量 X	0.027836	0.059177	0.470381	0.640637
	变量 X^2	－0.00084	0.002234	－0.37417	0.710254

表 5－26　每股收益与董事会会议次数非线性回归分析

年度		系数	标准误差	t 值	P
2005	截距	0.503301	0.188274	2.673231	0.010822
	变量 X	－0.04379	0.032537	－1.34599	0.185884
	变量 X^2	0.001212	0.001036	1.169875	0.248975
2006	截距	0.295438	0.305181	0.968075	0.338824
	变量 X	－0.01086	0.047834	－0.22711	0.821491
	变量 X^2	0.000252	0.001382	0.182292	0.856274
2007	截距	－0.26695	0.634895	－0.42047	0.676395
	变量 X	0.0973	0.105821	0.91948	0.363357
	变量 X^2	－0.00348	0.003995	－0.87064	0.389144

（六）来自民营或控股公司董事比例与公司绩效的回归分析

表 5－27 的分析结果显示净资产收益率在 2005、2006 年度与来自民营或控股公司的董事比例存在负相关性，但却不具显著性。而在 2007 年度，两者表现出了较强的负相关性。表 5－28 分析的每股收益与在股

东单位任职的董事比例关系具有相似的结果，2005 年度则表现出了较强的正相关性，2006、2007 年度具有负相关性，但却不显著。

表 5-27　净资产收益率与民营或控股公司董事比例的回归分析

年度		系数	标准误差	t 值	P
2005	截距	0.127599	0.035369	3.607636	0.000832
	X 变量	−0.13486	0.093964	−1.43526	0.158799
2006	截距	0.172775	0.071446	2.418254	0.020123
	X 变量	−0.29802	0.179536	−1.65997	0.104551
2007	截距	0.09153	0.109067	0.839207	0.40622
	X 变量	−0.05388	0.29135	−0.18493	0.854199

表 5-28　每股收益与民营或控股公司董事比例的回归分析

年度		系数	标准误差	t 值	P
2005	截距	0.41475	0.109662	3.782073	0.000497
	X 变量	−0.47831	0.291335	−1.64179	0.108282
2006	截距	0.445286	0.175356	2.539322	0.014995
	X 变量	−0.60133	0.440651	−1.36464	0.17981
2007	截距	0.558479	0.192188	2.905904	0.00588
	X 变量	−0.66393	0.513389	−1.29323	0.203169

（七）独立董事参会比例与公司绩效的回归分析

表 5-29 的分析结果显示，净资产收益率与独立董事的参会比例在 2005、2007 年度具有弱正相关性，这一相关性在 2006 年较强，但却都不具有统计上的显著性。而表 5-30 的分析结果表明，每股收益与独立董事的参会比例在 2005、2007 年度具有弱负相关性，但在 2006 年却表现出了较强的正相关性。

表 5-29　净资产收益率与独立董事参会比例的回归分析

年度		系数	标准误差	t 值	P
2005	截距	0.058879	0.029769	1.977867	0.054691
	X 变量	0.000814	0.001002	0.811984	0.42149
2006	截距	−0.41454	0.348756	−1.18861	0.241432
	X 变量	0.507	0.36926	1.373017	0.17721
2007	截距	0.060988	0.93489	0.065236	0.948303
	X 变量	0.012141	0.972976	0.012478	0.990104

表 5-30　每股收益与独立董事参会比例的回归分析

年度		系数	标准误差	t 值	P
2005	截距	0.286564	0.093475	3.065689	0.003833
	X 变量	−0.00147	0.003147	−0.46634	0.643442
2006	截距	−1.09773	0.841375	−1.30469	0.199274
	X 变量	1.403174	0.89084	1.575114	0.122916
2007	截距	0.447166	1.679835	0.266196	0.791422
	X 变量	−0.12646	1.748268	−0.07233	0.942689

（八）董事会特征与公司绩效的多元回归分析

为探讨多种董事会特征因素综合对公司绩效的影响，本研究最后仍旧进行了多元回归分析，结果见表 5-31、表 5-32。

董事会规模与净资产收益率在 2006、2007 呈现出较强的正相关性，但不具显著性；与每股收益在 2005 年度为弱相关性，在 2006 年呈现显著的正相关性，在 2007 年相关性较强，但不具显著性。

独立董事比例与净资产收益率在 2005、2006 年度有弱负相关性，在 2007 年度却有较强的正相关性，但都不显著；与每股收益在 2005、2006 年度有弱负相关性，在 2007 年度却有较强的正相关性，但也都不显著。

表 5－31　净资产收益率与董事会特征的多元分析

年度		系数	标准误差	t 值	P
2005	截距	－0.0906	0.283703	－0.31935	0.751359
	董事规模	0.005739	0.010643	0.539208	0.593157
	独董比	－0.02274	0.349955	－0.06498	0.948557
	管董比	0.043335	0.119751	0.361878	0.719619
	股东董事比	－0.10437	0.114315	－0.91304	0.367466
	董事持股	0.235425	0.39031	0.603174	0.550282
	会议	0.00288	0.003144	0.916045	0.365912
	独董参比	0.134432	0.189244	0.710366	0.482184
2006	截距	－0.87229	0.530884	－1.64309	0.109319
	董事规模	0.02137	0.018912	1.129984	0.266168
	独董比	－0.01375	0.689709	－0.01993	0.98421
	管董比	－0.11754	0.210171	－0.55924	0.57956
	股东董事比	－0.50781	0.202198	－2.51145	0.01679
	董事持股	－1.26212	0.811676	－1.55495	0.128954
	会议	0.000372	0.005529	0.067288	0.946735
	独董参比	1.027354	0.39111	2.626768	0.012705
2007	截距	－2.41913	1.821579	－1.32804	0.192762
	董事规模	0.055437	0.040365	1.373386	0.178367
	独董比	1.394464	0.995333	1.401003	0.170018
	管董比	0.44137	0.360376	1.224748	0.22885
	股东董事比	0.208559	0.352531	0.591603	0.557918
	董事持股	0.005529	0.924951	0.005978	0.995264
	会议	0.007095	0.010827	0.655298	0.51656
	独董参比	1.296295	1.37275	0.944305	0.351487

表 5－32

年度		系数	标准误差	t 值	P
2005	截距	0.093731	0.783009	0.119706	0.9054
	董事规模	−0.00634	0.029373	−0.21567	0.830495
	独董比	−0.70856	0.965862	−0.73361	0.468074
	管董比	0.161754	0.330508	0.48941	0.627605
	股东董事比	−0.35904	0.315504	−1.138	0.262852
	董事持股	2.632543	1.077239	2.443787	0.019716
	会议	−0.00257	0.008677	−0.29665	0.768486
	独董参比	0.579785	0.522305	1.110051	0.274546
2006	截距	−1.89427	1.26997	−1.49159	0.144766
	董事规模	0.045277	0.04524	1.000807	0.32379
	独董比	−0.47519	1.649909	−0.28801	0.77504
	管董比	−0.17208	0.502767	−0.34227	0.734193
	股东董事比	−1.32608	0.483694	−2.74157	0.009567
	董事持股	−4.0633	1.941675	−2.09268	0.043696
	会议	−0.01482	0.013227	−1.12018	0.270265
	独董参比	2.733687	0.935605	2.92184	0.006058
2007	截距	−3.98337	3.193485	−1.24734	0.220554
	董事规模	0.121363	0.070766	1.714986	0.09519
	独董比	2.108807	1.744959	1.208514	0.234951
	管董比	0.874742	0.63179	1.384546	0.174955
	股东董事比	−0.25584	0.618037	−0.41395	0.681437
	董事持股	−0.88088	1.621569	−0.54323	0.590417
	会议	0.003432	0.018982	0.180803	0.857565
	独董参比	2.427793	2.406625	1.008796	0.319996

管理层董事的比例与两种公司绩效指标的关系相同，在 2005 年表现为弱正相关性，2006 年为弱负相关性，在 2007 年度则呈现为较强的正相关性。

来自民营或控股公司董事比例与公司绩效的关系在 2006 年度均为显著的负相关，而在 2005 年度与净资产收益率弱负相关，与每股收益较强的负相关性，在 2007 年度与净资产收益率弱正相关，与每股收益为弱负相关性。

董事持股比例与净资产收益率在 2005 年度呈现弱正相关，2006 年度则表现为显著的负相关性（在 0.05 置信度下），在 2007 年度则为弱负相关，与每股收益在 2005 年表现为显著的正相关性（0.05 置信度下），在 2006 年度为显著的负相关性（0.05 置信度下），2007 年则为弱负相关。

董事会年度会议次数与净资产收益率在三个年度均表现为弱负相关，与每股收益在 2005、2006 年度负相关，而在 2007 年度弱正相关，不具显著性。

独董参会比例与公司绩效在 2006 年度表现出显著的正相关性，而在 2005、2007 年度虽为弱正相关，不具显著性。

5.3.3 结论与启示

（1）董事会规模与两个公司绩效指标均具有较弱的正相关性，说明董事会规模在一定程度的扩大有助于公司绩效的提高。但当董事会规模超过一定的限度后，公司绩效反而会因董事会规模的增加而下降，所以规模较大时，减少董事会人数可能会提高公司绩效。而且，董事会规模过大还会造成协调和沟通困难，决策效率下降。作为国有控股公司，董事会规模较小，虽有利于对董事会的控制，但也无法更多地利用不同董事的专业技能，借鉴不同建议，做出合理决策。另外，董事会规模与公司绩效的弱相关还说明目前公司增加或减少董事会人数的出发点并不是公司的绩效，而是利益各方的制衡以及法律的要求。

（2）回归结果显示独立董事比例与公司绩效在2007年均为正相关关系，而此前以负相关关系为主。这种情况可能和我国目前独立董事的作用发挥受到限制有很大的关系，民营公司设立独立董事很大程度上是出于满足监管部门的要求与淡化民营色彩的考虑，对其作用的发挥并没有高期望，甚至可能认为独立董事的存在会干扰民营决策的制定。而且，独立董事知识背景和经验存在限制，可能并不了解上市公司的业务，同时时间精力的限制也导致他们无法对公司作更深入的了解，对决策的建议也仅仅是来自于上市公司提供的一些信息，且很可能是不完全的信息。另外，我国目前的独立董事还无法做到真正独立，其推举和任命值得质疑之处甚多，所以也无法形成真正的监督和制衡，对上市公司绩效产生积极影响。但随着时间的推移，民营公司越来越注意如何更好地发挥独立董事的作用，提高公司绩效。

（3）无论是单因素回归还是多元回归分析，管理层董事比例与公司绩效的关系在2005年以及2007年均为正相关，而在2006年与公司绩效为负相关。为何只在2006年为负相关？笔者推测这可能和股权分置改革有关。在43家民营公司中，有42家是在2006年底前完成得股权分置改革，股权分置改革使非流通股东获得了流通权，流通股东获得了对价，但对持股比例很低的管理层董事来说，却可能减少了与之薪酬相联系的公司绩效，一定程度上影响了管理层董事的积极性，尽管并没有显著影响。而来自民营或实际控制公司的董事比例与公司绩效基本为负相关，说明公司上市后，还是要淡化一点民营色彩，给其他的董事、管理人员、股东等一个透明化、具有良好公司治理结构的形象，而不是一个民营说了算的形象，这样对公司的绩效才具有积极的影响。

（4）目前，民营公司董事所持股份既包括民营成员的原有股份，也有董事二级市场购入股份，持股比例较国有公司高出许多。尽管有较多研究认为股权激励会对公司绩效提高产生显著的影响，但就研究的民营公司来看，实际控制人之外的股东持股比例与公司绩效的关系并不明确，可能是因为董事会成员持股人数较少，不足以对公司绩效产生足够的影响。

（5）单因素以及多元回归分析董事会年度会议次数与公司绩效的关系并不确定，反映出董事会会议可能在处理公司面对的问题如股权分置改革、股指上扬、大小非解禁、股指下行以及宏观经济形势（对民营公司比对国有公司的影响更大）都感到难以应对。决策的效率下降，影响着公司绩效，当然，可能也和董事会会议能否真正发挥作用有关。

独立董事参会比例与公司绩效均呈现出正相关关系，且在 2006 年还具有显著的正相关性。说明民营公司通过董事会会议对独立董事作用的发挥要比国有公司做得好。

总之，董事会治理的若干因素对公司绩效的影响都或多或少地存在，但具有显著性的因素不多。作用发挥可能受到时间、市场等因素的限制，所以如何提高董事会治理的水平，充分发挥各因素的作用，对于提高公司绩效具有重要的影响。

5.4　本章小结

本章首先从时间和管理性质两方面对中国民营公司董事会治理做了回顾；其次，从股权结构、持股稳定性、持股形式、公司权力结构、公司外部控制机制等方面分析了中国民营公司董事会治理的特征；接着对中国民营公司董事会治理的实证进行分析，通过董事会规模、董事持股、董事会会议、独立董事、董事会专门委员会、管理层董事比例、董事长与总经理兼任对中国民营公司董事会治理进行了描述性统计分析，通过董事会规模、董事持股、董事会会议、独立董事、董事会专门委员会、管理层董事比例、董事长与总经理兼任与公司绩效进行了回归分析，我们发现：董事会规模公司绩效指标均具有较弱的正相关性，说明董事会规模在一定程度的扩大有助于公司绩效的提高；独立董事比例与公司绩效在 2007 年均为正相关关系，而此前以负相关关系为主；管理层董事比例与公司绩效的关系在 2005 年以及 2007 年均为正相关，而在 2006 年与公司绩效为负相关；民营公司董事持股比例与公司绩效的关系并不明确；董事会年度会议次数与公司绩效的关系并不确定；独立董事参会比例与公司绩效均呈现出正相关关系，且在 2006 年还具有显著的正相关性。

注释

① 张余华．民营企业发展进程及治理模式研究［M］．武汉：华中科技大学出版社，2006.

② 陈灿．关系治理与绩效：中国民营企业治理行为研究［M］．北京：经济科学出版社，2007.

③ 章迪诚，张星伍．中国国有企业改革的正式制度变迁［M］．北京：经济管理出版社，2008：52.

④ 上海证券交易所研究中心．中国公司治理报告：民营上市公司治理［M］．上海：复旦大学出版社，2005.

第 6 章　中国公司董事会治理效率的影响因素分析

6.1　公司董事会治理效率的内涵

公司董事会治理效率是指公司董事会治理收益（包括直接收益和间接收益）与治理成本（包括构造成本、运行成本）之比。

$$G=S/C$$

式中，G 代表董事会治理效率，S 表示董事会治理收益，C 表示董事会治理成本。

董事会治理收益（S）由直接收益（$S1$）和间接收益（$S2$）组成，直接收益是指通过董事会治理的改善而导致治理成本的下降，间接收益是指通过董事会治理的改善而导致公司经济和社会效益的提高。很明显，董事会治理收益主要应是间接收益。

董事会治理成本（C）也由两部分组成：构造成本（$C1$）和运行成本（$C2$）。所谓构造成本是指由于董事会的存在而产生的董事的薪酬、福利（保险、退休金）等费用。所谓运行成本是指董事会及其成员履行其职责而产生的各种费用，如：办公、会议、学习培训、信息收集等费用。运行成本可以划分为决策成本和监督成本，决策成本即董事会为制定公司重大经营决策而付出的成本，包括为科学决策而收集信息的成本、获取外部资源的成本、董事会成员沟通与冲突协调的成本以及决策风险等。监督成本是指董事会为了有效监督管理者，促使其为公司核心利益相关者价值最大化而努力的成本，主要包括收集管理者信息的成本、董事会以其决定影响管理者的成本。

$$G=(S1+S2)/(C1+C2)$$

由上面的分析可见，董事会治理效率的提高，既可以通过增加治理收益的方法，也可以通过控制、降低治理成本的方法。而治理收益的增加主要应是间接收益（$S2$）的增加，因为直接收益（$S1$）的取得是有限的。治理成本的控制、降低主要应是运行成本（$C2$），因为构造成本（$C1$）由于规制的存在，其下降空间非常有限。由此，

$$G'=S2/C2$$

当然，这只是理论上的分析。实际上，一定成本的提高有可能导致收益的大幅度提升，因此影响董事会治理效率的因素很多也很复杂，既有公司外部的，也有公司内部的；既有董事会外部的，也有董事会内部的。这些因素的作用方向的改变，可能导致董事会治理效率的改变。

关于影响董事会效率的因素，国内外学者观点并不统一。Jensen（1993）认为，影响公司董事会效率的关键因素是董事会规模、董事会构成和公司领导权结构。Kose John & Lemma W. Senbet（1998）指出决定董事会效率的因素是董事会规模、董事会的独立性及其构成、两职状态、内部委员会设置状况、董事会成员素质状况和董事薪酬等。Vincent A. Warther（1998）认为决定董事会效率的因素包括董事薪酬、董事的聘任、董事会成员获取信息的能力、大股东或非执行董事的存在、两职分离，并且构造出一个测评董事会效率的模型，借此对董事会效率加以研究。Chris Cornforth（2001）的研究表明董事会规模、次级委员会状况、董事会会议频率及会议出席率对董事会决策和监控效率有一定作用。另外，董事会成员有足够的时间履行董事职责、有担任董事的丰富经验和能力、明白自己拥有的权利和肩负的责任、董事会与管理层目标一致并且能够为实现这一目标而共同奋斗，所有这些都有助于董事会效率的提升。李维安（2003）认为，影响董事会治理效率的 5 个主要因

素是：董事权利与义务、董事会运作效率、董事会组织结构、董事薪酬、独立董事。于东智（2004）认为董事会的独立特征、行为特征、激励特征、稳定性特征、年龄与知识结构等特征之间的相互作用，决定了董事会的效率。谢永珍（2006）认为，影响董事会治理效率的因素有四个，分别是董事选聘、激励与教育、董事会规模与结构、董事会独立性、董事会运作。

综合国内外学者的研究成果，我们认为，影响公司董事会效率的因素可以分为两类，一类是外部因素：社会环境、法规制度、文化背景、产权市场、资本市场、经理市场、产品市场、行业性质、股权结构；另一类是内部因素，包括董事会结构、董事会运行、董事会独立性、董事的激励、董事的约束、董事会文化等六个方面。同时基于本文的研究对象的界定，我们认为，一定时期内，外部影响因素具有较大的稳定性，而内部因素则由于公司的不同而不同，因此我们将主要讨论内部因素的影响。

6.2　影响董事会治理效率的外部因素

外部因素：社会环境、法规制度、文化背景、股权结构、产权市场、资本市场、董事市场、产品市场。

特定的公司治理模式根植于特定的社会、历史和文化背景之中，这从美英公司治理模式和德日公司治理模式产生和发展的历史中可以得到印证。美、英两国具有反垄断的传统，社会公众向来反感由于财富过于集中而妨碍自由竞争，因而普通法系在法律制度的设计上倾向于分散公司的股权。而德、日两国在政治习惯和文化传统上倾向于统治权的集中，因而大陆法系对于垄断的限制也较为宽松，这使大股东往往在公司治理中发挥主导作用。不同国家的社会制度、政治体系、文化背景的差异，一个国家所处的经济发展阶段，都会导致公司法规制度的差异，从而导致公司董事会治理上存在着的董事会结构、董事产生的机制、董事会的运作方式等方面的不同，世界各国在公司治理上存在的不同模式正是这种差异的表现。尽管目前这种差异有趋同的趋势，但这将是一个漫长的过程。例如，转轨经济国家的公司治理结构主要是由其实行的社会制度所形成；同样，我们也不难理解东亚和欧洲大陆虽然具有相似的股权结构，但东亚国家形成了“裙带资本主义”，而欧洲大陆国家却没有产生这种现象。

公司治理的国际经验表明，公司股权结构对董事会战略职责的发挥具有“先天性”影响。股权结构直接制约着治理结构。研究表明，股权的适度多元化是建立有效的公司治理结构的一个基本出发点，在此基础上，从实际公司运行看，当股权比较集中在少数投资者手中时（集中的形式有多种，如大股东、收购、大债权人等）。由于占有企业利益的大部分，这些大投资者较股权过分分散在众多小投资者手中时更有动力和能力搜集企业经营信息和监控代理人，在有关决策上更容易采取一致行动。同时大投资者有足够多的投票权对代理人施加压力甚至通过经理市场和购并市场来罢免代理人。中国公司的股权结构往往是“一股独大”，缺乏不同利益集团的相互制衡，同时，中国国有公司还存在着所有者“缺位”和“越位”等问题，这些现象的存在，都不利于对董事会形成真正的制约。杨海芬（2005）认为，不同股权结构形态下董事会应发挥的核心作用有着很大不同：高度集中型股权结构下，董事会的核心作用是监督大股东；寡头竞争型股权结构下，董事会的核心作用是强调战略决策科学化；而高度分散的股权结构下董事会作用集中表现为监督管理者。

各种要素市场也从外部对董事会治理产生着重大影响。产权市场、资本市场、董事市场、产品市场等市场的发育、活跃、成熟程度直接制约着该国公司董事会治理的运行方式、运行效果。

6.3　影响董事会治理效率的内部因素

影响董事会治理效率的内部因素很多，我们根据国内外研究的成果，结合中国公司董事会治理的现状，归纳为六类：一是董事会结构，包括董事会规模、董事结构、专业结构、年龄结构；二是董事会运行：会议次数、出席比例、工作时间、与管理层的沟通、与利益相关者的沟通、学习情况；三是董事会独立性：董事聘任、独董比例、次级委员会、两职分离；四是董事的激励：薪酬数量、薪酬形式、董事福利、董事持股；五是董事的约束：股东大会、监事会的有效性、董事的考核；六是董事会文化：制度建设、风险意识、民主和谐、操守文化。下面我们分别进行分析。

6.3.1　董事会结构

董事会结构通常包括董事会的规模、董事会结构（内外董事比例）、专业结构（背景）、年龄结构等。

董事会的规模。董事会规模是反映董事会特征的一个重要指标。Andres & Gonzalez（2006）的研究表明，受市场准入的限制，公司也往往具有自然垄断的倾向。这导致公司的资产规模比一般性行业企业要大得多。这一点在近年来出现的金融持股公司中表现得更为明显。由于资产规模较大，加上越来越多的公司采用金融持股公司这种独特的组织形式，使得公司董事会的规模一般较大，外部董事的比例也较高。Booth et al.（2002）的研究发现，工业、公用行业董事会的平均规模分别为 11.79 和 11.46，而金融持股公司董事会的平均规模为 16.37，董事会规模大是公司董事会监督效率低的主要原因。

董事会规模是大好还是小好，尽管存在争论，但综合众多观点所得，以下几点是共同的：①公司规模大而董事会规模过小时，董事会的集体智慧和团队战斗力有可能受影响，同时对经理层的监控力量也会受影响，董事会效率无法达到最优。②随着董事会规模的逐步增大，上述问题可以得到一定程度的解决，但当董事会规模超过一定界限时，董事会人数增加引起的治理成本的增大可能会大于收益的增加，董事会效率的下降。③董事会规模过大，个别董事可能为各自利益组成某些非正式团体，左右董事会，也可能使个别董事“搭便车”，从而影响董事会整体效率。④董事会规模过大，可能使董事会无法在关键时刻及时做出有效的决策，失去有利的发展机会，因而应该根据各种因素，确定适合的董事会人数。

影响董事会规模的因素有很多，比如公司规模、行业性质、治理成本、兼并、CEO 的偏好、外部压力、董事会内部结构等。就公司规模来看，规模大的公司业务复杂性程度高，相应的决策所需知识以及信息量较大，因此董事会规模相对大一些，如 1996 年标准普尔 500 家、标准普尔中型以及标准普尔小型上市公司的董事会规模分别为 11.7 人、9.8 人以及 8.6 人。就行业来讲，性质不同的行业，董事会规模差异较大。纳斯达克上市公司的平均董事会人数要比纽约交易所上市公司董事会人数少，内部董事比例更高，这是由其公司的高技术和成长性以及竞争环境变化快等原因决定的。美国的公司和教育机构董事会人数较多，标准普尔 500 家董事会规模最大的 4 个产业集团分别为大型地区公司（17.7 名董事）、保险经纪人（16 名）、餐饮业（15.5 名）以及出版业（15.3 名），技术类公司的董事会规模最小，不足 9 人。就治理成本而言，合理适度是其根本。就企业兼并来讲，一般当兼并事件刚刚发生时，董事会规模较大，而随着公司控制权的转移，一方渐渐控制了公司，另一方的董事将不得不离开董事会，董事会规模趋于缩小。为了减少董事会的约束，CEO 常常采用增加或减少董事人数的办法加强对董事会的控制。外部压力的要求往往会促使公司增大董事会的规模，例如随着要求增加外部董事、少数民族董事、妇女董事的社会呼声日渐提高，董事会呈扩张之势。董事会内部机构设置对董事会规模有直接的影响，通常设置多个下属次级委员会的董事会要比单一执行职能的董事会规模大，因为每一个下属次级委员会要行使职能，组成人数必须达到一定数量（法律规定），因此下属次级委员会越多，职能划分越细，董事会人数就越多。

中国公司董事会规模的确定除了要考虑上述基本要素之外，还要合乎相关规制的要求。本书认为理想的董事会规模应能使董事会以较低的治理成本获得较高的治理收益，即董事会效率最大化。

董事结构。这里主要讨论董事会内部董事与外部董事的比例。理论上，外部董事的比例越高，董事会决策的独立性和客观性越强，对管理层的监督能力也越强。受行业管制的影响，公司外部董事比例明显高于一般性行业（Admas & Mehran，2003）。

董事专业结构（背景）。专业性水平的高低直接影响董事职责的履行，董事会成员的阅历和才能一定要满足公司面临的战略需要。在复杂的市场环境中，一个人或几个人不可能具有解决董事会所面临的全部问题的知识。因此，董事会应该由具有不同知识背景和技能的多个成员组成，公司的特殊性对其董事的专业要求更高。

董事年龄结构。一个高效的董事会应该是一个老中青结合、年龄结构合理的董事会。年纪轻的董事敢想敢干，富有创新精神，但经验不够；年纪大的董事经验丰富，但也有可能保守、故步自封。老中青的合理搭配既有利于优势互补，也有利于产生合理的年龄梯次，保证后继有人。

6.3.2　董事会运行

董事会运行对董事会治理效率的影响主要是通过董事会会议次数、董事出席会议比例、董事工作时间、董事会与管理层的沟通、董事会与利益相关者的沟通、董事的学习情况、培训等体现。

董事会会议。董事会会议次数与公司业绩之间到底有没有关系。在此问题上，学术界出现两派截然相反的观点。一派以 Lipton & Lorch 为代表，认为董事会会议次数越多，表明董事会越积极有效。所以，他们建议董事们每两个月至少应该开一次会，每次会议应该要有一整天。与此相反，以 Jensen 为代表的另一派则认为，董事会会议往往只是走走形式，不是确实需要的。董事会会议的大部分时间往往被用来讨论公司的日常事务，董事们实际上没有太多时间来讨论公司管理层的表现。因此，董事会会议还不如少开。Vafeas（1999）专门就董事会会议频率与公司业绩表现之间的关系进行实证分析，发现董事会会议频率与公司价值成反比关系。Xie 等（2001）研究发现董事会的会议次数越多，盈余管理程度越轻。国外优秀公司一般每年召开 10 次左右的董事会会议。董事会会议频率及会议持续时间对董事会功能的发挥有重要影响，如果一个董事会每年所开的会议次数较少，很难相信它是一个对工作认真负责的董事会。在董事之间缺乏交流的情况下，一个只花费很少时间就完成的董事会会议也难于做出令人信服的公司决策。

一般来说，董事履行职责、行使权利主要是以参加董事会议的形式进行，所以，董事会会议是董事会行为方式的重要表现。各国公司治理准则对董事会会议的次数、性质、议题等有不同的规定。如《美国企业协会关于公司治理的声明”提出，大型公众企业的董事会应每年召开 8 次会议，另外董事应能定期地在 CEO 及其他内部董事不在场的情况下会晤。《美国企业董事协会蓝绶带委员会报告》提出，董事会应定期召开行政会议，并且董事应充分重视每次会议，事先进行准备，积极地参与会议讨论。英国规定，董事会应定期召开会议且对预定的讨论事项有正式的计划。加拿大规定，董事会至少一年召开 6 次会议，每次会议应有至少需讨论一天时间的议题。中国《股份制公司董事会尽职指引（试行)》规定，董事会应定期召开会议，每年至少召开 4 次董事会例会，并根据需要及时召开临时会议，董事会会议应有事先拟定的议题；董事会会议应严格按照规定的程序进行；董事会会议记录应完整、真实。

董事会会议频率与公司规模、经营业务的多样性及所处行业竞争的激烈程度等有一定关系。对于规模庞大、经营多元化的公司而言，不但需要一个较大规模的董事会，而且董事会会议频率也会处于较高的频度。因为，经营业务的复杂程度决定了公司面临更复杂的环境和更多的事务，需要做出更多的决策，这一切都要求董事会不但保持较高的运行效率，同时也要求董事会应经常对公司经营过程中出现的问题及时解决，为经理层提供高质量的咨询服务和建议。所以，年度会议次数也是影响董事会效率的一个因素。

董事出席董事会会议比例。既然董事会会议是董事履行职责、行使权利的主要形式，董事出席董事会就应是衡量董事履行职责的重要指标。

董事工作时间。必要的工作时间是董事尤其外部董事履行职责的保证。

董事会与管理层的沟通。从CEO与董事之间的关系看，如果他们相互信任，则有利于董事会充分发挥其战略服务功能，并减少代理成本。相反，如果他们之间相互缺乏信任，则董事会的功能的发挥程度会降低。由此可见，CEO与董事之间的信任关系对董事会有较大影响。董事和董事会应该经常与管理层沟通，是董事会与管理层和谐共处、互通信息、增进了解的重要条件。

董事会与利益相关者的沟通。利益相关者特别是核心利益相关者（股东、债权人）对于公司具有重要意义。董事和董事会应该经常与他们沟通，取得互信。

董事和董事会的学习情况。董事会应该是一个学习型组织，董事尽管可能是某方面的专家，但不一定能当好董事，必要的培训、学习是董事履责的前提。

6.3.3 董事会独立性

董事会独立性对董事会治理效率具有非常重要的影响。美国商业圆桌会议（BRT，1997）认为，对于一家大型上市公司的董事会而言，与管理层保持实质上的独立性是重要的。相应地，该公司董事的多数应该是外部董事（非管理层）。美国的机构投资者和公司治理专家一致认为，董事会应当独立于管理层。因为大股东在控制公司的过程中可能会损害小股东的利益，所以，建立一个独立、公正的董事会，成了董事会改革的方向。绝大多数国家（地区）都认为董事会的独立性是影响其客观评价经理业绩的重要因素之一。公司董事会的独立性包括两层含义，一是公司董事会独立于公司管理层特别是 CEO；二是公司董事会独立于所有股东。公司董事会的独立性越强，对于董事长或大股东的监督性就越强，才能避免少数股东凌驾于董事会，利用公司获取私利（如关联交易），保护中小投资者的利益，才能避免公司管理层对董事会的操纵。

影响公司董事会独立性的因素主要有：董事的选拔、独立董事比例、董事会的次级委员会设置及其运作、董事长与 CEO 两职分离状况。

董事的选拔。许多国家（地区）的公司治理准则都重视董事提名的程序，强调新董事的任命必然遵循正式而透明的程序，美英还主张建立提名委员会，以减少 CEO 对董事会的影响。目前多数国家规定董事的选聘实行"一股一票制"。这一制度的缺陷就是持有公司股票多的股东可以控制公司的董事会，并产生所谓"大股东控制董事会"的事实，中小股东的利益将难以保障。为了克服这一缺陷，"累积投票制"作为一种保护中小股东参与公司权力实现的机制，被英美日等国家采用。

独立董事比例。所有的公司治理建议几乎都赋予董事会选择董事的自主性。在制定董事选择框架和由提名会提名候选人时，独立董事被给予了一个关键的角色。独立董事的比例是衡量董事会独立于公司管理层程度的最重要的因素，从理论上讲，这个比例越高，董事会独立判断的效率越强。Fama（1980）指出，一个股东占多数的董事会并不是最佳的董事会结构，其最好的解决办法是引入非执行董事，以降低董事会和经营者们合谋的可能性；同时，董事会作为进行低成本控制权内部转换的市场引致机制，其活力会得到加强。Tricker（1984）研究认为，在董事会中引进独立董事是可以增加董事会的客观性和独立性的。Williamson（1985）认为，经理担任董事很容易把董事会变成经理阶层的工具，引入独立董事可以保证董事会对公司的基本控制关系不因管理层的介入而受到影响。Borokhovich，Parrino & Trapani（1996）以及 Renneboog

(2000)均认为罢免CEO和董事会中独立董事的比例正相关，但是这个正相关只有在独立董事在董事会结构中占优的情况下才成立。国内外一些实证研究的结论证实独立董事比例与公司财务业绩、市场价值、股东利益维护以及罢免不合格的CEO等具有正相关性。近年来西方实行一元制公司治理的国家中独立董事的比例呈现逐步上升的趋势。资源依附理论认为选举非执行董事进入董事会可看作是董事会处理公司与外部环境关系的一项重要的战略举措，能够使公司充分利用各种非执行人士为公司带来的人才资源优势，提高董事会运作效率。

董事会专门委员会。董事会次级委员会通常指董事会设立的、由公司董事组成的行使董事会部分权力或者为董事会行使权力提供帮助的董事会内部常设机构。尽管董事会是公司的必设和常设机关，但董事会是会议体机关，董事会重大决策和监督权的行使只有在董事会会议上可以进行，即董事会行使权力必须召开董事会，由全体董事在董事会会议上集体讨论并形成董事会决议。董事个人包括董事长，在董事会会议之外均不能单独决策或行使监督权力。而在大型公司，董事的人数通常较多，召集和举行董事会并非易事，董事会每年召开的次数有限，董事聚集在一起讨论和作决议的时间很短，难以有效地行使董事会权力。更重要的是，由于董事会是会议体机关，董事会通常较适合对已经形成的议案进行讨论和表决，而议案本身的形成和提出，诸如公司董事候选人的选择、管理人员的选择、董事和经理层的薪酬方案等事项具有相当的专业性，需要依靠个人的专业技能并需要董事会开会讨论之前的广泛调查和深入研究方能形成周密的议案，这些议案很难依赖董事会集体形成和提出，而需要常设的机构在董事会闭会期间草拟和提出以供董事会会议讨论和表决。另外，诸如评估管理层的表现和对董事和管理层执行职务的审计，也需要监督主体在董事和管理层日常履行职务的过程中加以考察和评估，仅仅依靠董事会会议的讨论也是不够的，董事会作为会议体的局限十分明显。为此，需要设立董事会次级委员会。

董事会专门委员会制度是强化公司治理方面的通行做法和成功经

验。各个国家的立法实践和公司治理实践也日趋强调专门委员会在董事会建设中的重要作用。例如，美国《法律学会公司治理准则》要求大型上市公司设立审计委员会、提名委员会和薪酬委员会，其中审计委员会应由独立董事组成，以审查财务报告、控制公司内部违法行为。英国《CADBURY 报告》和《联合准则》建议上市公司均应设立全部由非执行董事组成的审计委员会、薪酬委员会，和由大部分非执行董事组成的提名委员会。《德国公司治理准则》：监督委员会（董事会）应设立专门委员会以处理复杂的事务。专门委员会可设置执行委员会、审计委员会、人事委员会、提名委员会、市场和信贷信誉风险委员会、协调委员会。《日本 2002 年商法修改案》：大型公司选择委员会制度的，必须要设置监察委员会、提名委员会和薪酬委员会。董事会专门委员会的设立视需要而定，主要应分为提名委员会、审计委员会和报酬委员会。

两职状态。两职设置问题实际上反映了董事会的独立性和 CEO 等高层执行人员的关系。各国（地区）普遍认为董事长的独立有助于鼓励非行政董事对管理层实施实质性的监管。为此，许多国家的公司治理准则建议董事长和 CEO 分别由不同的人担任，特别是加拿大等国不强调董事会由大部分独立董事构成的国家则尤其强调 CEO 与董事长分离的必要性。如加拿大、澳大利亚、马来西亚、南非等国的公司治理准则指出，董事长与 CEO 应分别由不同的人担任，若由一人兼任，应解释原因并设计相关的制度以保证其独立性。在美国，相当多的人反对两职分设，特别是规模较大的公司，只有少数中小公司实行两职分设。实行两职分设的公司，一般在外部独立董事中选择一位作为领导董事（领导董事是指外部董事的发言人，并作为没有内部人参与的董事会议的主席）。但是大多数公司和机构对两职分设提出异议（Lipton & Lorsh，1992），甚至有的机构主张并建议企业采取两职合设，例如商业圆桌会议，美国商业圆桌会议（BRT，1997）认为，大多数公司仍将选择董事长由同一人兼任，事实证明运行良好。这样的结构使公司具有唯一领导人，多数圆桌会议成员认为，这样的组织会更有效率。

6.3.4　董事的激励

科学的董事激励是调动董事积极性的保障。董事激励包括董事的薪酬数量及其形式、董事的福利、董事的持股数量。

从英美等国的实践来看，董事的报酬可分为：出席董事会议的车马费，以股权方式代表的董事激励报酬，如经营者持股、股票期权等。特别报酬，如“金色降落伞”、“退休金计划”等。日本的董事激励机制主要包括认股权激励和退职金激励，二者经常结合在一起使用。认股权激励是为激励公司董事以及管理层努力工作而设计的，在设计中对认股数量、认股价格以及认股程序等均有详细规定。退职金激励是日本公司给予退职员工的补偿，董事退职金一般由退职金、功劳金和特别功劳金三部分组成，后两部分为激励董事而设计的。

一般而言，对执行董事的报酬激励由固定薪金、股票与股票期权、退休金计划等构成。固定薪金的优点在于它是稳定可靠的收入，没有风险，起到基本的保障作用，但缺乏足够的灵活性和高强度的刺激性。奖金和股票与其经营业绩紧密相关，对于执行董事来说有一定的风险，也有较强的激励作用，但容易引发执行董事的短期行为。股票期权激励允许执行董事在一定时期内，以接受期权时的价格购买股票，如果股票价格上涨，执行董事收益就会增加，这种激励机制在激励执行董事的长期化行为时，其激励作用很大，但风险也更大，因为时间越长，执行董事面临的不确定因素就越多。退休金计划则有助于激励执行董事的长期行为，以解除其后顾之忧。

对独立董事的薪酬如何确定一直存在争议。传统的观点认为，除非董事会作了特别规定，否则对董事的正常服务都不应该支付报酬。其理论依据是，董事要么是作为受托人，要么是从自己预期所持股份的增值中获得动力。然而从20世纪初开始，许多公司开始向外部董事支付小额酬金。目前许多公司还向外部董事提供激励计划（比如股票期权）和“金色降落伞”，以及退休金计划，以吸引董事们为其服务。尽管有人认为这些计划过于慷慨，但许多公司还是相信这些计划有助于改善外部董事的质量和董事对公司事务的关心程度。

确定董事的薪酬数量时既要考虑本公司规模水平，又要考虑国内外同行业水平，要合理适度。薪酬形式的安排上，要与公司经营业绩挂钩。

董事福利是解除董事后顾之忧的重要措施，为董事购买责任保险，办理退休金是必要的。

董事持股集中度。董事成员持股集中度是指股权在董事会成员中集中的程度，给董事一定的股份，是激励董事努力工作、促使董事个人利益与股东利益一致化的有效途径之一。当董事持有一定数量的股份时，会有较大的诱因更积极地行使自己的监督权，更多关注公司发展动态，从而降低代理成本，提高董事会效率。从董事的角度来看，如果薪酬只是基本工资和对已完成业绩的年度奖励的话，他们势必会过分追求短期利益；若要使他们为企业的长远发展考虑，就必须有相应的激励手段。持有较少公司股份的董事不能最大化股东财富，因为他们有动机追求职位特权消费所带来的好处，可以设法逃避自身决策所带来的经济后果。董事拥有适度的持股权，可以缓和他们与股东之间的利益冲突，使他们承受自身决策所带来的经济后果。股权在董事成员中集中的制度在很大程度上是上市公司着眼于未来的一种做法，把董事的可能收益和他们对公司未来成绩的贡献联系起来。随着董事所有权比例的增长，董事对管理层监督的动力会越来越强，从而增加作为董事的受托责任。股权激励制度着眼于未来，把董事的收益与公司未来业绩联系起来。这样，拥有本公司权益会在很大程度上激励董事们关注公司价值，让董事持有本公司股份是协调他们与股东利益的最直接方法。但是他们拥有的股份比例应该适度。Morck，Shleifer & Vishny 用 Tobin's Q 值作为公司绩效的指标对董事会成员持股比例进行实证研究，结果表明，董事持股比例在0%～5%的范围内，Tobin's Q 值与董事持股比例正相关；在 5%～25%的范围内，则负相关，超过 25%二者又正相关。Tobin's Q 值与董事成员持股比例具有曲线关系。这表明，适当的董事持股比例有利于公司绩效的提高。

6.3.5　董事的约束

对董事会和董事的约束主要来自于股东和股东大会的内部监督及证券监管机构的外部监督。股东的监督由于股东的分散性使得众多中小股东的个人监督微不足道，大股东的监督成为可能。所以，对董事会和董事的内部监督主要来自股东大会、监事会以及董事的考核。对董事会和董事的约束是董事会治理效率的重要保障。

股东大会是公司的最高权力机构，对董事会的约束主要表现在：①选举和罢免董事；②对玩忽职守，未能尽到受托责任的董事行使起诉权；③监督董事会活动，对其违规行为有权要求其予以纠正。由于股东大会不是常设机关，其监督权的行使往往由董事会代替，让董事会自己监督自己也不现实，这势必要求监事会独立行使自己的监督权，确实履行对董事会的监督。股东大会对董事会的约束主要是通过召开股东大会行使股东权利。

在现行的公司制度中，中国的公司组织机构采取的是二元制模式，但与以德国为代表的二元制模式有着本质的不同，而与日本有相似之处，即：监事会的职能主要是对董事会和高级管理人员实施监督。国家大型国有公司实行外派监事会制度，以强化监事会对董事会的监督和评价，与德国模式相似。中国国有公司监事会的设立是中国公司治理结构的特色，尽管对其作用的发挥还有争议，但我们认为，依据决策权、执行权、监督权相分离的原则设立的公司监事会，作为对董事会、管理层监督的组织，尤其是其对董事会的监督是必要和可行的，监事会对董事会的约束主要是通过召开监事会会议、按照有关规定履行监事和监事会的职责。

董事的考核。对董事业绩的考评指标可以按照忠实、勤勉的要求，从工作能力、勤勉程度等方面进行，建立一套定性与定量结合的考核评估指标体系且每年评估一次。工作能力从对董事职业的胜任能力、对有关公司经营管理和董事职责新知识的学习能力、对公司战略决策的判断能力以及董事在工作中与其他董事和管理层等的参与和合作精神、提出建设性意见和方案、保证董事会决策正确的努力程度等方面进行考核。勤勉程度集中于董事在董事会召开前的准备情况、对董事会和委员会会议的出席率、兼任其他公司董事情况等方面进行考核。

6.3.6 董事会文化

中国在建立现代企业制度的改革过程中，比较倾向的是英美模式。为什么在英美国家比较有效的模式在我国的表现却不尽如人意。这是因为，所谓“橘生淮南则为橘，生于淮北则为枳”，二者的文化土壤不同。股东大会、董事会、监事会、管理层和利益相关者是现代公司治理中的基本要素，一个优良的治理结构是这多方长期博弈所形成的一个相对稳定的均衡结果。而一个博弈因为参与人偏好、信息等的不同，博弈结果肯定不同，文化深刻地影响着个人的偏好。

文化建设是现代公司治理的重要内容，董事会文化是现代公司治理文化的核心，对公司治理有着重大意义。董事会文化应该包括两方面的内容：一是董事会及其成员的行为理念，二是董事会自身的制度建设。优秀的董事会文化是优秀的公司治理文化的基础，是伟大公司成长发展的基石，是影响董事会治理效率的关键因素。

制度建设是文化建设的行为规范和制度保障。健全、完备的制度是董事会文化建设的载体，也是董事会文化建设的标准、目标。在公司董事会文化建设中，董事会及其成员的风险意识具有极其重要的意义，董事会的风险防范制度建设是董事会制度建设的重要内容。

董事会民主和谐气氛的培育，既是董事会文化的应有之义，更是提高董事会治理效率的重要举措。

公司董事会治理文化可以用董事会制度建设、董事会民主和谐气氛、董事的操守文化（董事遵纪守法）等作为表征。

6.4　本章小结

本章首先讨论了公司董事会治理效率的内涵，提出公司董事会治理效率是指公司董事会治理收益（包括直接收益和间接收益）与治理成本（包括构造成本、运行成本）之比这一观点，并进行了简要分析。同时提出，影响公司董事会治理效率的因素分为两类，一类是外部因素，包括社会环境、法规制度、文化背景、产权市场、资本市场、经理市场、产品市场、股权结构等。另一类是内部因素，包括董事会结构、董事会运行、董事会独立性、董事的激励、董事的约束、董事会文化等六个方面。基于本文的研究对象的界定，同时我们认为，一定时期内，外部影响因素具有较大的稳定性，而内部因素则由于公司的不同而不同，因此我们将主要讨论内部因素对公司董事会治理效率的影响。

本章第二部分简单讨论了影响公司董事会治理效率的外部因素，包括社会环境、法规制度、文化背景、股权结构、产权市场、资本市场、董事市场、产品市场。

影响董事会治理效率的内部因素很多，我们根据国内外研究的成果，结合中国公司董事会治理的现状，在本章第三部分比较详细地讨论了影响公司董事会治理效率的内部因素，把这些内部因素归纳为六类：一是董事会结构，包括董事会规模、董事结构、专业结构、年龄结构。二是董事会运行，包括会议次数、出席比例、工作时间、与管理层的沟通、与利益相关者的沟通、学习情况。三是董事会独立性，包括董事聘任、独董比例、次级委员会、两职分离。四是董事的激励：薪酬数量、薪酬形式、董事福利、董事持股。五是董事的约束，包括股东大会、监事会的有效性、董事的考核。六是董事会文化，包括制度建设、风险意识、民主和谐、操守文化。

注释

① 鲁桐．国企董事会建设需要解决好的几个问题［J］．董事会，2008.

② Andres，P. and Gonzalez，E. Corporate Governance in Banking：the Role of Board of Directors［J］. University of Empresa Working Papers，2006.

③ 美国投资者责任研究中心．1997年董事会实务：标准普尔1500家超大型企业的实践［J］．266～267，梁能．公司治理结构，中国的实践与美国的经验［M］，北京：中国人民大学出版社，2000.

④ 谢永珍．基于治理成本与治理收益的董事会规模研究［J］．南开大学学报，2006（4）：113－117.

⑤ Morck，R. Shleifer，A.，Vishny，R. Management ownership and market valuation：an empirical analysis［J］. Journal of Financial Economics，1998，20.

第 7 章　中国公司董事会治理评价指标设计

7.1　公司董事会治理效率评价的研究现状

公司董事会的重要作用使对董事会治理效率进行评价成为必需，国外学者和一些研究机构从不同的角度对董事会治理效率评价进行了研究，以期对影响董事会治理效率的因素进行综合性的考察，但由于董事会治理问题的复杂性，至今没有形成一致的意见。

7.1.1　国外研究现状

（一）学者的研究

最早对公司董事会治理进行评价的是杰克逊·马丁德尔，他于 1950 年设计的公司管理效率评价体系中包括了对董事会的业绩分析，但只是对董事会的业绩进行评价，而不是对董事会治理的效率评价。1976 年 9 月，英国学者穆勒（Robert K. Muller）在美国管理协会《管理评论》上发表“Are Directors Board Worthy? —A Report Card for Board Members”，从能力、道德、代表性、独立性、准备程度、实践经验、发展潜力、任职经历、任职时间保证、任职资格、特殊服务效率等 11 个方面对董事进行评价。1990 年 12 月，美国学者托马斯（Colin Clops Thomas）在《欧洲管理》上发表“Developing Directors”，对董事应具备的技能和素质作了全面研究。1993 年萨蒙（Walter J. Salmon）提出了诊断董事会的22个问题，如董事会规模、内外部董事的比例、审计委员会，董事会会议次数、董事会的业绩考核等。孔格和费南歌德（Conger & Feingold，1998）从董事会的目标及其完成情况两个方面对董事会治理效率进行了评价。文森特（Vincent，1998）在其构造的董事会治理效率模型中，用董事报酬、对董事的解聘威胁、董事会获取信息的效率，大股东进入董事会、两职分离等衡量董事会治理的效率。考斯和莱玛（Koss & Lemma，1998）认为董事会效率是决定公司绩效的关键要素，而决定董事会效率的因素主要有：董事会规则、独立董事的比例、内部委员会设置、两职状态、董事成员素质以及董事薪酬结构等。考恩佛斯（Cornforth，2001）指出，董事会规模，董事会会议频率，出席董事会会议的董事比例，董事职责，董事引进与培训，担任董事的时间和经验，董事的知识结构、个人效率、欲望，成员间相互协调沟通的效率，团结战斗力等反映董事个人素质的因素，董事会与管理层的定期会晤以及保持行动上的一致性与董事会效率之间存在重要的关系。

（二）机构的研究

1952年美国机构投资者协会设计了第一个正式评价董事会的程序。为了使机构投资者更好地了解其投资企业的公司治理质量，美国机构投资者协会于2001年又推出了公司治理评价指标（Corporate Governance Quotient）。

美国《商业周刊》（*Business Week*）杂志对公司董事会的评价办法。自20世纪50年代以来，美国的《商业周刊》一直对公司董事会问题给予大量的关注。比如，早在1955年，《商业周刊》就发表了一篇关于董事会结构与公司绩效状况之间关系的调查报告，该报告以200家美国的制造业公司为研究对象，并以董事会是否由非执行董事控制为标准划分为两组，研究结论表明，就总体绩效而言，由执行董事控制的董事会要优于由非执行董事控制的董事会。

1963年，该杂志又发表了一项对美国100家服务业大公司的董事会结构与公司绩效状况之间关系的研究报告，这份报告得出了与1955年的报告截然不同的结论，即由非执行董事控制董事会的公司的绩效较好。同时，这份报告还利用经验数据将董事会结构与公司绩效之间的关系用回归方程表示出来：

$$Y=A+BX=0.78+0.484X$$

式中，Y 为公司绩效指示；A 为执行董事对公司的贡献；B 为非执行董事对公司绩效的贡献乘数；X 为非执行董事的数目。该回归关系式表示，没有非执行董事的公司绩效为一常数（0.78），每增加一个非执行董事，公司绩效将增加 0.484。

1978 年，《商业周刊》发表了一篇考察董事个人特征与公司绩效之间关系的研究报告。该研究报告设计了一份调查问卷，包括专业知识、管理经验、服务效率、任职经历、个人形象、资产联系、连锁关系、持股情况等 11 项董事的个人特征，每个人特征都被赋予不同的权重。报告以每股收益、净资产收益率和样本公司在《财富》杂志上的排名作为绩效衡量指标。共有 43 家公司的近 100 名董事接受了调查，结果表明，在 20 世纪 70 年代以后，美国大型上市公司的董事会发生了一些显著的变化，跨国经营经验、社会责任、共同管理等个人特征正日益成为新的评价特点；非执行董事的作用在迅速上升；对非执行董事专业知识的要求在强化。在绩效相对较优的公司董事会中，有 1/5 的人员是技术专家，1/3 的人员是管理专家，而绩效相对较差的公司董事会中，仅有 1/10的人员是技术专家，1/16 的人是管理专家。

自 1996 年起，《商业周刊》每年都要评选出美国公司中的最佳及最差董事会。《商业周刊》2003 年指出，对 2002 年最佳和最差的公司董事会的评选是“后安然（Enron）时代”的首次评选。为此，该杂志征询了美国多位权威管理专家的意见，根据安然等公司财务丑闻所暴露出来的美国公司董事会的缺失情况，重新制定了评价标准。《商业周刊》对公司董事会进行评价时主要采用了以下四个标准：第一，公司董事会的独立性，它是评判公司董事会优劣的首要标准；第二，公司董事（除最新当选者，还没来得及购入本公司足够股权者外）至少应持有价值 15

万美元的本公司股票（不包括认股权）；第三，董事的素质，董事会中应至少有一名独立董事具备公司核心业务的工作经历，一人担任规模相当的其他公司的首席执行官；第四，董事会的积极性，董事会应该定期召开没有公司经理人员参加的会议，并每年评价管理层的工作成绩，审计委员会每年至少要开 4 次会。

全美董事联合会的蓝带委员会（NACD Blue Ribbon Commission）的建议做法。NACD 的蓝带委员会在其公布的名为《董事的职业化和专业素质》和《首席执行官、董事会和董事的业绩评估》的两份报告中详细地对董事会的自我评价过程进行了描述。前一份报告提出了董事会和董事评估的程序要求，指出了董事会和董事的职责，董事应如何履行自己的职责；后一份报告对董事会业绩评估进行了论述，提出董事会业绩评估的业绩包括三个相互联系的方面：CEO 的业绩、公司业绩和董事会的业绩，而董事会业绩包括三个部分：整体业绩、董事会领袖（董事长和委员会主席）的业绩以及董事个人的业绩，同时规定了评估程序、频率，提出董事会评估程序可以开始于董事会全体会议，接下来是外部董事的执行会议，讨论董事会自我评估的结构和议程。

美国标准普尔（Standard and Poor's）公司根据机构投资者的需要，于 1998 年建立了旨在适应全球公司治理评分标准的公司治理评级系统。公司治理评价结果采用公司治理分值（CGS，Corporate Governance Scores）表示，治理质量最好的为 10 分，最差为 0 分。该系统以《OECD 公司治理准则》、美国加州公共雇员退休基金（CALPERS）等提出的公司治理原则以及国际上公认的对公司治理要求较高的指引、规则制定评价指标体系，将公司治理评价分为国家评分与公司评分两部分。前者从法律基础、监管、信息披露制度以及市场基础四个方面予以考核，后者包括所有权结构及其影响、金融相关者关系、财务透明与信息披露、董事会的结构与运作四个维度的评价内容。标准普尔关注的是宏观层面上的外部力量以及公司内部治理结构与运作对公司治理质量的影响，对公司董事会评价的内容主要体现在董事会的结构与运作上，具体包括：董事会的结构和组成、董事会职能和有效性、外部董事的职能和独立性、董事和高层管理人员的薪酬评价、任免政策等，并相应地确定了关键分析要素以及评价的标准。标准普尔认为董事会的结构和运作方面主要涉及董事会的职责和独立监督管理层行为，使其拥有对股东和其他利益相关者负责的效率。董事会中重要委员会的构成即外部董事和内部董事的比例也很重要，董事会一般应该拥有比较多的外部董事。董事会成员选择时，累积投票制度能让小股东代表也进入董事会。非阶段性选举董事会保证了及时的变化，对董事会治理效率的保证也具有重要意义。此外，外部董事的提名、选举和薪酬制度也是保证董事会治理效率的重要体现。

标准普尔根据OECD公司治理原则等的相关要求确定公司治理的评价标准，其董事会治理评价的具体标准为：

（1）董事会结构和组成：所有股东的利益都能得到公平客观的体现。

（2）董事会职能和有效性：董事会应对公司表现承担总体责任。

（3）外部董事的职能和独立性：绝大多数外部董事应该是独立董事，独立董事应当保障所有股东的全体利益，包括考虑其他利益相关者的利益。外部董事应当根据透明性制度选举产生。

（4）董事和高层管理人员的薪酬评价和任免政策：董事和高级行政人员应当被给予公平的薪酬和鼓励以促进公司的成功，应当清楚界定内部董事的业绩评价和更替政策。

欧洲戴米诺（Deminor）公司则以《OECD公司治理准则》以及世界公司的公司治理指引为依据制定指标体系，于1999年推出了戴米诺公司治理评级系统。该系统从股东权利与义务（包括一股一票、投票权限制、投票程度等）、接管防御范围（如董事会是否可以运用金色降落伞、毒丸条款以及期权条款等）、公司治理披露（涉及与公司治理结构有关的非财务信息的数量与结构，如董事会的多样性、会计标准、主要股东信息以及环境信息的数量与结构，如董事会的多样性、会计标准、主要股东信息以及环境信息等）以及董事会结构与功能四个维度衡量公司治理状况，重视公司治理环境对公司治理质量的影响，特别强调接管防御措施对公司治理的影响。对董事会治理的评价主要包括董事会的激励政策、董事会的多样性、独立董事、董事会主席与CEO关系、董事选举、董事酬金、董事会委员会的运作与权利等七部分。

亚洲里昂证券（Credit Lyonnais Securities Asia）在2000年对25个新兴市场国家的495家上市公司进行的公司治理评价体系调查从公司透明度、管理层约束、董事会的独立性与问责性、小股东保护、核心业务、债务控制、股东的现金回报以及公司的社会责任等八个方面57个指标评价公司治理的状况。采用问卷调查的方式，针对上述评价指标，设计57个是与否的问题，除对董事会独立性给予较高的权重之外，其他指标给予相同的权重。评价结果采用百分制，最差为0分，最好为100分。对于董事会的评价主要包括董事会的独立性、问责性、董事责任以及董事薪酬等四个方面，其中特别强调董事会的独立性。

还有一些研究机构也致力于公司治理的评价，其评价系统中也包括了对董事会治理的评价，如布朗斯威克、戴维斯（Davis）和海德里克DVFA、公司法与公司治理机构（ICLCG）、国际治理标准公司（GMI）、Moody公司等机构推出的公司治理评价系统中，就包括了对董事会的评价。

国家层面的公司治理评价系统，如泰国公司治理评价系统、韩国公司治理评价系统以及德国公司治理记分卡中也有对董事会治理的评价内容。

一些大型公司也有对其董事和董事会的考核，当然这种考核是公司董事会自己组织且是少数公司进行的。Korn/Ferry国际公司于1996年进行的对《财富》1000强公司董事们的调查表明，虽然约70%的美国大公司采用了正式程序考核CEO，但只有1/4的公司考核董事会的绩效，对董事个人的考核更少，争议也更多，在所调查的公司中仅有16%进行了这种考核。

表 7－1　《财富》1000 强公司对董事和 CEO 考核情况表

考核类型	公司比例
CEO	69
董事会	25
董事个人	16
CEO 和董事会	23
CEO 和董事个人	14
三者	10

资料来源：1996 Korn/Ferry survey

7.1.2　国内研究现状

相比之下，国内的董事会评价研究还处于起步阶段。

1997 年香港股票交易所（HKSE）制定了《上市公司董事会指南》。

2000 年中国《财经》杂志运用公司治理评价的研究成果，结合中国实际，评价出了中国上市公司最佳与最差董事会，这可能是中国首次对公司董事会进行的评价。

2002 年 10 月由台湾辅仁大学和台湾大学的叶银华等三位教授推出的公司治理评价系统中从董事会独立性、董事会的专业性两方面对董事会治理进行评价。

香港城市大学的公司治理评价系统中从董事会结构、董事会独立性、董事会责任三方面对董事会治理进行评价。

大陆部分高校的研究机构也有对董事会治理的评价进行研究，南开大学的李维安教授是国内最早研究公司治理的学者，2003 年李维安教授在其研究的南开大学公司治理指数中从董事会治理的五个主要因素——董事权利与义务、董事会运作效率、董事会组织结构、董事薪酬、独立董事制度等方面编制了董事会治理指数并于 2004 年 2 月在国内首次对外发布。苏文兵等（2003）在借鉴西方董事会质量评价的基础上，从董事对股东的责任、董事会的独立性、董事会的效率三个方面对董事会的质量进行了评价。谢永珍（2006）从董事选聘、激励与教育、董事会规模与结构、董事会独立性、董事会运作四个维度评价董事会治理的质量。连城国际咨询公司于2002年推出了董事会治理评价系统，这一系统从经营效果、独立董事制度、信息披露、诚信与过失以及决策效果五个维度对上市公司董事会的治理状况进行评价。2004年，连城国际和《董事会》杂志推出了中国上市公司董事会综合价值排名体系。

有关证券机构基于公司治理实践的需要，也相继推出了公司治理评价系统，在各自的公司治理评价系统中，设置了评价董事会的指标体系，如海通证券公司治理评价中对董事会的评价涉及董事会的独立性、董事会构成、独立董事、董事责任、董事角色以及董事报酬几个方面，并确定了相应的评价标准。大鹏证券公司治理评价系统对董事会结构和运作的评价主要涉及董事会的结构、职责、独立性、高管薪酬与业绩评价、CEO更替等。

表7-2　国内外主要评价系统董事会治理评价指标体系

评级机构或个人	评价内容
杰克逊·马丁德尔	董事会绩效分析
标准普尔（S&P）公司治理评级系统	1. 董事会结构与组成
	2. 董事会的角色与有效性
	3. 外部董事的角色与独立性
	4. 董事与CEO薪酬、评估与继任的政策
戴米诺公司治理评价系统（Déminor）	1. 董事选举
	2. 董事会的多样性
	3. 董事会激励政策
	4. 独立董事
	5. 董事会主席与CEO关系
	6. 董事酬金
	7. 董事会委员会的运作与权利等

（续表）

评级机构或个人	评价内容
里昂证券公司治理评价系统	1. 董事独立性
	2. 董事会的问责性
	3. 董事责任
	4. 董事薪酬
《商业周刊》董事会评级	1. 董事会独立性
	2. 董事对股东的责任
	3. 董事素质
	4. 董事持股
全美公司董事联合会蓝带委员会	1. 董事会和董事的业绩评价
	2. 董事报酬
美国机构投资者服务组织（Institutional Shareholder Services）	1. 董事会及其主要委员会的结构与组成
	2. 董事会成员的薪酬
	3. 董事的受教育状况
	4. 相关财务业绩
布朗斯威克（Brunswick Warburg）	董事会透明度
戴维斯和海德里克 DVFA	1. 治理委员会
	2. 透明度
	3. 审计
公司法与公司治理机构（ICLCG）	董事会结构
国际治理标准公司 GMI（Governance Metrics International）	董事会问责性、董事薪酬
Moody 公司的 CGA 公司治理信用风险评估	董事及董事会的独立性
日本公司治理研究所公司治理评价指标体系（JCGIndex）	1. 董事会机能
	2. 董事会构成

（续表）

评级机构或个人	评价内容
泰国公司治理评价系统	1. 董事品质
	2. 公司内部控制的有效性
韩国公司治理评价系统	1. 董事会与委员会结构
	2. 董事会和委员会程序
	3. 董事质量
	4. 董事专业度与多样性
	5. 董事会与委员会领导效率
	6. 审计委员会的效力与风险
德国公司治理计分卡	1. 管理委员会与监督委员会的合作
	2. 管理委员的薪酬
	3. 审计委员会成员任职资格
中国香港城市大学公司治理评价系统	1. 董事会结构
	2. 董事会独立性
	3. 董事会责任
中国台湾辅仁大学公司治理与评等系统	1. 董事会的专业性
	2. 董事会的独立性
南开大学公司治理评价体系	1. 董事权利与义务
	2. 董事会运作效率
	3. 董事会组织结构
	4. 董事薪酬
	5. 独立董事

资料来源：作者整理

综上所述，尽管近几年来国内外学者与研究机构先后开发了近 20 套公司治理评价系统，但针对公司董事会进行评价的研究很少，针对公司董事会治理效率进行评价的研究还没有。

7.2　公司董事会治理效率评价的目标

7.2.1　加强外部监督

通过董事会治理效率评价，政府、证券监管机构可加强对公司尤其是上市公司董事会的监管，为其及时了解公司董事会治理状况，制定正确的政策，强化董事会制度建设提供了可操作的评价标准和参考依据。

7.2.2　提高公司董事会治理水平

通过董事会治理效率评价，可以发现董事会治理、董事会内部结构与运作存在的问题，通过不断完善，使董事会的责任与权力得到更好的落实，使董事会与广大股东的利益目标更趋一致，可以提供董事会和董事的考核标准以及董事会如何运作、董事薪酬制定的依据。

7.2.3　提供投资判断依据

通过董事会治理效率评价，投资者可以了解公司董事会治理质量，以此对公司治理状况和公司的整体运行水平及其投资价值做出合理的判断。

7.3　公司董事会治理效率评价的主体、客体

7.3.1　公司董事会治理效率评价的主体

在公司董事会治理效率评价的过程中，由谁来充当董事会业绩的评价主体，直接关系到评价结果的是否具有公正有效性。

一般来说，董事会治理效率评价的主体，从公司内部看，可以有股东大会、监事会、公司员工、董事会自身；从公司外部看，有政府部门（监管部门）、社会公众（舆论）、社会中介机构；从评价权威性角度看，公司外部评价主体、股东大会、监事会、公司员工、董事会自身作为评价主体的权威性、公正性、有效性，呈依次递减趋势。股东大会作为受托责任主体，由其评价董事会治理效率在理论上是理所当然的，但问题是：第一，在股权高度分散的情况下，股东大会评价董事会的操作成本会很高；第二，在理论上至少没有单个的或部分的股东代表能代表全体股东，对董事会实施公正的评价，这既是董事会治理效率难以得到评价的原因，也成为董事会规避任何有效评价的借口；第三，中国公司法明确规定，持有公司 10％以上股份的股东有权向董事会提出申请召开临时股东大会，这里的权利包括提请对不称职董事的罢免等，但是对于董事会拒绝或者怠于召集临时股东大会并没有提出任何惩罚办法，因此，我们无法指望从正式的制度角度来规范股东大会对董事会治理效率的评价。监事会作为对董事会、管理层监督的专门机构，尽管按照中国公司法 126 条规定，有权对公司董事、管理层履行公司职务时违反法律、法规或者公司章程的行为进行监督，且当董事和管理层的行为损害公司利益时，有权要求公司董事和管理层予以纠正，但现实是中国公司监事会主要由两部分人组成，即职工监事与股东监事，因而难以起到监督董事会的作用，前者由于自己本身工作受董事会和管理层的领导，难以对董事会发挥监督作用，后者或者由于不具备相关的专业知识，或者信息掌握的不充分等，从而达不到监督的目的。更为重要的是，中国公司法并没有赋予监事会以相应的诉权，监事会的权力实施得不到保障。董事会自身评价董事会治理效率，从理论上看这显然不成立，自己对自己评价等于没有评价。目前，对于董事会治理效率的评价，绝大多数国家是由外部董事和独立董事组成的一个董事会专门委员会（公司治理委员会或薪酬委员会）承担的。政府部门（监管部门）作为评价主体显然有违市场经济原则，社会公众（舆论）作为评价主体也不现实，而社会中介机构作为专业机构既有作为评价主体的能力，也有身为第三方的公正性。因此，我们认为，为保证公司董事会治理效率评价的公正有效性，应由社会中介机构作为评价主体。

7.3.2　公司董事会治理效率评价的客体

公司董事会是作为一个整体在发挥作用，尽管每位董事的专业领域不同，但作为一个决策团体要对最终决策负责。我们认为，公司董事会治理效率评价的客体当然应该是董事会整体。尽管在实际评价过程中，不可避免地要对董事个人（包括董事长）、董事会专门委员会进行评价，但董事会治理效率是集体的力量，是合力的结果，不是个人效率的简单相加，董事会治理不是董事治理的总和。董事会治理与董事治理、董事会专门委员会治理是整体与个体、整体与部分的关系。

7.4　公司董事会治理效率评价指标的设计原则

在选取公司董事会治理效率评价指标时，不仅要考虑到指标反映董事会治理效率的全面性，还要考虑到指标体系的科学性，指标之间是否具有可比性，是否具有可操作性等许多问题。因此，我们认为，制定中国公司董事会治理效率评价指标体系时，必须遵循：科学性、系统性、可比性、规范性、现实性、简洁性原则。

7.4.1　科学性

影响公司董事会治理效率的是一个因素众多且错综复杂的综合系统，只有进行科学系统分析，同时依据公司董事会治理的性质、特点以及国家有关公司董事会治理的准则、法律制度的规范要求，才能科学、全面、合理构建评价指标体系。

7.4.2 系统性

指标体系的设计应综合全面考虑公司董事会治理的各个方面的状况，以避免单一因素导致的片面性，使评价结果能够全面系统地反映董事会治理的效率水平。

7.4.3 可比性

评价的基础就是相互比较，不可比较的事物很难予以评价。因此指标设置定义要明确、准确，统计指标计算口径要一致，统计的时间要一致，计算方法要统一。

7.4.4 规范性

规范化原则就是根据国家有关公司治理、公司治理的法律制度规定，但绝不是简单地照搬、照抄有关法律规定，而是在这些法规条文的规定下，结合公司的实际情况，设计相关指标。

7.4.5 现实性

就是把数据的可获得性和可操作性相结合以及定量分析和定性分析相结合。

7.4.6 简洁性

要求指标体系既反映董事会治理特性又不至过分繁杂，计算方法尽量简单。在选取指标中，尽量选择有代表性的指标，以简化评价指标体系，减少指标的数量，使指标体系操作起来更方便。

7.5　中国公司董事会治理效率的评价指标设计

根据前面的分析研究，我们以中国公司董事会治理实际运作设计出中国公司董事会治理效率的评价指标体系。在设计过程中，我们综合借鉴国内外理论与实证研究的成果，根据中国公司董事会治理实际运作的现实特殊性，结合《中国上市公司治理准则》等有关上市公司、公司治理的法律法规，参考已有学者的研究成果，提出以6个一级指标、26个二级指标作为衡量公司董事会治理效率的指标，见表7-3。

表7-3　中国公司董事会治理效率内部影响因素评价指标体系

一级指标	二级指标	三级指标	指标解释
董事会结构	董事会规模	董事会人数	考核董事会规模的合理性
	董事结构	内外董事比例	考核内外董事构成情况
	专业结构	董事的专业背景（政府、银行、会计、法律等）	考核专业结构是否合理
	年龄结构	40岁以下	考核年龄结构是否合理
		40—59岁	
董事会运行	会议次数	年开会次数	考核董事会开会情况
	出席比例	董事出席会议比例	考核董事出席会议情况
	工作时间	董事年均工作时数	考核董事工作投入时间
	与管理层的沟通	制度建立	考核董事会与管理层的沟通状况
		执行情况	
	相关者的沟通	制度建立	考核董事会与利益相关者的沟通状况
		执行情况	
	学习情况	培训学习业务	考核董事业务提高情况

（续表）

一级指标	二级指标	三级指标	指标解释
董事会独立性	董事聘任	制度建立	考核董事聘任程序是否规范
		董事提名权（政府、董事会、大股东）	是否规范
	独董比例	独董占比	考核独立董事比例情况
	次级委员会	设置情况	考核次级委员会设置是否符合规范、合理、运作是否正常
		年开会次数	
	两职分离	董事长、行长是否分设	考核独立性的重要指标
董事的激励	薪酬数量	独董津贴	考核董事薪酬数量
		董事长	
		执行董事	
	薪酬形式	年薪、奖金、股票期权	考核董事薪酬与银行业绩的关联度
	董事福利	保险、退休金	考核董事的后顾之忧
	董事持股	比重	考核董事收益与银行业绩的关联度
董事的约束	股东大会	年召开会议次数	考核股东大会监督情况
	股权结构	十大股东股权比例	考核控股股东情况
	监事会	年召开会议次数	考核监事会的履职情况
		监事出席会议比例	
		外部监事比例	
	董事的考核	制度建立	考核是否进行董事的考核及其执行情况
		执行情况	
董事会文化	制度建设	完备程度	考核是否建设文化制度及其执行情况
		执行情况	
	风险意识	风险意识强弱	考核董事会对风险的认识
	民主和谐	会议气氛活跃、投票决定决议	考核董事会会议民主程度
	操守文化	董事遵纪守法	考核董事遵纪守法情况

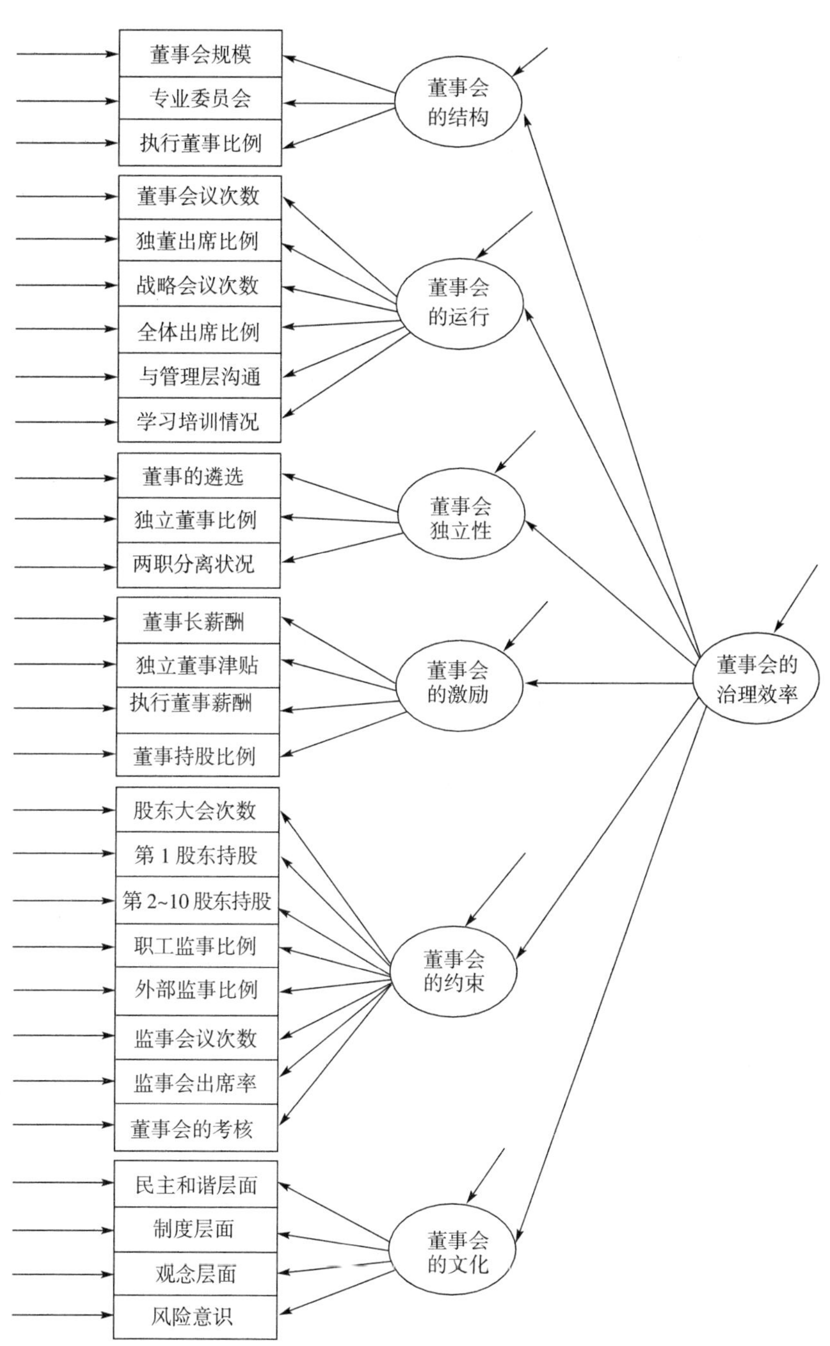

图 7－1　董事会治理效率的影响因素

7.6 本章小结

本章首先根据国内外公司董事会治理效率评价的研究现状，分别从学者的研究、机构的研究两个角度进行了介绍，从中可以看到，目前国外对公司董事会治理效率评价的研究还没有较为统一、权威的方法，相比之下，国内的公司董事会评价研究还处于起步阶段。而对公司董事会治理效率的评价，无论国内、国外都没有开展研究。

基于以上分析，本章提出了对中国公司董事会治理效率评价的三大目标：加强外部监督，提高公司董事会治理水平，为投资者提供投资判断依据。

本章第三部分论述了中国公司董事会治理效率评价的主体、客体，认为中国公司董事会治理效率评价的主体，理论上应该是公司股东大会，但不具有现实可操作性，从现实和客观公正的角度，应该选择的是独立的第三方社会中介机构。而公司董事会治理效率评价的客体应该是董事会整体。

本章同时提出了中国公司董事会治理效率评价指标设计的六个原则：科学性、系统性、可比性、规范性、现实性、简洁性。

本章最后设计了 6 个一级指标，也就是：董事会结构、董事会运行、董事会独立性、董事的激励、董事的约束、董事会文化，26 个二级指标、37 三级指标作为衡量中国公司董事会治理效率的指标体系，同时对相关指标做了解释说明。

注释

1. 1950 年杰克逊·马丁德尔提出了一套较为完善的公司管理效率评价体系，其中包括公司的社会贡献、对股东的服务、董事会业绩分析、公司财务政策等。

2. 沃尔特·J. 萨蒙. 公司治理［M］. 北京：中国人民大学出版社；纽约：哈

佛商学院出版社，2001：20～23.

3. Vincent A W. Board Effectiveness and Board Dissent：A Model of the Board's Relationship to Management and Shareholders. Journal of Corporate Finance，1998，4：53～70.

4. Kose J and Lemma W S. Corporate Governance and Board Effectiveness. Journal of Banking and Finance，1998，22：371～403.

5. Cornforth C. What Makes Boards Effective? An Examination of the Relationships between Board Inputs，Structures，Processes and Effectiveness in Non-Profit Organizations. Conference Papers，2001：217～226.

6. 于东智．公司治理［M］．北京：中国人民大学出版社，2005：116～118

7. Stanley C. Vance. Boards of Directors：Structure and Performance. University of Oregon Press，1964.

8. Stanley C. Vance. Corporate Governance：Assessing Corporate Performance by Board Room Attributes. Journal of Bussiness Research，June 1978.

9. 谢永珍．董事会治理评价研究［M］．北京：高等教育出版社，2006：21～23.

第 8 章　中国公司董事会治理实证分析

8.1　中国上市公司董事会治理的描述性分析

8.1.1　变量设计

根据前面的分析研究，我们以中国上市公司董事会治理实际运作设计出中国上市公司董事会治理效率的评价指标体系。（见第 7 章）

8.1.2　样本的描述性分析

样本选择：本研究以上海证券交易所上证 180 指数股作为样本，以 2006—2007 年的资料作为研究对象。中国铝业、中信银行、中国神华和中国石油于 2007 年新股上市，东方锅炉于 2007 年退市，所以在 2006 年样本中剔除上述股票，2006 年的实际样本为 175，2007 年的实际样本为 179。

数据来源：本研究所使用的数据主要来源于各上市公司的年度报告，同时对一些不确定数据则通过金融界、网易财经、中国上市公司资讯网等途径进行核对。使用 SPSS16 结果见表 8-1、表 8-2。

表 8-1　2006 年样本描述性统计结果

	董事会规模	适龄董事比例	内部董事比例	外部董事比例	独董比例	董事长薪酬	独立董事津贴	董事会会议次数	委员会数量	净资产收益率	每股收益
样本个数	175	175	175	175	175	175	175	175	175	175	175
平均数	10.82	.77	.32	.68	.35	667715.74	64436.82	8.61	3.09	.13	.30
中位数	10.00	.78	.33	.67	.33	432700.00	50000.00	8.00	3.00	.11	.32
众数	9.00	.89	.33	.67	.33	450000.00	50000.00	6.00	3.00	.09	.01
标准差	2.79	.14	.16	.16	.054	1.26186E6	56522.81	4.19	.65	.093	1.92
最小值	5.00	.33	.00	.22	.13	.00	.00	1.00	.00	—.17	—24.00
最大值	20.00	1.00	.78	1.00	.60	13382220.00	388100.00	26.00	6.00	.48	5.32
第一四分位数	9.00	.67	.22	.56	.33	240000.00	36000.00	6.00	3.00	.07	.16
第二四分位数	10.00	.78	.33	.67	.33	432700.00	50000.00	8.00	3.00	.11	.32
第三四分位数	12.00	.89	.44	.78	.36	650000.00	66000.00	10.00	3.00	.16	.58

表 8-2　2007 年样本描述性统计结果

	董事会规模	适龄董事比例	内部董事比例	外部董事比例	独董比例	董事长薪酬	独立董事津贴	董事会会议次数	委员会数量	净资产收益率	每股收益
样本个数	179	179	179	179	179	179	179	179	179	179	179
平均数	10.71	.77	.31	.69	.35	1.0258E6	74912.67	10.49	2.57	.14	.60
中位数	10.00	.78	.30	.70	.33	536000.00	51300.00	10	2.00	.13	.42
众数	9.00	.89	.33	.67	.33	600000.00	50000.00	9	2.00	.07	.20
标准差	2.75	.145	.16	.16	.05	2.47818E6	65901.21	4.64	.99	.12	.64
最小值	5.00	.42	.00	.22	.14	.00	.00	3	1.00	—.65	—.90
最大值	19.00	1.00	.78	1.00	.60	25794000.00	450000.00	36	6.00	.65	4.00
第一四分位数	9.00	.67	.20	.60	.33	308200.00	40000.00	7	2.00	.08	.22
第二四分位数	10.00	.78	.30	.70	.33	536000.00	51300.00	10	2.00	.13	.42
第三四分位数	12.00	.89	.40	.80	.36	893500.00	80000.00	12	3.00	.18	.76

从结果中我们可以看出：

(1) 董事会规模分析。通过对董事会规模的分析可以看出，样本公司的董事会人数在5～20人之间，相对于一般公司董事会9人左右的规模来说，差异明显，特别是大型企业规模明显较大，平均近17人，与国外同类企业的董事会规模相当。进一步分析，我们能发现：首先，董事会成员人数为奇数的银行占有相当比例。在2006年，175家上证180指数股有133家董事会成员人数为奇数，占比76%；2007年为127家，占比70.95%，平均比例为73.45%。也就是说，在上证180指数股中有近7层的银行董事会人数为奇数。其次，人数分布趋向集中。从2006到2007年的均值变化以及标准差变化大致可以看出，均值减少，标准差减少，人数分布向中间靠拢。但数据分析也显示，50%公司的董事会成员数在9～12人之间，其中规模较大的公司为18人。

(2) 董事会年龄结构分析。上市董事会承担着监督、战略决策等重要职能，这要求其成员既要有充足的时间和精力，又要求他们具有丰富的经验。一般来说，年轻董事有足够的精力承担董事会职责，但可能经验不足，而年龄较高的董事却正好相反，经验丰富，但精力和时间有限。因此，本研究认为年龄在40～59岁是担任董事职务的最佳时期，并认为该年龄段的董事占比较高会对公司绩效产生积极影响。

从各公司该年龄段的董事所占比例来看，2006年的最大比例为100%，最小比例为33%，在2007年则分别为100%和42%，50%的公司适龄董事比例在67%到89%之间且均值没有变化。说明至少从目前来看，一方面适合上市公司经营发展需要的董事数量缺乏，另一方面也反映出尽管该年龄段的董事无论是时间、精力还是经验都并不缺乏，但上市公司作为一类特殊的企业使之不能忽略投资经营的稳健和创新的双重要求，所以适龄董事保持在小于1的比例是符合发展的需求的。

(3) 内部董事情况分析。从理论上看，上市公司董事会中外部董事比例越高，意味着董事会的独立性越强。国外公司治理的趋势也是外部独立董事比例越来越高，超过半数。从上面表中的数据可以看出，内部董事在董事会中所占的比例平均在32%左右，50%的公司内部董事比例在20%到40%之间。只有少数几家公司的内部董事比例稍高，如2006年实际上只有29家银行的内部董事比例达到1/2。但进一步的分析表明，中国上市公司董事会中外部董事虽然比例较高，但主要是外部股东董事。

（4）独立董事比例分析。在我国建立独立董事制度的这几年间，独立董事的作用在理论上得到了肯定，但在实际中的效果却没有得到足够的认同。一方面，现实中存在的“人情董事”、“花瓶董事”的现象导致独立董事在增进董事会独立性的作用受到质疑；另一方面，独立董事对上市公司绩效的积极影响在实证分析中也未得到一致认同。从2006、2007两年的董事会中独立董事的人数以及占董事会成员的比例来看，在人数方面，上市公司已经全部达到指导意见的要求，独立董事的人数均在两人或两人以上；从对独立董事所占比例的分析来看，两年的平均比例为35%。

（5）独立董事津贴分析。从表中的统计情况看，独立董事津贴最高的达到45万元，而最低的只有0万元，公司之间津贴差距极大。同时，从两年情况的比较来看，独立董事津贴的差异和均值都有进一步加大的趋势，一定程度上反映出上市公司对独立董事作用的认识还未回归理性。从上市公司独立董事的背景来看，有来自银行、政府、法律、财会、高校等各方面人士，符合多元化的原则，较之独立董事制度建立之初的公司董事多来自高校有了很大的进步。

（6）董事长薪酬分析。董事长薪酬也是董事激励机制的组成部分，在样本公司中，有很多董事长不在上市公司领取薪酬，而是在股东单位领取报酬，且并不公布报酬数额的多少。根据各家上市公司公布的董事长（或总经理、总裁）报酬情况来看，从2006年到2007年，董事长的报酬有了较大的上升，最大值从1338.222万元上升到2579.4万元，均值也从66.7万元上升到102.5万元，将近原来的1.5倍，2006年50%以上公司的董事长薪酬介于24万～65万元之间，2007年为30.8万～

89.3万元。同时，由于各公司的规模、绩效不同，董事长的报酬也有较大的差距。

（7）董事会年度会议分析。足够的工作时间是保证董事能够有效履行职能的基础，每月一次的董事会议可能稍嫌过多，但每年少于4次，每次少于1天的董事会会议显然无法满足上市公司战略决策和经营监督的职能。所以“越来越多的董事会转向每年6次会议，每次会议不少于6个小时，每年举行一次2～3天的异地‘度假会议’。这些会议帮助董事会深入探讨公司战略等重大议题”。从上市公司董事会年度会议数据来看，尽管可以认为次数偏少的情况并不存在，但却有几家上市公司董事会年度会议次数明显偏多，甚至超过每月一次。2007年的董事会会议次数出现了明显的增加，均值从8.61次突然上升到10.49次，增加了1.88次，这种突然的增加既和极端数据的出现有关，如2007年有1家上市公司董事会年度会议次数为36次，对均值影响较大。当然，这种增加既可能和我国去年的经济形势有关，流动性过剩、物价上涨、信贷收缩，致使上市需要更多的董事会会议来指导银行渡过影响其正常经营的局势，也可能是上市公司董事会履行了过多具体经营事务，反映了中国上市公司董事会与管理层的职责边界不清晰。

（8）董事会专门委员会建设情况。在上市公司中，虽按照要求基本建立了专门委员会，但很多对董事会专门委员会的活动及会议情况披露不详。样本公司中，设立的委员会数量在0～6个之间，两年的均值分别为3.09和2.57，且大多数公司设立2～3个次级委员会。从数据分析看，上市公司董事会专门委员会一般都为薪酬与考核委员会，而商业银行董事会次级委员会的数量较多，这与银行对风险管理的要求非常高有很大关系。通过样本公司的自查报告披露，上市公司董事会专门委员会功能并没有充分发挥，个别公司专门委员会年度内没有召开一次会议。

8.2　上市公司董事会治理效率指标与绩效指标相关性分析

为了进一步分析上市公司董事会治理效率指标与绩效指标间的关系，我们选取董事会治理效率部分指标与净资产收益率、每股收益、总资产、人数等绩效指标分别计算了 2006 年、2007 年两者之间的相关系数，结果见表 8-3、表 8-4。

结果表明：

(1) 选取的董事会治理效率指标间的独立性较好。除董事会规模与董事长薪酬、独立董事津贴、次级委员会数量和总资产间，以及内部董事与外部董事间存在显著的相关关系外，其他变量间不存在相关关系。这使我们以后建立模型时不用过多考虑多重共线性的问题。

(2) 董事长薪酬、独立董事津贴与总资产、董事会规模间的相关性表明，企业规模越大，企业的董事会规模也越大，次级委员会数量也越多，董事长薪酬越多。但是深入研究表明企业规模与企业收益间并不存在显著的相关性，董事长薪酬与企业绩效间也不存在显著的相关性。这使我们有理由怀疑上市公司高管薪酬制定的合理性。

(3) 董事长薪酬与独立董事薪酬正相关、与企业绩效不相关表明，独立董事在企业的经营中的作用并不显著，这也证实了老百姓所说的“花瓶董事”、“人情董事”的存在。

(4) 在众多影响董事会治理效率的因素中，只有总资产对企业收益的影响是显著的。

表 8-3 2006 年上市公司董事会治理效率的指标与收益指标相关系数

	董事会规模	适龄董事比例	内部董事比例	外部董事比例	独董比例	董事长薪酬	独立董事津贴	董事会议次数	次级委员会数	总资产	人数	净资产收益率	每股收益
董事会规模	1	.035 (.644)	—.102 (.178)	.111 (.144)	—.106 (.162)	.362** (.000)	.196* (.009)	—.010 (.894)	.217** (.004)	.462** (.000)	.188* (.013)	.086 (.260)	.132 (.081)
适龄董事比例		1	.059 (.435)	—.059 (.438)	.028 (.711)	.053 (.482)	.085 (.265)	.069 (.363)	.046 (.543)	.115 (.129)	.049 (.517)	.056 (.459)	—.096 (.208)
内部董事比例			1	—.989** (.000)	—.070 (.355)	—.151* (.046)	—.121 (.110)	—.032 (.672)	—.185* (.014)	—.169* (.025)	.027 (.724)	.123 (.104)	.184* (.015)
外部董事比例				1	.099 (.195)	.151* (.045)	.119 (.116)	.035 (.642)	.194** (.010)	.163* (.031)	—.027 (.721)	—.108 (.155)	—.178* (.018)
独董比例					1	—.158* (.037)	—.061 (.422)	.098 (.199)	.008 (.915)	—.086 .(260)	—.219** (.004)	—.086 (.256)	.001 (.990)
董事长薪酬						1	.346** (.000)	.068 (.369)	.136 (.072)	.396** (.000)	.129 (.088)	.106 (.164)	.035 (.648)
独立董事津贴							1	.127 (.094)	.331** (.000)	.577** (.000)	.527** (.000)	.055 (.474)	.032 (.670)

（续表）

	董事会规模	适龄董事比例	内部董事比例	外部董事比例	独董比例	董事长薪酬	独立董事津贴	董事会议次数	次级委员会数	总资产	人数	净资产收益率	每股收益
董事会会议次数								1	.145 (.055)	.084 (.267)	.038 (.617)	—.123 (.106)	—.028 (.711)
次级委员会数量									1	.384** (.000)	.224** (.003)	.027 (.723)	.004 (.959)
总资产										1	.599** (.000)	.117 (.125)	.092 (.228)
人数											1	.056 (.465)	.022 (.775)
净资产收益率												1	
每股收益													1

注：括号内数字为参数 t 统计量的双侧 p 值；* * 表明在 0.01 的显著性水平下显著相关，* 表明在 0.05 的显著性水平下显著相关。

表 8-4 2007 年上市公司董事会治理效率指标与收益指标相关系数

	董事会规模	适龄董事比例	内部董事比例	外部董事比例	独董比例	董事长薪酬	独立董事津贴	董事会议次数	次级委员会数	总资产	人数	净资产收益率	每股收益
董事会规模	1	.053 (.480)	—.027 (.723)	.035 (.647)	—.110 (.141)	.402** (.000)	.246** (.001)	.053 (.477)	.252** (.001)	.495** (.000)	.182* (.015)	.071 (.344)	.131 (.080)
适龄董事比例		1	.039 (.600)	—.036 (.631)	.019 (.803)	—.021 (.781)	—.081 (.284)	.067 (.375)	.060 (.429)	.028 (.713)	—.042 (.573)	.030 (.686)	.090 (.232)
内部董事比例			1	—.994** (.000)	—.044 (.557)	—.141 (.060)	—.167* (.025)	.060 (.428)	—.152* (.043)	—.159* (.034)	—.028 (.710)	.085 (.260)	.107 (.152)
外部董事比例				1	.040 (.593)	.138 (.065)	.161* (.031)	—.067 (.375)	.144 (.054)	.153* (.041)	.027 (.722)	—.081 (.283)	—.098 (.194)
独董比例					1	—.045 (.553)	.009 (.908)	.043 (.568)	—.057 (.450)	—.027 (.723)	—.203** (.006)	—.092 (.218)	—.057 (.452)
董事长薪酬						1	.281** (.000)	.098 (.190)	.270** (.000)	.386** (.000)	.082 (.275)	.084 (.262)	.198** (.008)
独立董事津贴							1	.022 (.767)	.537** (.000)	.675** (.000)	.602** (.000)	.083 (.271)	.101 (.179)

（续表）

	董事会规模	适龄董事比例	内部董事比例	外部董事比例	独董比例	董事长薪酬	独立董事津贴	董事会议次数	次级委员会数	总资产	人数	净资产收益率	每股收益
董事会会议次数								1	−.028 (.708)	.048 (.520)	−.052 (.493)	.041 (.583)	.024 (.747)
次级委员会数量									1	.516** (.000)	.289** (.000)	.041 (.587)	.007 (.924)
总资产										1	.579** (.000)	.183* (.014)	.188* (.012)
人数											1	.074 (.325)	.008 (.918)
净资产收益率												1	
每股收益													1

注：括号内数字为参数 t 统计量的双侧 p 值；* * 表明在 0.01 的显著性水平下显著相关，* 表明在 0.05 的显著性水平下显著相关。

8.3　上市公司董事会治理效率指标与绩效指标的回归分析

在对上述上市公司董事会结构的各种特征进行描述性统计分析的基础上，下面通过建立回归模型来研究董事会特征各个指标与公司绩效之间的关系。公司绩效的衡量选用了两个在分析研究中常用的指标：净资产收益率和每股收益。研究中我们使用 SPSS16 软件，先进行全部指标与绩效指标回归，然后分别研究每个效率指标与绩效指标关系研究。结果见表 8-5、表 8-6、表 8-7 和表 8-8。

表 8-5　2006 年净资产收益率与治理效率变量回归结果

变量	模型一 系数	模型二 系数	模型三 系数	模型四 系数	模型五 系数
常数项	−0.471 (−1.429)	0.094*** (3.346)	0.097** (2.554)	0.102*** (6.500)	0.167*** (5.500)
董事会规模	−1.248E−05 (−0.004)	0.003 (1.130)			
适龄董事比例	0.027 (0.551)		0.036 (0.742)		
内部董事比例	0.524* (1.735)			0.071 (1.634)	
外部董事比例	0.449 (1.471)				−0.062 (−1.427)
独董比例	−0.113 (−0.829)				

（续表）

变量	模型一 系数	模型二 系数	模型三 系数	模型四 系数	模型五 系数
董事长薪酬	5.893E－09 (0.925)				
独立董事津贴	－3.116E－08 (－0.199)				
董事会会议次数	－0.003* (－1.719)				
次级委员会数量	0.002 (0.141)				
总资产	0.007 (1.127)				
R^2	0.075	0.007	0.003	0.015	0.012
F	1.32 (.222)	1.277 (.260)	0.551 (0.459)	2.67 (0.104)	2.038 (0.155)
DW	2.098	2.057	2.053	2.069	2.07
样本量	175	175	175	175	175
变量	模型六 系数	模型七 系数	模型八 系数	模型九 系数	模型十 系数
常数项	0.177*** (3.813)	0.120*** (15.113)	0.119*** (11.164)	0.148*** (9.268)	0.113*** (3.321)
董事会规模					
适龄董事比例					
内部董事比例					
外部董事比例					
独董比例	－0.149 (－1.138)				

（续表）

变量	模型六 系数	模型七 系数	模型八 系数	模型九 系数	模型十 系数
董事长薪酬		1.398 (0.164)			
独立董事津贴			8.945E—08 (0.718)		
董事会会议次数				—0.003 (—1.627)	
次级委员会数量					0.004 (0.355)
R^2	0.007	0.011	0.003	0.015	0.001
F	1.296 (0.256)	1.955 (0.164)	0.516 (0.474)	2.647 (0.106)	0.126 (0.723)
DW	2.06	2.04	2.071	2.078	2.06
样本量	175	175	175	175	175

注：括号内的数字为 T 统计量；*，**，***分别表示显著性水平为10%、5%和1%时显著。

表8-6　2006年每股收益与治理效率变量回归结果

变量	模型一 系数	模型二 系数	模型三 系数	模型四 系数	模型五 系数
常数项	—4.272 (—0.628)	—0.682 (—1.181)	1.272 (1.625)	—0.406 (—1.267)	1.738 (2.801)
董事会规模	0.081 (1.342)	0.091* (1.756)			
适龄董事比例	—1.633 (—1.622)		—1.267 (—1.263)		

（续表）

变量	模型一 系数	模型二 系数	模型三 系数	模型四 系数	模型五 系数
内部董事比例	3.677 (0.591)			2.175** (2.460)	
外部董事比例	1.089 (0.173)				−2.119 (−2.382)
独董比例	1.458 (0.519)				
董事长薪酬	4.38E−09 (0.033)				
独立董事津贴	−8.37E−08 (−0.026)				
董事会会议次数	−0.010 (−0.290)				
次级委员会数量	−0.032 (−0.130)				
总资产	0.118 (0.927)				
R^2	0.078	0.018	0.009	0.034	0.032
F	1.387 (0.190)	3.083* (0.081)	1.596 (0.208)	6.052** (0.015)	5.672** (0.018)
DW	2.033	1.988	1.973	2.034	2.034
样本量	175	175	175	175	175

（续表）

变量	模型六 系数	模型七 系数	模型八 系数	模型九 系数	模型十 系数
常数项	0.289 (0.300)	0.265 (1.612)	0.229 (1.040)	0.411 (1.236)	0.265 (0.376)
董事会规模					
适龄董事比例					
内部董事比例					
外部董事比例					
独董比例	0.033 (0.012)				
董事长薪酬		5.28E−08 (0.457)			
独立董事津贴			1.1E−06 (0.427)		
董事会会议次数				−0.013 (−0.371)	
次级委员会数量					0.011 (0.052)
总资产					
R^2	0.000	0.001	0.001	0.001	0.000
F	0.000 (0.990)	0.209 (0.648)	0.183 (0.670)	0.173 (0.711)	0.003 (0.959)
DW	1.988	1.991	1.990	1.998	1.987
样本量	175	175	175	175	175

注：括号内的数字为 T 统计量；*，**，***分别表示显著性水平为10%、5%和1%时显著。

表 8-7 2007 年净资产收益率与治理效率变量回归结果

变量	模型一 系数	模型二 系数	模型三 系数	模型四 系数	模型五 系数
常数项	−0.527 (−0.936)	0.104*** (2.844)	0.118** (2.389)	0.118*** (5.908)	0.180*** (4.476)
董事会规模	−0.003 (−0.768)	0.003 (0.948)			
适龄董事比例	0.018 (0.285)		0.026 (0.406)		
内部董事比例	0.378 (0.722)			0.065 (1.131)	
外部董事比例	0.295 (0.566)				−0.061 (−1.077)
独董比例	−0.230 (−1.177)				
董事长薪酬	2.186E−09 (0.521)				
独立董事津贴	−8.405E−08 (−0.418)				
董事会会议次数	0.001 (0.335)				
次级委员会数量	−0.007 (−0.623)				
总资产	0.020** (2.343)				
R^2	0.064	0.005	0.001	0.007	0.007
F	1.144 (0.332)	0.899 (0.344)	0.165 (0.686)	1.280 (0.260)	1.160 (0.283)
DW	2.022	2.017	2.007	1.981	1.983
样本量	179	179	179	179	179

（续表）

变量	模型六 系数	模型七 系数	模型八 系数	模型九 系数	模型十 系数
常数项	0.223*** (3.225)	0.134*** (13.581)	0.127*** (9.173)	0.127*** (5.604)	0.125 (4.937)
董事会规模					
适龄董事比例					
内部董事比例					
外部董事比例					
独董比例	−0.239 (−1.235)				
董事长薪酬		4.141E−09 1.124)			
独立董事津贴			1.529E−07 (1.104)		
董事会会议次数				0.001 (0.550)	
次级委员会数量					0.005 (0.545)
总资产					
R^2	0.009	0.007	0.007	0.002	0.002
F	1.525 (0.218)	1.264 (0.262)	1.219 (0.271)	0.302 (0.583)	0.297 (0.587)
DW	2.013	2.023	2.030	2.015	2.021
样本量	179	179	179	179	179

注：括号内的数字为 T 统计量；*，**，***分别表示显著性水平为10%、5%和1%时显著。

表 8-8　2007 年每股收益与治理效率变量回归结果

变量	模型一 系数	模型二 系数	模型三 系数	模型四 系数	模型五 系数
常数项	−4.382 (−1.523)	0.272 (1.426)	0.293 (1.135)	0.464 (4.451)	0.865*** (4.108)
董事会规模	−0.007 (−0.326)	0.030* (1.760)			
适龄董事比例	0.410 (1.255)		0.394 (1.199)		
内部董事比例	3.692 (1.379)			0.428 (1.438)	
外部董事比例	3.127 (1.174)				−0.388 (−1.304)
独董比例	−0.623 (−0.623)				
董事长薪酬	4.677E−08** (2.182)				
独立董事津贴	2.550E−07 (0.248)				
董事会会议次数	−0.002 (−0.183)				
次级委员会数量	−0.089 (−1.525)				
总资产	0.079* (1.821)				
R^2	0.107	0.017	0.008	0.012	0.010
F	2.006** (0.036)	3.096* (0.080)	1.437 (0.232)	2.067 (0.152)	1.702 (0.194)
DW	2.151	2.108	2.109	2.097	2.102
样本量	179	179	179	179	179

（续表）

变量	模型六 系数	模型七 系数	模型八 系数	模型九 系数	模型十 系数
常数项	0.868** (2.397)	0.545 (10.748)	0.524 (7.271)	0.563*** (4.751)	0.586*** (4.410)
董事会规模					
适龄董事比例					
内部董事比例					
外部董事比例					
独董比例	−0.766 (−0.753)				
董事长薪酬		5.094E−08*** (2.686)			
独立董事津贴			9.764E−07 (1.349)		
董事会会议次数				0.003 (0.323)	
次级委员会数量					0.005 (0.095)
总资产					
R^2	0.003	0.039	0.010	0.01	0.000
F	0.568 (0.452)	7.214*** (0.008)	1.820 (0.179)	0.104 (0.747)	0.009 (0.924)
DW	2.123	2.152	2.136	2.126	2.132
样本量	179	179	179	179	179

注：括号内的数字为 T 统计量；*，**，***分别表示显著性水平为10%、5%和1%时显著。

在实证过程中，我们首先将所有变量加入到模型中进行回归分析，结果如方程一，然后依次将董事会治理效率指标分别与净资产收益率和每股收益进行回归，依次形成方程二到方程十。从上表可以看出，所选取变量的解释度较高，总体解释度在达10%左右。DW值均接近于2，说明方程没有自相关性。

根据回归知，虽然上市公司董事会治理效率指标对公司绩效指标的影响均不显著。但我们认为，根据前面的理论分析和国外的经验表明，我国上市公司董事会治理还存在较大问题，同时我们仍可以使用方程中变量的符号来分析个变量对绩效指标影响的方向。

董事会规模与净资产收益率、每股收益均呈现负相关性。结果与前面的分析基本一致，也就是说，上市公司董事会规模的扩大会导致企业绩效的降低。也表明我国现阶段上市公司董事会规模稍大，尽管有利于监督和制衡，但成本却是大于收益的。

内外部董事的比例、适龄董事的比例与上市公司绩效指标呈正相关性，一定程度上说明董事关注更多的是企业的市场价值，而对企业的会计价值关注程度较低。

独立董事比例与净资产收益率、每股收益均呈现较强的负相关性。这种情况多少说明了独立董事比例的增加能够对公司绩效起到积极影响，但这种影响并不显著，且受到其他因素的干扰而无法有效地发挥作用。

董事长的薪酬与净资产收益率与每股收益的关系均为不显著的正相关性，独立董事津贴与净资产收益率与每股收益的关系均为不显著的负相关性，说明仅仅依靠薪酬的提高并不能有效激励董事长，甚至还可能会造成董事长的短期行为，上市公司还需要其他的机制来激励董事长努力提高企业绩效。就目前来看，董事长薪酬并没有反映董事长能力的差异。独立董事津贴与净资产收益率和每股收益表现为负相关性，这种回归结果说明从目前上市公司独立董事的聘选与任职情况来看，一方面，津贴可能并不是一个影响独立董事工作效率的一个最重要因素，名誉与声望也是影响独立董事是否接受聘任的因素；另一方面则可能和上市公司的治理结构是否有利于独立董事的作用发挥有关。说明需要以津贴结合其他的如声誉机制才能真正发挥独立董事对上市公司绩效的促进作用。

董事会会议次数与净资产收益率和每股收益相关性不确定，而次级委员会数量与公司绩效的关系为不显著的负相关性，说明次级委员会对公司绩效的作用并不明显，说明董事会会议作用发挥有限，其作用机理并不是非常清楚。

总之，董事会治理作为公司治理的核心，其若干因素对上市公司绩效的影响都或多或少地存在，尽管并不显著且受到时间、市场等因素的限制。但如何提高董事会治理的水平，充分发挥各因素的作用，对于提高上市公司绩效还是具有相当重要的影响。

8.4　本章小结

本章根据第 7 章所设计的中国公司董事会治理效率评价指标体系，以上海证券交易所上证 180 指数股作为样本，以 2006－2007 年的资料作为研究对象，选取董事会治理效率评价指标体系的部分指标，分别进行了描述性统计分析；选取董事会治理效率部分指标与净资产收益率、每股收益、总资产、人数等绩效指标进行了相关性分析；选取董事会治理效率部分指标与净资产收益率和每股收益等绩效指标进行了回归分析。

通过实证分析，我们可以看到，我们设计的中国公司董事会治理效率评价指标体系基本符合实际情况。

注释

1. 上市公司没有提供相应资料。

2. 拉姆·查然．顶级董事会运作［J］．北京：中国人民大学出版社，2003：41.

第9章　完善中国公司董事会治理的对策建议

9.1　健全法律法规，改善公共治理

9.1.1　进一步完善法规制度，改善法治环境

完善的法律体系是市场经济正常有序运行的重要保障，也是公司董事会行为的强有力的行为规范。外部法律制度环境在相当大的程度上会影响甚至制约公司治理结构的构建及其有效性的发挥。约束董事会行为的法律主要有公司法、合同法、证券法等。健全我国法治环境，既要法律体系健全，又要司法公正和有效率。为此，有必要做好以下两个方面的工作：一是要确立、制定市场交易的规则和原则。对没有的法律，应加紧立法；对已有的但已不能适应市场发展需要的法律应及时修改。二是要缔造良好的执法环境，提高司法系统的公正性与效率性，保证法律规则能得到执行。良好的执法环境是在法律面前人人平等的前提下追求司法独立、提高司法透明度。

为提高公司董事会治理效率，在立法方面我们认为有以下工作可做：一是强化公司外部董事治理的立法。在中国《公司法》和《证券法》及中国证券监督管理委员会的部门规章中细化独立董事制度。提高独立董事在公司董事会中的比例，通过配套规定细化独立董事的职责。二是进一步规范公司董事会运作，对公司董事会会议召开、会议程序加以进一步规范。三是通过立法重构监事会制度，强化监事会对董事会决

议的监督职能。建议借鉴日本的独立监察人制度，赋予或扩大单个监事成员独立监督权。监事应重点是对董事执行股东大会和董事会决议事项的过程监督和事后监督。监事个人则可以利用公司资源审计、监察公司董事，费用应该由公司承担。赋予监事起诉董事的诉讼资格，监事有权向法院申请针对董事不当行为的禁止令。四是完善中国公司的董事责罚体系，特别是董事个人民事责任和刑事责任。公司应为董事的执业行为建立任职档案。档案中应特别记载董事的工作勤勉、尽职等方面的信息。除涉及公司商业秘密外，董事个人执业档案应提供股东公开查询。若因董事失职行为给公司或第三人造成损害的，董事应承担赔偿民事责任，强化上市公司民事责任优先原则。董事会成员存在共同过错时，应承担连带赔偿责任。交易所和行业协会的处罚措施应该与立法所规定的民事责任、刑事责任有效衔接，以形成连贯的和多层级的董事过错行为责罚体系。

9.1.2　进一步规范政府职能，改善公共治理

政府要切实强化市场观念，尊重企业独立的市场主体地位，善于用市场的、法律的手段实施管理，着力创建公平竞争的市场环境、依法办事的法制环境、务实高效的发展环境和宽松和谐的社会环境。首先，必须实现政府的社会公共管理职能和所有者职能分开。政府作为社会事务的管理者，主要应负责公共管理和提供公共产品，履行经济调控、市场监督、社会管理和社会保障、公共服务等职能，为市场主体营造公平、公正的竞争环境；同时，政府还要代表国家履行所有者职责，专门承担国有资产的管理和监督职能。为了保证各级政府能够更好地履行这两种职能，必须将两种职能分开行使，将其赋予相对独立的两个部门，各自扮演不同角色，避免权力交叉行使。目前，政府的工作重点是进一步完善劳动就业、医疗、教育、卫生等社会保障体系，为公司治理构建并创造良好的制度环境。其次，有限政府是法治原则的主要内容，也是一个好的市场经济的基本要求。在成熟的市场经济条件下，政府与市场具有

某种替代性，政府是一个有限的政府，但有限的政府还必须有效，还要担当市场经济中第三方的裁判员的角色，这就要求政府“有所为，有所不为”。再次，减少政府的行政干预，明确政府的微观行为边界，让政府与公司的关系建立在按“商业原则行事”的基础上。政府必须按照《公司法》等法律程序选派代理人进入公司行使所有者权利，政府对公司经营管理的干预也必须通过财政金融政策等调控来实现。在中国，目前国有公司改制后的委托代理关系更为复杂，出资人的权力和监管权力被许多部门共同行使，因此明确界定公司与政府部门的关系，有效协调各政府部门之间的关系，成为提高公司治理效率的重要前提条件。只有明确了企业权利，才能真正地承担企业责任；只有明确了政府的责任，才能真正地运用政府的权力。

9.1.3 进一步理顺国有公司管理体制

这实际上也是涉及整个国有企业管理体制改革问题，包括两个问题：一是公司与政府的关系，二是公司董事会与党委的关系或者是公司党委在公司事务中的地位与作用。

（一）关于公司与政府的关系

目前，政府对国有公司行使管理权的部门主要有：财政部、中央汇金公司、地方政府。国有企业是大股东，理论上具有所有者管理权；银监会管理业务监督；银监会党委配合党委组织部门管理公司领导班子建设，包括董事长、行长、监事长以及其他副行级领导，公司有副部、厅级的行政级别区分。可以看到，实际上公司的人、事、资产管理权是分离的，公司实际上还是准政府部门，这显然违背公司作为企业管理的一般规律，当然也就不可能使公司成为真正的现代公司。对以财产为纽带联结在一起的经济组织而言，企业的领导权是建立在财产所有权基础之上的，公司董事会不是股东的下级单位，也不是准政府部门，而是根据相关法律所界定的一种信托关系，因此，政府必须尽快改变这种多头管理状况。首先必须充分尊重投资人的合法权益，尊重董事会的核心领导权。特别要尽快改变由组织部门任命董事长、行长、监事长、副行长等高级管理人员的做法，采用市场化的用人方式，将高级管理人员的聘用权真正落实给董事会，给高管人员以单一的目标导向，形成市场化的用人激励，确保董事会决策的落实，确保经营管理活动的有序开展。行使公司国家所有权的机构要做到“到位”，既不“越位”，又不“错位”，主要通过董事会来治理公司。要取消公司的行政级别，使公司真正成为一个市场经营实体，而不是一个准政府部门。

新加坡的淡马锡有些经验值得我们学习。淡马锡有着出色的董事会制度对执行层进行监控。董事会每年向财政部交成绩单，如果业绩不好就会被调整。但政府并不会直接管理到公司的经营层面，而是通过管理董事会来达到“管人、管事、管资产”的目的。淡马锡的董事会不仅外部董事占绝大多数，而且更重要的是他们的专业知识和丰富的经验，保证了其对企业经理层的指导和监督。这种以专业知识和商业环境为保障的监管要比政府部门的直接干预来得更加有效。

（二）关于公司董事会与党委的关系

共产党作为执政党的领导作用首先体现在“执政”上，也就是说，通过党参加各级权力机关和政府机构，在政府的政策制定和实际工作中贯彻党的纲领和路线。公司是经济组织，而不是以从事政治活动和政治斗争为目标的政治组织。基层党组织的作用，不是制定政策，而是“监督保证”，监督党员遵纪守法，并通过党员宣传党的路线，保证党的政治目标的实现。在我国目前状况下，按照现代公司的一般规范选拔公司治理结构中的有关人员，与坚持共产党的领导并不是相互对立的。在严格执行法律的前提下，党委会在公司治理中可以发挥非常重要的作用。作为政治领导核心，党委必须保证党的路线、方针得到落实，在重大问题上把关定向，但是绝不代替公司治理机构履行职能，而是要主动创造条件，支持董事会、高管层行使职权，包括法律规定的用人权。党委还要配合其他机构积极推动民主管理和民主监督，充分发挥广大员工的聪明才智。

当然在设计党委在公司治理中的角色，既必须充分考虑公司治理内在的机理，也必须充分考虑中国的国情。国家控股公司不是民营企业或外资企业，不能将党组织的作用仅仅限定在基层党组织战斗堡垒作用的发挥上，还必须为保证党组织发挥政治领导作用留下充分的空间。可以参照目前中央国有企业的试点办法“双向进入、交叉任职”，党委成员依法进入董事会、监事会、经理层，党委书记一般兼任董事长，实现企业党组织与法人治理结构相融合。党组织发挥政治核心作用的方法和途径要与现代企业制度相适应，党组织发挥政治核心作用，要体现在决策、执行、监督各个环节上。在参与重大决策时，党委主要是从政治上把关，保证企业的重大决策符合党和国家的方针政策和法律法规，而决策的主体和经济责任承担者为董事会。在执行上，党委要教育广大党员充分发挥先锋模范作用，带头执行决策，模范执行决策。在监督上，党委要监督党员领导干部和全体党员贯彻党的方针政策，落实董事会的决策。

9.2 不断深化改革，完善市场环境

9.2.1 优化公司股权结构

不同的股权结构会给公司带来不同的影响。当股权过于分散时，某一股东参与公司治理的积极性会因为成本与收益相比过高而减弱，从而出现管理层的内部人控制的现象。目前中国国有公司特别是三大公司（中国公司、建设公司、工商公司）股权结构中，国有股权占比过高，三大国有公司甚至达到70％，很不合理。我们认为，政府控制的股权应逐步减少，宜控制在30％～40％，逐步实现股权多元化、分散化、法人化，形成合理的股权结构，为提高公司的治理效率创造产权基础。要规范引进战略投资者、机构投资者，战略投资者、机构投资者由于所持公

司股份相对较多，他们具有足够的积极性参与公司治理和克服小股东的“搭便车行为”。通过战略投资者这一中介，使投资者和上市公司的委托—代理问题得到较好解决，优化公司治理结构。通过优化公司股权结构，规范公司董事会委托人的行为。

9.2.2　完善公司外部市场环境

改革公司的外部环境，加快竞争性市场建设，提高外部治理效率，充分发挥市场机制在公司治理中的作用。公司治理有效性的发挥，在很大程度上取决于商品市场、资本市场和企业家市场的发育程度。应重点注意以下几个方面：一是大力发展商品市场。发达的商品市场是建立和培育商业信用的物质基础，是社会信用得以发展和提高的必要前提，也是公司信用得以建立和发展的历史前提。二是大力发展资本市场。发达的资本市场一方面为公司扩大规模、调整资本结构提供了条件，另一方面股票价格的涨跌直接反映了公司的业绩，而且“用脚投票”的规则直接对公司管理人员实施外部市场监督。通过资本市场产生的替代效应，促使公司自觉改善内部治理。三是发展控制权市场，建立并实施公司的退出机制，加大行业开放程度，鼓励行业兼并，通过增加公司生存压力来促进治理结构优化，提高风险控制能力。四是大力发展董事市场。董事市场是在商品市场发展的基础上发展起来的，董事之间的有效竞争，不仅对在职董事具有外在压力，而且为潜在的董事施展才能提供了机会。

9.2.3　加强外部监管

以与国际接轨的监管要求对公司实行评级，并大力推行规范的信息披露制度，引导公众和存款人关注公司的信用状况，强化债权人约束，进而促进公司自觉优化治理结构。

9.3 优化董事会结构，提升决策效率

9.3.1 合理确定董事会规模

公司应当根据资产规模和经营环境等情况确定一个合适的董事会规模。一个强大的、具有互补功能的董事会团队对董事会作用的发挥具有至关重要的作用。董事会成员的构成应当合理，既要最大限度地体现各方利益，又要高效精干，便于组织协调；既要有多元化背景，具有较强的互补性，又要有一定专业化背景，具有独立的专业判断能力，从而提高董事会决策的科学性和有效性。

9.3.2 增设职工董事，扩大外部董事比例

国有公司董事会中应该有职工董事，这是《公司法》的要求。职工董事的主要责任就是依法维护职工的合法权益。要在实践中处理好职工董事与职代会、工会的结合，真正把职工的意愿依法准确地体现出来。扩大外部董事特别是独立董事比例是公司治理的国际趋势，通过扩大外部董事比例，不断提高董事会的独立性。

9.3.3 优化董事专业和年龄结构

董事会是一个集体决策的机构，董事会成员的知识结构和专业素质对董事会的经营决策正确与否至关重要。经济学理论指出，将控制权分配给有能力的人越多，这种控制权就越有效率。因此董事的决策能力和水平是董事会能否充分发挥核心作用的关键。公司董事会成员既要有精通熟悉公司经营管理的高级管理型人才，也要有精通熟悉法律、财务管理、审计、人力资源管理等方面的人才；同时要注意董事会年龄的合理搭配，实行老中青相结合，经验、精力、合力，开拓创新，相得益彰。

9.4　规范董事会运行，增强董事会独立性

9.4.1　增强独立性

从 1950 年到 2005 年，美国上市公司中独立董事的比例由大约 20%上升到 75%。在此期间，关于独立董事的规定也越来越严格。在美国，20 世纪 50 年代，董事会通常由高级经理和与公司有密切联系的外部董事（如法律顾问或公司家等）以及几个名义上独立的所谓独立董事（由 CEO 提名）组成。自 2006 年起，美国对独立董事的独立性有了法律和法规的界定，内部人的比例在缩小，而非独立的外部董事也逐渐减少。独立董事制度写入了美国的公司法。纽约交易所要求上市公司董事会的独立董事居多数，薪酬委员会和审计委员会应全部由独立董事组成。

9.4.2　明确董事会职责

董事的职责源于其对股东应履行的尽职与忠诚的受托责任，这种责任的履行要求董事有高度的责任心。1999 年，巴塞尔公司监督委员会在《健全公司的公司治理》文件中明确指出，有效的董事会应清楚地界定自身和高级管理层的权力和主要责任。各公司要在公司章程或董事会上的规则中明确董事会的详细职责和需要董事会决定的事项，合理划分董事会与股东会、监事会和经营班子的职责权限。董事会主要进行战略决策，而不是日常经营管理决策，防止董事会决策权对高级管理层执行权的不当干预。如果董事会决策权越界，部分或全部覆盖执行权，必然出现决策权与执行权交叉、扯皮的现象，降低治理效率。董事会应超脱于高级管理层之外，从宏观层面把握发展战略和方向，集中精力研究解决事关改革发展全局的大事、要事。必须明确，董事会不是管理流程中管理层之上的一个管理层次，不能陷入事务堆中，必须从日常经营管理中

超脱出来。为此，董事会对管理层要有清晰的授权，对经营管理活动放手由管理层全权处理。由于大型公司以前没有现代意义上的董事会，决策和执行都由领导班子负责，建立公司治理架构后，要特别防止董事会权限过于集中，增加决策环节，延误决策时机，降低决策效率的问题。公司应当通过章程、议事规则及董事会授权等制度，清晰界定董事会及其专门委员会的职责，规范董事会及其专门委员会的运作程序，确保董事会对重大经营管理事项的实质性决策权力，避免参与日常的经营管理活动；确保董事会的运作合法合规，避免陷入无序运作的状态；确保董事会与监事会、管理层之间建立畅通的沟通渠道。

9.4.3 提升董事会的战略决策能力

董事履职能力是董事会发挥战略决策功能的前提条件。要适应领导现代公司的要求，培育专业化的董事市场，提高董事任职门槛，完善董事选任、考核、激励和退出机制，让具备相应资质和能力的优秀公司进入董事会，把董事会打造成一个负责任、专业化、国际化的领导团队，提高董事会的战略决策能力。非执行董事应通过市场化的渠道选聘，不能仅在相关机关、相应级别干部的有限范围内选择，更不能作为安排干部的渠道。选择董事时，必须把是否具备履职能力作为首要标准。

9.4.4 提高董事会会议的决策效率

董事会会议规则是确保公司治理中核心权力运作规范的重要保障。董事会会议程序应更加详细规范。①董事会会议次数。董事会宜每月开会一次，而每季最少应开会一次。董事会应确保获得管理层所提供的足够的资料，以履行本身的职责。②保存完整的董事会会议记录。公司应在每个财政年度结束后一个月内向银监会提交该财政年度董事会会议的次数记录。③确保董事出席会议。对董事参加会议的数量应作严格限制：每位董事均应出席每个财政年度最少半数的董事会会议；公司应在每个财政年度结束后一个月内向银监会提交有关该年度个别董事出席会议的次数记录。

提高董事会会议的决策效率。董事会作为公司决策执行的集体机构，其履行职权的形式是董事会会议。董事会必须提高会议的决策效率，切实履行董事会的各项职责，才能发挥董事会的核心作用。做好会议的准备工作，妥善安排会议日程。董事会是主要以会议形式履行职责的机构，如果会议次数少了，董事会就无法正常行使决策权，可能导致董事会职权虚置和内部人控制，无法达到公司治理的预期目标。每年年初确定全年的会议日期，以便董事安排时间出席；同时，为提高每一次会议的工作效率，应当妥善安排会议日程。会议讨论所需文件资料应当事先提供给各位董事，给予董事会充足时间研究决策。会议主题应当专注于董事会的主要职能和任务，确保有充分时间全面详尽地讨论重要事务。会议所有议题应当经过充分讨论和民主表决。有时还根据董事会会议的具体情况需要，在董事会正式会议前召开董事会预备会议，增强会前董事与管理层之间的沟通，提高正式会议的工作效率。董事会会议本身要透明化，要给每一个议题安排合理的时间，甚至在年初就要有每一个会议的主要议程。董事会讨论重大问题，议程要明确公开。外部董事应该在没有管理层人员参与的情况下偶尔碰一下头。

9.4.5　妥善处理各方面关系，增强董事会的协调性

一是处理好外部董事与内部董事的关系。由于外部董事难以熟知企业的内部情况，许多情况下可能在行使决策权时左右为难，而内部董事在董事会运作、发挥党组织政治核心作用、加强董事会与经理层沟通、监督董事会议执行等方面，起着十分重要的作用，因此，内部董事与外部董事要加强信息沟通和磋商，确保董事会整体功能的有效发挥。二是处理好董事长与总经理的关系。总经理必须对董事会负责，执行董事会决议，向董事会报告工作。由于董事长在董事会中的地位和作用，总经理应主动与董事长沟通。此外，《中华人民共和国公司法》规定董事长是公司的法定代表人，但未规定法定代表人的具体职权，而国家有关法

律法规规定了企业法定代表人在企业债务、安全生产、产品质量等方面应承担的责任。这使董事长与总经理的职责定位变得不太清晰，相互关系比较复杂，需要在实践中进一步探索解决这一问题的办法。

9.4.6 完善信息传导机制

建立清晰地对董事会的信息报告制度，列出按月度、季度、半年和年度需要提交董事会及其专业委员会审视或审议的事项细目。董事会可以定期或不定期地请任何高级管理人员到董事会陈述公司的经营状况、重大变化，或共同讨论他们认为重要的事项。董事也可以直接到公司经营机构去了解公司情况。董事会办公室要负责处理董事们提出的任何与管理层接触的要求。公司的内、外审计和监管报告应提交各董事会成员，董事会或董事可以开展与内外审计师的交流。保证为董事提供详尽的所需信息。董事需要获取信息来使自己对公司的整体情况、面临的主要风险与机遇、公司发展战略以及战略所基于的前提条件有一个完整翔实的了解，以便作出正确的决策，有效监督公司的经营。因此，董事会应建立机制以使其能获得相关信息来监控公司的运行状况。在大多数情况下，这种机制包括管理层向董事会的报告制度。这种报告通常包括公司的业务收入与费用、贷款结构、不良贷款情况及其冲销力一案、呆账准备金的提取、贷款的集中度、资本充足率、风险敞口与风险管理状况，特别是使控股股东、董事、高级管理人员直接、间接受益的内部交易，以及重大的违规事项或是其他对公司的声誉、安全、盈利能力造成重大影响的事项。各种报告的详细程度及报告频率视具体情况而定。

9.4.7 加强对董事的学习与培训

大部分董事在履行董事职责前都没有经过正式的训练或有相关的经历。为便于公司董事更好地履行职能，银监会可以制定统一的《公司董事手册》，建立对所有董事的培训制度与引导项目，以提高董事会的整体素质。培训可以在董事会休会期间举行，也可以是由著名大学或咨询公司组织课程班。采取多种方式加强对董事的培训，不断提高董事的专业素质。董事会注重自身的学习和培训，不定期地邀请宏观经济研究部门和银监会的专家、学者举办专题讲座；组织部分董事、监事赴国外考察国际公司业先进的公司治理结构和运作模式。

9.4.8 规范独立董事制度执行

为提高董事会的独立性，国际公司业已普遍提高了外部董事在董事会中的比例，并在传统的董事会框架中引进独立董事制度。各国对独立董事还规定了具体条件，例如，除了领取董事报酬外，与公司没有其他任何经济关系；不从属于公司的股东、咨询公司、主要客户、供应商或是接受公司大额捐赠的非营利机构；不是公司的借款人，等等。亚洲金融危机后，韩国金融监督委员会规定所有公司的董事会都必须以外部董事为主，独立于管理层，并强烈主张董事会主席以及委员会的主要成员由外部人员担任。加拿大蒙特利尔公司规定：董事会的组成人员中只能有不超过2名的董事来自于管理层。引进独立董事不是简单引进几个人或一个名称的问题，而是引进一种制衡机制与监督理念。要强化独立董事在公司战略决策、提名、薪酬等方面中的地位和作用，以此来增强公司董事会在决策上的独立性，积极推进职业董事制度建设，培育竞争性的独立董事市场，建立起独立董事的市场约束机制。这种制度安排，不但会极大地增加董事会的团队力量、增强董事会的独立程度，而且还会提高董事会的决策质量、提升董事会的监督水平。从我国的现实情况来看，这一过程将是长期的，难以一蹴而就。因此，目前应当尽快建立独立董事人才库，为公司通过市场选择独立董事提供方便。

9.4.9 健全董事会的组织架构，充分发挥董事会委员会作用

按照精简、效能原则，中国银监会要求股份制公司董事会必须下设审计委员会、风险管理委员会和关联交易控制委员会。注册资本在10

亿元人民币以上的公司，还应当设立战略委员会、提名委员会和薪酬委员会。银监会可统一制定建立董事会委员会的指导意见，明确各委员会的人员组成、工作职责，再由各行参照指导意见制订本行各委员会的具体上作制度和议事规则。专门委员会是现代公司董事会的重要组成部分，不仅可以提高董事会决策的专业化水准，而且可以提高董事会的工作效率。

9.4.10 实行两职分离

切实按照有关要求，实行公司董事长与行长（CEO）分设，各司其职，这是确保公司董事会的独立性的关键因素。目前中国的国有公司中还有个别公司没有做到两职分离。

9.5 创新董事激励，强化董事约束

9.5.1 建立和完善激励机制

经济学的委托代理理论指出，现代公司与企业的效率高低，经营状态的好坏，关键在于能否设计出一套有效的激励约束机制，以诱导每一个代理人充分发挥其个人的才能与作用，忠实、勤勉地为公司而努力，且最大限度地为公司和股东谋利益，同时又可以将其行为限制在符合股东（委托人）利益的范围之内，达到“激励相容”的效果。激励与约束是相辅相成的，激励弱化，约束也难以强化。完善激励机制，按照激励有效、约束严明、结构匹配的要求，构建物质与精神激励相结合、短期与中长期激励相结合、激励与保障相结合的长效激励机制。一是要体现报酬和绩效挂钩，董事激励水平应该与董事的业绩挂钩，为此还需要建立董事的业绩考核制度，主要是考核董事在履行公司重大事项决策和监督职能等方面达到的状况，而非传统的财务指标。高级管理人员的收入

水平应与公司的盈利情况、资产质量、股东回报、内部控制等主要的财务和非财务经营指标挂钩；二是要体现长期激励与短期激励相结合，使公司董事会成员和高级管理层成员既要考虑公司的当期效益，又要有利于公司的长期发展。在激励机制方面，我国公司目前主要采用薪酬激励、培训开发和工作激励等短期激励形式，缺乏长期激励机制。因此，要探索将工资、奖金、保险金、公积金、股票和股票期权适当组合的薪酬结构，使长短期利益有效结合起来，形成企业“内部人”自身收入与企业经营效益相联系的共容激励制度。建立对董事动态的、长期化的激励机制。董事不论是来自公司内部还是外部，都要建立与公司业绩直接挂钩的酬金制度，并逐步提高股票和期权在董事薪酬中的比重，以抑制“廉价投票权”，缩小剩余索取权和剩余控制权的错位，使董事和公司的利益趋于一致，形成董事会成员自觉监督经营行为的激励机制。积极探索股票期权和限制性股票奖励计划等长期激励收入方法。国外许多公司用股票或认股权的形式作为薪酬的一部分，以使董事的利益与股东的利益相一致。一些公司董事的股票期权和限制性股票奖励计划等长期激励收入已占收入的主要部分。花旗集团自1986年首次公开发行股票以来，便以普通股方式支付外部董事报酬，以使董事们和其他股东有一致的所有权利益。外部董事和名誉董事当前每年得到12.5万美元的董事年费(annual retainer)，或者100%以普通股支付——董事可以选择延迟支付，或者50%为现金，余下为普通股。2001年1月1日起，董事可以选择将该项报酬的全部或一部分以期权的形式购买花旗集团的普通股。三是要解决多层次激励问题，协调公司的内部运作关系，促进公司的健康发展，强化公司董事的事业激励和精神鼓励，通过交流、提拔等方式拓宽他们的职业发展空间。四是绩效考核要公平、透明。五是要特别重视完善独立董事的报酬机制。除了向独立董事支付固定津贴或年薪以外，还应当采用多元化的报酬形式，如递延奖金、会议费等，使独立董事的风险与收益相匹配，促使董事积极参与公司事务管理。独立董事的报酬可以包含一部分的股票或期权，以促使其从股东的角度考虑问题，而不是与大股东或管理当局合谋。完善独立董事报酬的决定机制，避免由大股东或公司管理当局决定独立董事的报酬，可以由独立董事主导的薪酬委员会提出议案，并由股东大会批准。

9.5.2 健全监督机制

监督机制是防止董事会及经营管理层滥用职权的有效手段。健全监督机制，既要完善董事会自身内部的监督机制，也要加强对董事会的外部监督力量。要发挥股东大会的监督作用，股东大会具有防止公司的控制者和经营管理者过度“专制”的机能，各股东平等地遵循“一股一票”的原则，使公司的控制权从大股东手里分化出来。从法律结构上讲，股份制公司发生了从“君主”性质的公司向“立宪”性质的公司的转化，从专制性的公司向民主性的公司转化。因此，国有公司的重大决策、人事任免应通过股东大会行使，以此建立和完善股东大会对董事会的制衡机制。要发挥监事会的监督作用，监事会对股东大会负责，是公司的监督机构，主要负责监督董事会及高级管理层履行职责情况和董事、董事长及高级管理层成员尽职情况。可以在监事会成员构成上，增加社会股东加盟监事会的人数，最好让社会股东占有的比例达到全体监事的2/3；监事会成员要加强学习，加强自律，提高自身素质，具备行使监事会各项权力的能力和专业素质；并督促公司制订《监事会议事规则》及《董事行为规范》等自律、监管条例，以增强工作的可操作性，从而达到制衡董事会的目的。要不断强化监事会的独立监督职能，积极探索有效的监督方式，加大监督力度。

9.5.3 加强董事考核

积极探索对董事的考核评价办法，明确评价标准和程序。董事会要建立董事工作档案，详细整理记录董事尽职情况，包括出席会议情况、会议发言情况、闭会期间的参与情况等。

9.5.4　关心董事福利

建立健全公司董事的福利保障制度，建立符合公司特点的补充养老保险、医疗保险、失业保险和职业风险补偿金制度，使公司董事在面临职业风险和退休时能获得一定的补偿，降低履职风险，解除他们的后顾之忧。推行公司董事休假制度和疗养制度，关心他们的身体健康状况和心理状况，切实做到使他们能够精力充沛地投入到公司经营中。

9.5.5　董事适当持股

公司董事适当持有本公司的股票，有利于促使公司董事更加关心关注公司价值的最大化。

9.5.6　明确独立董事的法律责任，强化独立董事的法律约束

《公司法》应对独立董事的注意义务及其判断标准做出具体规定。诚信义务尤其是注意义务，是确定独立董事法律责任的重要依据。独立董事与其他董事一样，对股东和其他利益相关者负有诚信义务。当其违背诚信义务，不能独立、客观、公正地履行职责，不能对管理当局和控股股东的行为进行有效监督与制约，给股东和公司造成损失时，应承担相应责任。《公司法》已对董事的注意义务做出原则性规定，应进一步对注意义务的判断标准做出详细规定，并就独立董事的注意义务做出专门规定。在《公司法》、《证券法》中对独立董事的法律责任做出专门规定。要增大独立董事的民事责任，提高独立董事的违规成本。独立董事不是挂名顾问，更不是荣誉头衔。如果因董事会的疏忽给公司和股东造成损失，包括独立董事在内的全体董事会成员应当承担连带责任，除非其在表决时曾提出异议并记载于会议记录中。独立董事不能以不参加会议或不知情作为免除责任的条件，这将会导致其故意不参加会议以逃避责任。

9.6 建设董事会文化，推进科学发展

先进的公司文化，是渗透和内化在公司全体员工头脑中并支配员工行为的价值观念，是提高公司治理效率的基础和关键。必须着力建设现代公司的企业文化。没有共同的理想、信念和奋斗目标，没有思想上、文化上的和谐，是不可能把人动员起来、激励起来的。不仅在董事会、而且在全公司要形成共同的价值观和科学的经营理念。一个企业要前进、要发展，要有一个共同的使命愿景。共同的价值观和科学的经营理念至少应当包括发展观、风险观、效益观、服务观、竞争观、人才观等，所有这些观念又都在不断更新和变化中。要按照科学发展、和谐发展的要求建立公司董事会文化。

9.6.1 忠诚、勤勉是董事会文化的基本规则

对于一个习惯于人治、缺乏法治传统的社会来说，董事会治理文化与我们过去所熟悉的那种上下尊卑分明、下级服从上级的层级制治理文化是迥然不同的。民主决策，在这种文化氛围里，当面对困难决策时，每个人都可以客观、开诚布公地讲出自己的观点，形成决策合力；每个人都了解自己的角色定位并以合适的方式履行职责；每个人都有相当的专业知识、敬业态度、团队精神，大家都为一个共同的目标而努力：建立一个一流的金融机构，这才是真正最高境界的公司治理。作为一个董事，首先要有勤勉尽责的精神，这是履职的最基本要求；第二，要不断学习以提高工作能力和履职的能力，这是做好本职工作的保障；第三，要善于培养和他人合作的精神，要有团队工作的意识，这样才能与不同背景的董事们和谐相处，优势互补；第四，要建立一个良好的沟通制度，董事们来自不同的背景，有效的沟通十分必要；第五，要通过分工利用好董事们各自的优势，把具体业务做得更好。董事不是“官”，公

司不是“准官僚机构”。

9.6.2　健全董事会运作制度，确保董事会规范运行

加强制度文化、合规文化建设，要有统一的、规范的行为准则，行为准则是公司企业文化非常重要的基础。

9.6.3　切实强化风险文化建设

起始于 2007 年且目前愈演愈烈的美国次贷危机导致美国 100 多家公司破产倒闭、五大投资公司有三家破产的现实，再次告诫我们公司的风险管理不仅对公司自身，而且对整个国家乃至全世界都具有重大意义。风险管理是公司的核心竞争力，没有一个好的风险管理的文化和制度安排，高效运作的金融机构就无从谈起。过去的风险管理更多地是处置风险而不是管理风险，风险管理对于改制后的国有公司来说，仍然是一个比较新的事物，从这个意义上来讲，还要随着时间的变化，不断地提升风险管理能力，否则无法应对今后的挑战。树立全面风险管理理念，完善风险管理架构，建立灵敏的预警系统和防控体系，充分运用现代金融工程技术度量和管理风险。增强合规意识，把合规意识融入内部管理的每一个环节和业务经营的每一个流程。

董事会必须树立“全面风险管理”的理念，也就是说在公司运作中所有可能面临的风险都要去关注，做好风险战略定位。“全面风险管理”这一理念，是数字化管理的重要部分，要求我们把业务量化，对风险进行正确的识别、计量和综合分析，在制度建设上保证有一个良好的控制体系，包括信贷风险控制体系、操作风险控制体系以及市场风险控制体系。建立垂直化的信贷风险管理系统，独立评估信贷风险，并建立直属董事会的风险控制委员会，对公司面临的信用风险、市场风险、流动性风险、操作风险等进行全面评估、监测、计量与控制，防止风险管理失控。加强内部控制体系的建设，在实行董事会直接管理稽核部门的同时，引入外部审计部门实施对内部审计的再审计，确保内部控制体系的

有效性。

9.6.4 积极推进民主和谐文化建设

如果说，对内董事会的主要职责就是制定公司战略、交付经理层执行并保持监控的话，对外董事会的主要职责则是与各利益相关者进行有效的沟通，赢得他们对公司战略的理解、支持和资源投入。沟通和协调是董事会高效运作非常关键的一点。沟通是为了了解公司运作的信息，以更好地进行决策。有了好的沟通，就会有相互的理解，有了相互的理解，就会有更好的协调和配合，所以沟通是非常关键的。沟通的方式有很多，董事会会议是比较正式的方式，信息可以直接在董事会议上了解到，观点可以在董事会上表达；另外还有其他的沟通渠道，如研讨、座谈和调研的方式，也可以直接面对面交流，书面提出想法等。沟通是协调的基础。董事会作为股东委任的公司核心机构，在行使自身权利中，要充分尊重和吸收公司党组、工会、职代会及妇女和青年团体等的意见。处理好与公司内部这些党群团体的关系，得到这些党群团体的支持，对在中国建立以董事会为核心的公司治理结构至关重要。董事会还要促进公司与机构投资者、媒体及顾客等利益相关者建立起积极和良性的互动关系，履行有效沟通、取得理解和支持的责任。这样不仅保证当前发展得好，而且能可持续地发展，使股东回报、企业价值、员工利益、社会形象等各方面得到平衡、协调、健康的发展和提升。

9.6.5 构建不断学习勇于创新的文化，形成持续的、自主创新的能力

企业是一个创新最为活跃的组织，很多新技术都是在公司最先使用的，新产品也层出不穷。要通过不断创新满足客户日益增长的服务需求，这种创新的能力是一个企业有活力、有蓬勃生机的重要方面。自觉遵循现代公司发展规律，抑制规模和速度冲动，转变传统增长模式，加快全球化、综合化经营步伐，追求可持续的价值增长。创新是企业发展

的灵魂和不竭动力，中国国有公司要适应市场需求，创新服务理念，改变同质化、低层次竞争的状况，为客户提供个性化、差异化、优质化服务。同时，必须更新用人理念，创新用人机制，给优秀人才以机会、以空间、以舞台，靠事业和机制激发活力，在全行上下形成浓厚的尊重人才、尊重创新的氛围，创造宽松的人才成长环境，改变论资排辈、崇尚关系、暮气沉沉的状况。

学习是创新的基础和前提，只有不断在学习的公司董事会，只有把董事会打造成学习型的董事会，把公司打造成学习型公司的董事会，才能适应外界环境变化，才能有持续的创新创造能力。

9.7　本章小结

本章在前面几章研究的基础上，针对提高中国国有公司董事会治理效率，分别从六个方面提出了相关对策措施。

首先从法规建设的角度提出要进一步完善法规制度，改善法治环境。针对提高公司董事会治理效率，提出要进一步细化、规范有关法规，从制度上保证董事会治理的有效性。要进一步规范政府职能，改善公共治理。进一步理顺国有公司管理体制，理顺公司与政府、公司董事会与党委的关系，在充分考虑公司治理内在的机理和中国国情的前提下，进一步明确公司党委在公司事务中的地位与作用。

通过不断深化改革，完善市场环境。不断优化公司股权结构，逐步实现股权多元化、分散化、法人化，形成合理的股权结构，通过优化公司股权结构，规范公司董事会委托人的行为；改革公司的外部环境，加快竞争性市场建设，提高外部治理效率，充分发挥市场机制在公司治理中的作用。强化外部监管。

不断优化董事会结构，提升董事会的决策效率。要合理确定董事会规模，增设职工董事，扩大外部董事比例。不断优化董事专业和年龄结构。

不断规范董事会运行，增强董事会独立性。顺应加强董事会独立性的世界潮流，通过进一步明确董事会职责，提升董事会的战略决策能力；组织开好董事会会议，提高董事会会议的决策效率；妥善处理各方面关系，增强董事会的协调性；完善董事会的信息传导机制，建立清晰的对董事会的信息报告制度；加强对董事的学习与培训；规范独立董事制度执行；健全董事会的组织架构，充分发挥董事会委员会作用；切实实施两职分离。

创新董事激励，强化董事约束。按照激励有效、约束严明、结构匹配的要求，构建物质与精神激励相结合、短期与中长期激励相结合、激励与保障相结合的长效激励机制；健全监督机制，既要完善董事会自身内部的监督机制，也要加强对董事会的外部监督力量；要发挥股东大会、监事会的监督作用，积极探索监事会有效的监督方式，加大监督力度，不断强化监事会的独立监督职能；加强董事考核，积极探索对董事的考核评价办法，明确评价标准和程序；建立符合公司特点的董事的福利保障制度；让董事适当持股，促使公司董事更加关心关注公司价值的最大化；进一步明确独立董事的法律责任，强化独立董事的法律约束。

加强董事会文化建设，推进公司科学发展。按照科学发展、和谐发展的要求建立公司董事会文化；忠诚、勤勉是董事会文化的基本规则。加强制度文化建设，健全董事会运作制度，确保董事会规范运行；切实强化风险文化建设，树立全面风险管理理念，不断地提升风险管理能力，做好风险战略定位；尽快变革公司经营文化，加速从同质同类的竞争走向差异化、个性化、特色化的竞争。积极推进民主和谐文化建设，董事会要积极主动与公司党委（党组）、工会、职代会及妇女和青年团体沟通联系。根据金融业是创新最为活跃的行业这一特点，构建不断学习、勇于创新的文化，形成持续的、自主创新的能力。

第 10 章　结论与展望

10.1　本文研究得出的主要成果

本文在对国内外公司董事会治理理论进行梳理的基础上，总结出委托代理理论、交易成本理论、代理成本理论、资源依赖理论、现代管家理论（受托责任理论）、利益相关者理论等，可以为公司董事会治理提供理论基础，基于各种理论的特点、局限性，提出中国公司董事会治理应该以委托代理理论和利益相关者理论作为理论基础，参考其他理论构建治理结构和治理关系。

在对美英国家、德国、日本、东南亚、转轨经济国家的公司董事会治理状况进行实证和案例研究后，我们发现这几种公司治理模式是建立在各自国家的发展历史、法制基础上的，各有其优缺点。进一步地，我们探讨研究认为，目前公司董事会治理的发展趋势为：机构投资者的治理地位不断提高；日益复杂的公司集团，使公司董事会治理更为复杂；风险控制意识日益增强；不同模式日渐融合、趋同；独立董事比例不断提高，“独立性"的定义变得更为严格；董事提名权逐步向独立董事转移；董事会规模小型化且必须设立三个核心专业委员会（审计委员会、薪酬委员会和公司治理（或提名）委员会），专业委员会的成员必须全部是独立董事；独立董事定期单独开会等。

我们的研究认为，中国国有公司董事会治理存在更为复杂的治理关系、国家股东的治理特征、员工参与治理的传统、董事选择的非市场化、新老“三会”并存、公司文化构建的中国特色等特征。通过描述统计分析和回归分析方法，我们发现：董事会规模与公司绩效指标具有较弱的正相关性，说明董事会规模在一定程度上的扩大有助于公司绩效的提高。但当董事会规模超过一定的限度后，公司绩效反而会随董事会规模的增加而下降，所以规模较大时，减少董事会人数可能会提高公司绩效；独立董事比例与公司绩效基本为负相关关系；在股权激励设计不够完善的情况下，原有的提升与解聘不失为较好的激励办法，否则股权激励不仅不能提高公司绩效，反而会适得其反；董事会年度会议次数以及独立董事参会比例与公司绩效的关系并不确定。我们认为目前中国国有公司董事会治理存在的主要问题有：董事会制度形式化严重；董事会成员产生的非市场化；董事会人员组成的内部化；独立董事缺乏独立性，董事不“懂事”的现象大量存在；董事会专门委员会作用发挥不够；新老“三会”并存，相互关系不清；董事会经理层职责不清；激励和约束机制缺乏；法律体系不完善。

通过对中国民营公司董事会治理从时间和性质两方面做了回顾，发现中国民营公司在股权结构、持股稳定性、持股形式、公司权力结构、公司外部控制机制等方面与中国国有公司相比较具有明显的治理特征。通过实证分析，我们发现：董事会规模公司绩效指标均具有较弱的正相关性，说明董事会规模在一定程度上的扩大有助于公司绩效的提高；独立董事比例与公司绩效在 2007 年均为正相关关系，而此前以负相关关系为主；管理层董事比例与公司绩效的关系在 2005 年以及 2007 年均为正相关，而在 2006 年与公司绩效为负相关；董事持股比例与公司绩效的关系并不明确；董事会年度会议次数与公司绩效的关系并不确定；独立董事参会比例与公司绩效均呈现出正相关关系，且在 2006 年还具有显著的正相关性。

本文提出了公司董事会治理效率是公司董事会治理收益（包括直接收益和间接收益）与治理成本（包括构造成本、运行成本）之比这一观点。本文认为，影响公司董事会治理效率的因素可以分为两类，即外部因素和内部因素。但基于本文的研究对象的界定，同时我们认为，一定时期内，外部影响因素具有较大的稳定性，而内部因素则由于公司的不同而不同，因此我们重点分析了影响董事会治理效率的内部因素，并概括为董事会结构、董事会运行、董事会独立性、董事的激励、董事的约束、董事会文化等 6 个方面。在此基础上，我们设计出中国公司董事会治理效率内部影响因素评价指标体系，共有 6 个一级指标，26 个二级指标，37 个三级指标。

根据上述中国公司董事会治理效率影响因素评价指标体系，我们选取部分指标，分别进行了描述性统计分析；选取部分指标与净资产收益率、每股收益、总资产、人数等绩效指标进行了相关性分析；选取部分指标与净资产收益率和每股收益等绩效指标进行了回归分析。通过实证分析，我们可以看到，我们设计的中国公司董事会治理效率评价指标体系基本符合实际情况。

本文的最后提出，提高中国公司董事会治理效率需要系统考虑，当前和今后主要要做到：健全法律法规，改善公共治理；不断深化改革，完善市场环境等外部治理措施，还在于不断优化董事会结构，提升董事会的决策效率；不断规范董事会运行，增强董事会独立性；创新董事激励，强化董事约束；加强董事会文化建设，推进公司科学发展。

10.2　本文研究的不足

本文研究中还存在许多不足，主要有：由于中国目前公司的样本数量及其公开数据有限，所以本文缺乏大样本数理统计分析；由于中国国有公司的公司治理改革开始时间短，研究结果的有效性还要在实践中不断加以检验；限于篇幅的关系，本文对有些问题未作进一步的深入研究，如外部治理对公司董事会治理效率的影响讨论不够深入；没有对公司分层次展开研究，如：按规模或中央级公司、区域性公司、城市公司进行区分研究。

10.3 未来研究方向

主要有：政府控股与国有企业控股对国有公司董事会治理的不同影响；国有公司董事会治理与股东大会、监事会治理的关系、与管理层的关系、与公司党委的关系的深度研究；董事会治理效率与公司绩效的关联关系等。

一、中文参考文献

[1] 曹幸仁，赵新杰. 国家控股商业银行公司治理改革研究 [J]. 金融论坛，2004 (1).

[2] 费方域. 董事与董事会的职责和功能 [J]. 上海经济研究，1996 (12).

[3] 冯剑. 日本公司董事会改革现状研究 [J]. 现代日本经济，2004 (3).

[4] 高明华，马守莉. 独立董事制度与公司绩效关系的实证分析——兼论中国独立董事有效行权的制度环境 [J]. 南开经济评论，2002 (2).

[5] 何问陶，王金全. 我国独立董事制度的实证分析 [J]. 财贸经济，2002 (9).

[6] 何卫东，张嘉颖. 所有权结构、资本结构、董事会治理与公司价值 [J]. 南开管理评论，2002 (2).

[7] 贾生华，陈宏辉. 全球化背景下公司治理模式的演进趋势分析 [J]. 中国工业经济，2003 (1).

[8] 孔翔. 中外独立董事制度比较研究 [J]. 管理世界，2002

(8).

[9] 李常青，赖建清. 董事会特征影响公司绩效吗 [J]. 金融研究，2004 (5) .

[10] 李维安. 中国上市公司治理评价系统研究 [J]. 南开管理评论，2003 (3) .

[11] 李维安，曹廷求. 商业银行公司治理：理论模式与我国的选择 [J]. 南开大学学报 (哲学社会科学版)，2003 (1) .

[12] 李维安，曹廷求. 商业银行公司治理——基于商业银行特殊性的研究 [J]. 南开大学学报，2005 (1) .

[13] 李有根，赵西萍，李怀祖. 上市公司的董事会构成和公司绩效研究 [J]. 中国工业经济，2001 (5).

[14] 刘浏. 国家控股商业银行公司治理的制度变迁与路径选择 [J]. 统计与决策，2005 (8) .

[15] 马连福. 公司治理评价中的董事会治理评价指标体系设置研究 [J]. 南开管理评论，2003 (3) .

[16] 马连福. 董事会的国际比较 [J]. 南开管理评论，2001 (1) .

[17] 缪仁炳. 比较公司治理，演化趋势及其意义 [J]. 改革，2001 (1) .

[18] 瞿强，普瑞格. 德国的公司治理结构 [J]. 财贸经济，2002 (4) .

[19] 阙澄宇，王一江. 银行高层激励：美国 20 家银行调查 [J]. 经济研究，2005 (3) .

[20] 宋泓均，朱楚珠. 国家控股商业银行的公司化治理 [J]. 金融研究，2003 (2) .

[21] 孙永祥，章融. 董事会规模、公司治理与绩效 [J]. 企业经济，2000 (10) .

[20] 唐跃军，陈敏. 银行公司治理之路 [J]. 银行家，2003

（1）.

［22］杨建勋．美国公司 CEO 的激励收入体系（上）［J］．外国经济与管理，1999（8）.

［23］姚伟，黄卓，郭磊．公司治理理论前沿综述［J］．经济研究，2003（5）.

［24］益智．中国上市公司 MBO 的实证研究［J］．财经研究，2003（5）.

［25］于东智．公司董事会的性质与功效：观点与评论［J］．山东社会科学，2004（2）.

［26］于东智．董事会、公司治理与绩效——对中国上市公司的经验分析［J］．中国社会科学，2003（3）.

［27］于东智，谷立日．公司的领导权结构与经营绩效［J］．中国工业经济，2002（2）.

［28］于东智，王化成．独立董事与公司治理：理论、经验与实践［J］．会计研究，2003（8）.

［29］于东智．商业银行治理：特殊性与改革着力点［J］．经济理论与经济管理，2004（2）.

［30］吴建斌．日本引进独立董事制度的经验及启示［J］．南京大学学报，2003（2）.

［31］吴兆龙等．结构方程模型的理论、建立与应用［J］．科技管理研究，2004（6）.

［32］王廷科，张旭阳．商业银行的治理结构及其改革问题研究［J］．财贸研究，2002（1）.

［33］徐放鸣．完善国家控股商业银行公司治理结构的思考［J］．金融研究，2004（10）.

［34］郑红亮．公司治理理论与中国国有企业改革［J］．经济研究，1998（10）.

［35］周楠，贾炳汉．国有独资商业银行的关键是公司治理［J］.

武汉金融，2002（10）.

[36] 白重恩等. 中国上市公司治理结构的实证研究 [J]. 经济研究，2005（2）.

[37] 平田光弘. 日本企业的董事会改革 [J]. 南开管理评论，2004（1）.

[38] 北京市法学会经济法研究会. 公司治理结构的理论与实践 [M]. 北京：机械工业出版社，2004.

[39] 蔡鄂生，王立彦，窦洪权. 银行公司治理与控制 [M]. 北京：经济科学出版社，2003.

[40] 蔡红艳. 中国开放格局下金融竞争力研究 [M]. 北京：中国金融出版社，2006.

[41] 陈庆，安林. 中国国有企业董事会治理指南 [M]. 北京：机械工业出版社，2007.

[42] 陈郁. 所有权、控制权与激励——代理经济学文选 [M]. 上海：上海人民出版社，1998.

[43] 封文丽. 上市公司治理实践与体系构建：兼论国有资产运营与管理 [M]. 北京：经济管理出版社，2005.

[44] 高明华. 公司治理：理论演进与实证分析 [M]. 北京：经济科学出版社，2001.

[45] 高铁梅. 计量经济分析方法与建模：EViews 应用及实例 [M]. 北京：清华大学出版社，2006.

[46] 胡鞍刚，胡光宇. 公司治理中外比较 [M]. 北京：新华出版社，2004.

[47] 黄德根. 公司治理与中国国家控股商业银行改革 [M]. 北京：中国金融出版社，2003.

[48] 黄芳铭. 结构方程模式理论与应用 [M]. 台北：五南图书出版公司，2003.

[49] 窦洪权. 银行公司治理分析 [M]. 北京：中信出版

社，2005.

[50] 何家成. 公司治理的结构、机制与效率——治理案例的国际比较 [M]. 北京：经济科学出版社，2004.

[51] 何维达等. 公司治理结构的理论与案例 [M]. 北京：经济科学出版社，1999.

[52] 何自力. 公司治理：理论、机制和模式 [M]. 天津：天津人民出版社，2006.

[53] 何自云. 商业银行的边界：经济功能与制度成本 [M]. 北京：中国金融出版社，2003.

[54] 侯杰泰等. 结构方程模型及其应用 [M]. 北京：教育科学出版社，2004.

[55] 宁向东 . 公司治理理论 [M] . 北京：中国发展出版社 2006.

[56] 廖理等. 公司治理与独立董事案例 [M]. 北京：清华大学出版社，2003.

[57] 梁能. 公司治理结构：中国的实践与美国的经验 [M]. 北京：中国人民大学出版社，2000.

[58] 鲁桐. 公司治理改革：中国与世界 [M]. 北京：经济管理出版社，2002.

[59] 李跃平. 国有企业改革的实践与理论 [M]. 北京：中央编译出版社，2005.

[60] 李永强. 城市竞争力评价的结构方程模型研究 [M]. 成都：西南财经大学出版社，2006.

[61] 李维安主编. 中国公司治理原则与国际比较 [M]. 北京：中国财政经济出版社，2001.

[62] 李维安等. 公司治理教程 [M]. 上海：上海人民出版社，2002.

[63] 李维安等. 美国的公司治理：马其诺防线 [M]. 北京：中国财政经济出版社，2003.

[64] 李维安. 公司治理理论与实务 [M]. 北京：中国财政经济出版社，2003.

[65] 李维安，张俊喜. 公司治理前沿 [M]. 北京：中国财政经济出版社，2003.

[66] 李维安等. 公司治理评价与指数研究 [M]. 北京：高等教育出版社，2005.

[67] 李维安. 公司治理理论精要 [M]. 北京：机械工业出版社，2005.

[68] 李维安. 公司治理 [M]. 天津：南开大学出版社，2006.

[69] 卢昌崇. 企业治理结构 [M]. 大连：东北财经大学出版社，1999.

[70] 马连福. 公司内部治理机制研究 [M]. 北京：高等教育出版社，2005.

[72] 潘敏. 资本结构、金融契约与公司治理 [M]. 北京：中国金融出版社，2002.

[73] 青木昌彦，钱颖一. 转轨经济中的公司治理结构 [M]. 北京：中国经济出版社，1995.

[74] 宋玮. 国家控股商业银行治理机制研究 [M]. 北京：煤炭工业出版社，2003.

[75] 苏琦. 公司治理经典案例 [M]. 北京：机械工业出版社，2005.

[76] 谭劲松. 独立董事与公司治理：基于我国上市公司的研究 [M]. 北京：中国财政经济出版社，2003.

[77] 王国成. 公司治理案例精选：分析·点评·启示 [M]. 北京：经济管理出版社，2005.

[78] 王文钦. 公司治理结构之研究 [M]. 北京：中国人民大学出版社，2005.

[79] 王璞. 母子公司管理 [M]. 北京：中信出版社，2003.

[80] 文宗瑜. 现代公司治理：董事会与CEO的较量及制衡 [M]. 经济科学出版社，2006.

[81] 吴敬琏. 现代公司与企业改革 [M]. 天津：天津人民出版社，1994.

[82] 吴淑琨，席酉民. 公司治理与中国企业改革 [M]. 北京：机械工业出版社，2000.

[83] 徐向艺. 公司治理制度安排与组织设计 [M]. 北京：经济科学出版社出，2006.

[84] 谢永珍. 董事会治理评价研究 [M]，北京：高等教育出版社，2006.

[85] 杨华. 公司治理的本土化研究 [M]. 北京：经济科学出版社，2006.

[86] 杨军. 董事会治理研究 [M]. 北京：中国财政经济出版社，2004.

[87]（台）叶银华等. 公司治理与评级系统 [M]. 北京：中国财政经济出版社，2004.

[88] 于东智. 转轨经济中的上市公司治理 [M]. 北京：中国人民大学出版社，2002.

[89] 于东智. 董事会与公司治理 [M]. 北京：清华大学出版社，2004.

[90] 余颖，唐宗明，丁亚明，余和平. 公司治理：本土企业的解决方案 [M]. 北京：经济科学出版社出版，2005.

[91] 张剑文. 公司治理与股权激励 [M]. 广州：广东经济出版社，2001.

[92] 张翼. 国有企业的家族化 [M]. 北京：社会科学文献出版社，2002.

[93] 赵增耀等. 企业集团治理 [M]. 北京：机械工业出版社，2002.

[94] 郑德埕等. 股权结构的理论、实践与创新 [M]. 北京：经济科学出版社，2003.

[95] 朱羿锟. 公司控制权配置论 [M]. 北京：经济管理出版社，2001.

[96] 郑先炳. 解读花旗银行 [M]. 北京：中国金融出版社，2005.

[97] 曾康霖，高宇辉. 中国转型期商业银行公司治理研究 [M]. 北京：中国金融出版社，2005.

[98] 张维迎. 产权、激励与公司治理 [M]. 北京：经济科学出版社，2005.

[99] 张维迎. 博弈论与信息经济学 [M]. 上海：上海人民出版社，1996.

[100] 埃巴. 经济增加值——如何为股东创造财富 [M]. 北京：中信出版社，2001.

[101] 安吉拉·弗恩特等. 公司董事会 [M]. 北京：华夏出版社，2004.

[102] 鲍勃·加勒特. 董事会绩效——公司治理之路 [M]. 北京：机械工业出版社，2005.

[103] 鲍博·特里克. 董事与公司治理 [M]. 北京：中信出版社，2005.

[104] 保罗·布朗塔斯. 卓越董事会——公司治理的冷思考 [M]. 北京：机械工业出版社，2005.

[105] 布雷克. 董事会的构建：企业成功的基点 [M]. 北京：经济管理出版社，2003.

[106] 布朗塔斯. 卓越董事会——公司治理的冷思考 [M]. 北京：机械工业出版社，2005.

[107] 卡特·洛尔施. 董事会的作用与效率——如何在复杂的环境中设计公司董事会 [M]. 北京：商务印书馆，2006.

[108] 查然. 顶级董事会运作：如何通过董事会创造公司的竞争优势 [M]. 北京：中国人民大学出版社，2003.

[109] 理查·米艾莱. 公司治理 [M]. 北京：经济管理出版社，2006.

[110] 查兰。高效的董事会 [M]. 北京：中信出版社，2006.

[111] 大卫·格拉斯曼，华彬. EVA 革命：以价值为核心的企业战略与财务、薪酬管理体系 [M]. 北京：社会科学文献出版社，2003.

[112] 戴维·扬，斯蒂芬·F. 奥伯恩. EVA 与价值管理——实用指南 [M]. 北京：社会科学文献出版社，2002.

[113] 加勒特（Garratt，B.）. 董事会绩效：公司治理之路 [M]. 北京：机械工业出版社，2005.

[114] 吉尔·所罗门. 公司治理与问责制 [M]. 大连：东北财经大学出版社，2006.

[115] 约尔·M. 斯腾恩等. EVA 挑战：实施经济增加值变革方案 [M]. 上海：上海交通大学出版社，2002.

[116] 小约翰·科利等. 公司治理 [M]. 北京：中国财政经济出版社，2004.

[117] 杰伊·A. 康格等. 公司治理结构：增值新战略 [M]. 上海：上海交通大学出版社，2002.

[118] K. 弗莱德·斯考森. 公司治理与证券交易委员会 [M]. 大连：东北财经大学出版社，2006.

[119] 卡德伯里. 公司治理和董事会主席：仁智之见 [M]. 北京：中国人民大学出版社，2005.

[120] 科林·B. 卡特，杰伊·W. 洛尔施. 董事会的作用与效率——如何在复杂的环境中设计公司董事会 [M]. 北京：商务印书馆，2006.

[121] 肯尼思·A. 金，约翰·R. 诺夫辛格. 公司治理 [M]. 北京：中国人民大学出版社，2004.

[122] 拉尔夫·D. 沃德·新世纪董事会：公司董事的新角色 [M].

上海：上海交通大学出版社，2002.

[123] 布赖恩·莱切姆. 董事长手册 [M]. 北京：高等教育出版社，2004.

[124] 理查德·韦斯科特. MBO 交易——透视管理层收购 [M]. 北京：中国金融出版社，2003.

[125] 理查·米艾莱. 公司治理 [M]. 北京：经济管理出版社，2006.

[126] 罗伯特·蒙克斯等. 公司治理 [M]. 北京：中国财政经济出版社，2004.

[127] 马丁·洛伊. 公司治理：公众公司董事指南 [M]. 北京：法律出版社，2005.

[128] 孟克斯·米诺. 监督监督人：21 世纪的公司治理 [M]. 北京：中国人民大学出版社，2006.

[129] 麦格雷戈. 董事会的表情 [M]. 北京：中华工商联合出版社，2005.

[130] 彼得·罗斯. 商业银行管理 [M]. 北京：经济科学出版社，1999.

[131] 苏珊·F. 舒尔茨. 董事会白皮书 [M]. 北京：中国人民大学出版社，2003.

[132] 沃德. 完善公司董事会 [M]. 北京：机械工业出版社，2006.

[133] 沃尔特·J. 萨蒙. 公司治理 [M]. 北京：中国人民大学出版社，2001.

[134] 泽维尔·维夫斯. 公司治理：理论与经验研究 [M]. 北京：中国人民大学出版社，2006.

[135] 韦恩. 董事会博弈 [M]. 北京：中华工商联合出版社，2005.

[136] 麦肯锡高层管理丛书：董事会改革之道 [M]. 北京：三联

书店，2002.

［137］英国董事协会．董事会标准——改善你的董事会效果（第三版）［M］．北京：中国财政经济出版社，2004.

［138］经济合作与发展组织．OECD公司治理原则（2004）［M］．北京：中国财政经济出版社，2005.

［139］经济合作与发展组织．公司治理：对OECD各国的调查［M］．北京：中国财政经济出版社，2006.

［140］经济合作与发展组织．OECD国有企业公司治理指引［M］．北京：中国财政经济出版社，2005.

二、外文参考文献

［141］Agrawal，Knoeber. Firm Performance and Mechanisms to Control Agency Problems between Managers and Shareholders［J］. Journal of Financial and Quantitative Analysis，1996（9）：377－397.

［142］Baker，Jensen and Murphy. Compensation and Incentives：Practice vs. Theory［J］. The Journal of Finance，1988（3）：593－615.

［143］Borokhovich，Parrino and Trapani. Outside Directors and CEO Selection［J］. Journal of Financial and Quantitative Analysis，1996（31）：337－355.

［144］Hermalin，Weisbach. The Determinants of Board Composition［J］. Rand Journal of Economics，1988（19）：589－606.

［145］Hermalin，Weisbach. The Effects of Board Composition and Directors Incentives on Firm Performance［J］. Financial Management，1992（20）：101－112.

［146］Jensen，Murphy. Performance Pay and Top Management Incentive［J］. Journal of Politicial Economy，1990（3）：225－264.

［147］Lipton，Lorsch. A Modest Proposal for Improved Corporate Governance [J]. Business Lawyer, 1992 (48): 59—77.

[148] Wu, Yili, Honey. I Shrunk the Board [J]. Working Paper, 2000, University of Chicago.

[149] Yermack. Higher Market Valuation of Companies with a Small Board of Directors [J]. Journal of Financial Economics, 1996 (40): 185—211.

[150] Rosenstein, Wyatt. Outside Directors , Board Independence , and Shareholder Wealth [J]. Journal of Financial Economics, 1990 (26): 175—191.

[151] Byrd, Hickman. Do Outside Directors Monitor Management [J]. Journal of Financial Economics, 1992 (32): 195—221.

[152] Fama, Eugene F, Jensen, Michael C. Agency Problems and Residual Claims [J]. Journal of Law and Economics, 1983 (26): 327—349.

[153] Weisbach. Outside Directors and CEO Turnover [J]. Journal of Financial Economics, 1988 (20): 431—460.

[154] Johnson J . L. and Daily C. M. Boards of Directors: A Review and Research Agenda [J]. Journal of Management, 1996 (3): 409—438.

[155] Pfeffer. Size and Composition of Corporate Boards of Directors : The Organization and Its Environment [J]. Administrative Science Quarterly, 1972 (17): 218—229.

[156] Williamson. Assessing Contract [J]. Journal of Law , Economics and Organization, 1985 (1): 177—208.

[157] Zahra S. A, Pearce J. A. Boards of Directors and Corporate Financial Performance : A Review and Integrative Model [J]. Journal of Management, 1989 (2): 291—334

[158] Adams, R, Mehran, H. Is Corporate Governance Different

for Bank Holding Companies? [J]. FRBNY Economic Policy Review, 2003 (9): 123—142.

[159] Caprio, G. Jr., Levine, R. 2002, Corporate Governance in Finance: Concepts and International Observations, in Financial Sector Governance: The Roles of the Public and Private Sectors [J]. World Bank Working Paper.

[160] Macey, J. R., O'Hara, M. The Corporate Governance of Banks [J]. FRBNY Economic Policy Review 2003 (9): 91—107.

[161] Naomi, L. Bank Kinship and Economic Development: The New England Case [J]. Journal of Economic History, 1986 (46): 647—668.

[162] Rajan, R. The Past and Future of Commercial Banking: Viewed Through A In complete Contract Lens [J]. Journal of Money, Credit and Banking, 1998, Vol 30, No 3.

[163] Shleifer, A., Vishny, R. W. A Survey of Corporate Governance [J]. Journal of Finance, 1997 (52): 737—783.

[164] Macey, J. R. and O'Hara, M. The Corporate Governance of Banks, Federal Reserve Bank of New York [J]. Economic Policy Review, 2001.

[165] Coles, J. L., N. D. Daniel, L. Naveen. Boards: Does One Size Fit All? [J]. Arizona State University Working Paper, 2005.

[166] Hermalin, B. and M. Weisbach. Board of Directors as an Endogenously-determined Institution: A Survey of the Economic Literature [J]. Economic Policy Review, 2003, (9).

[167] Hermalin, Benjamin E. and Michael S. Weisbach. A Framework for Assessing Corporate Governance Reform [J]. NBER Working Paper, 12050.

[168] Molck, Randall K and Lloyd Steier. The Global History of Corporate Governance: An Introduction [J]. NBER Working

Paper, 11062.

[169] Angbazo , L. and Narayanan , R. . Top Management Compensation and the Structure of the Board of Director in Commercial Banks [J]. European Finance Review , 1997 (1): 237—257.

[170] Adams , R. and Mehran , H. Is Corporate Governance Different for Bank Holding Companies? [J] FRBNY Economic Policy Review, 2003 (4): 123 — 142.

[171] Andres , P. and Gonzalez , E. Corporate Governance in Banking : the Role of Board of Directors [J]. University of Empresa Working Papers, 2006.

[172] Beasley , M. An Empirical Analysis of the Relation between the Board of Director Composition and Financial Statement Fraud [J]. Accounting Review , 1996 (71): 443—465.

[173] Bertrand , M. and Mullainathan , S. Agents with and without Principals [J]. American Economic Review , 2000 (90): 203—208.

[174] Chhaochharia , V. and Grinstein , Y. CEO Compensation and Board Structure [J]. World Bank Working Paper, 2006.

[175] Core , J. Holthausen , R. and Larcker , D. Corporate Governance , Chief Executive Officer Compensation , and Firm Performance [J]. Journal of Financial Economics , 1999: 371—406.

[176] Cyert, R. , Kang, S. and Kumar, P. . Corporate Governance , Takeovers , and Top-management Compensation : Theory and Evidence [J]. Management Science, 2002 (48): 453—469.

[177] Grinstein, Y. and Hribar, P. CEO Compensation and Incentive: Evidences from M&A Bonuses [J]. Journal of Financial Economics , 2004 (73): 119—143.

[178] Hallock, K. F. . Reciprocally Interlocking Boards of Directors and Executive Compensation [J]. Journal of Financial and Quanti-

tative Analysis, 1997 (32): 331—344.

[180] Hermalin, B. E. and Weisbach, M. S. . Boards of Directors as an Endogenously Determined Institution: A Survey of the Economic Literature [J]. FRBNY Economic Policy Review, 2003 (9): 7—26.

[181] Holthausen, R. and Larcker, D. . Board of Directors, Ownership Structure and CEO Compensation [J]. Working Paper, University of Pennsylvania, 1993.

[182] Jensen, M. C. and Meckling, W. H. . Theory of the Firm: Managerial Behavior, Agency Costs, and Ownership Structure. [J]. Journal of Financial Economics, 1976 (3): 305—360.

[183] Jensen, M. . The Modern Industrial Revolution, Exit, and the Failure of Internal Control Systems [J]. Journal of Finance, 1993 (48): 831—880.

[184] Basel Committee on Banking Supervision, Enhancing Corporate Governance for Banking Organizations, 2006.

[185] T. G. Arun and J. D. Turner. Corporate Governance of Banks in Developing Economies: Concepts and Issues, 2004 (12).

[186] Philip Stiles, Bernard Taylor. Board at Work: How Directors View Their Roles and Responsibilities [M]. Oxford University Press, 2001.

[187] Susan F. Shultz. The Board Book —Making Your Corporate Board a Strategic Force in Your Company's Success [M]. AMACM American Management Association, 2001.

[188] Asian Development Bank Institute. Corporate Governance of Banks in Asia: A Study of Indonesia, Republic of Korea, Malaysia, and Thailand, Asia Development Bank Institute [M]. ADBi Publishing, 2006.

自从 Berle 和 Means 指出现代公司的核心特征即所有权与控制权分离以来，随着现代公司治理准则的推行，作为现代公司治理核心的公司董事会，一方面表现为外部化（公司权力、董事会成员），另一方面表现为空心化、虚拟化，董事会治理效率在公司治理中的作用日益凸显。1997 年美国《商业周刊》组织的调查小组对 50 家公司的董事会质量进行的调查发现，董事会的质量是决定一个公司未来业绩好坏和股权回报的重要指标。在亚洲金融危机后，投资者在评估亚洲投资潜力时，认为董事会行为质量比财务问题更重要和同等重要的占 75%。有充分的理由证明，董事会作为一个决策主体，其决策效率与效果的好坏，直接影响到公司价值与股东价值。

在研究国外董事会治理经验的同时，结合我国的法律、制度等环境因素以及我国上市公司治理的实际状况，找出影响董事会治理的因素，系统构建董事会治理评价指标体系，以改善董事会治理水平并最终提高公司绩效，具有重要的理论和现实意义。特别是在我国普遍存在控股股东的条件下，科学的公司董事会治理评价，对于国有企业董事会建设和改革，对于规范和校正董事会成员的决策行为，对于实施正确的激励，对于董事会监督经营者，对于科学衡量评价董事会的业绩，对于投资者正确决策，对于政府实施有效监管，对于上市公司实现自我监控以及实现对上市公司的信用约束都具有重要意义。

本书作为一部探讨中国公司董事会治理的专著，从选题到完成，历经近四年。其间先后得到教育部规划课题、省自然科学基金规划课题、省教育厅自然科学基金规划课题的立项支持。

在写作过程中，夏万军博士、文中桥博士、徐旭初博士、徐金喜讲师、杜兵、胡志强参加了写作提纲的论证，并提出了许多建设性的意见。徐金喜讲师撰写了第四、第五两章，夏万军博士撰写了第八章，其余部分由丁忠明撰写。吴为、姜子龙两位研究生收集了有关数据。

作 者

2009 年 5 月 28 日